Jürgen Möller

Kriegsende an Saale und Unstrut 1945

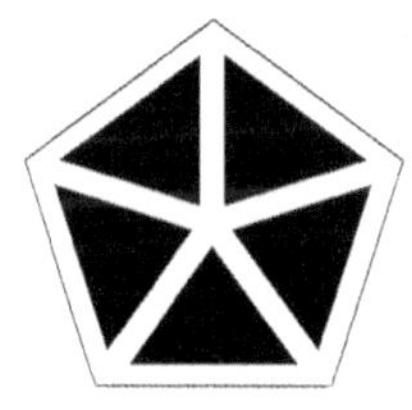

Wappen des V. US Corps

Verlag Rockstuhl

Impressum

Umschlaggestaltung: Harald Rockstuhl, Bad Langensalza

Titelbild:
Panzer der 9th US Armored Division überqueren die Hennebrücke in Naumburg. Foto: Photo Signal Corps, National Archives

Umschlagrückseite:
Deutsche Kriegsgefangene warten auf dem Naumburger Ostbahnhof auf den Abtransport in die großen Kriegsgefangenenlager.
Foto: Photo Signal Corps, National Archives
Bisherige Auflagen: 1. Auflage 2013

1. Auflage 2013
ISBN 978-3-86777-456-7

Satz und Layout: Jürgen Möller

Druck und Bindearbeiten erfolgen in Deutschland

Gedruckt auf alterungsbeständigem Papier nach ISO 9706

Die Deutsche Nationalbibliothek verzeichnet diese Publikation in der Deutschen Nationalbibliografie. Detaillierte bibliografische Daten sind im Internet unter *http://dnb.d-nb.de* abrufbar.

Inhaber: Harald Rockstuhl
Mitglied des Börsenvereins des Deutschen Buchhandels e.V.
Lange Brüdergasse 12 in D-99947 Bad Langensalza/Thüringen
Telefon: 03603 / 81 22 46 Telefax: 03603 / 81 22 47
www.verlag-rockstuhl.de

Inhaltsverzeichnis

Mein Dank gilt an dieser Stelle:

The Fighting 69th Infantry Division Ass. Inc.
Mr. Joseph Lipsius, Norcross, Georgia, U.S.A.

741st Tank Bn, 2nd US Infantry Division, Littleton,
Mr. Al Heintzleman, Colombia, U.S.A. †

Palm Springs Air Museum, Palm Springs, California, U.S.A.
Mr. Brooke Anderson

Stadtmuseum Naumburg
Herrn Dr. Siegfried Wagner

Museum Burg Querfurt – Bauernmuseum
Herrn Heiko Einecke

Museum Schloss Neu-Augustusburg Weißenfels
Herrn Martin Schmager und Herrn Mike Sachse

Verein für Heimatkunde, Geschichte und Schutz von Artern e.V.
Heimatverein Eckartsberga e.V.
Heimatverein Roßleben e.V.

Kreisarchiv Sömmerda, Herr Hildebrandt
Stadtarchiv Freyburg/Unstrut, Frau Markus
Stadtarchiv Naumburg, Frau Kröner
Friedhofsverwaltung Naumburg
Stadtarchiv Nebra, Frau Hartmann
Stadtarchiv Laucha, Frau Fitzner
Stadtarchiv Querfurt, Frau Semmling
Evangelisches Pfarramt Reinsdorf

Luftbilddatenbank Dr. Carls GmbH, Würzburg-Estenfeld
Herrn Dr. Hans-Georg Carls und Wolfgang Müller

Ulrich Koch, athene-tv Berlin

sowie in Deutschland

Sylvia Bahn, Halle; Johannes Beck, Weimar; Uwe Becker, Camburg; Barbara Gottsche, Eckartsberga; Elke Oelsner, Naumburg; Karl Denke, Bachra; Walter Dittmar, Lossa; Dr. Klaus-Dieter Fichtner, Bad Kösen; Karl-Heinz Giesecke, Bad Kösen; Heinz Gläser, Lossa; Dr. Walter Häcker, Winterbach; Hans-Joachim Hantsche, Querfurt †; Gerhard Heinrich, Sangerhausen; Holger Hoppe, Lossa; Karl Hörich, Bad Bibra; Hans Irrgang, Berlin; Karl-Heinz Kamm, Lossa; Gerhard Kaufmann, Naumburg; Friedrich Kilian, Heiligenstadt; Matthias Koch, Mücheln; Günter Krebs, Freyburg; Manfred Kresse, Buttstädt; Heinz Kubatz, Wiehe; Dr. Jürgen Kürschner, Sollstedt OT Rehungen; Rainer Lautenschläger, Barnstädt; Heinz Mattkay, Strausberg; Ernst Müller, Bad Bibra; Joachim Mundstock, Haardorf/Waldau; Jürgen Nägler, Wohlmirstedt; Rainer Nette, Naumburg; Torsten Philipp, Naumburg; Eugen Pomplitz, Rothenberga; Max Rademacher, Naumburg; Erich Röder, Bucha; Karl-Horst Schilling, Ziegelroda; Roland Schlag, Leipzig; Medizinalrat Dr. med. Ulrich Schlegelberger, Zscheiplitz; Manfred Schmidt, Löbitz; Hans Schneider, Nordhausen; Manfred Seifert, Berlin; Hans Sommerburg, Roßleben; Kurt Spielberg, Mansfeld; Manfred Spielberg, Lossa; Dipl.Geol. Dietmar Staude, Dr. Erwin Weßling GmbH Gera; Heinz Wick, Camburg; Rudolf Tomaszewski, Burgscheidungen; Dipl.Ing. Thilo Ziegler, Sangerhausen

in den USA

Marie Carpenti, National Archives Maryland; R. Keith Ostrum, Co. D, 87th Cml Mort Bn; Edgar A. Parson, Chapel Hill, North Carolina †

Ein besonderer Dank gilt meiner Frau
die in unendlicher Geduld meine Forschungsarbeiten über die ganzen Jahre
hinweg unterstützt.

„Denn von sich aus ist wohl kein Mensch so töricht,
den Krieg dem Frieden vorzuziehen;
in dem einen begraben die Kinder ihre Väter,
in dem anderen die Väter ihre Kinder“

Herodot, Kroisos auf dem Scheiterhaufen

Vorwort

Als im Jahr 2007 als vierter Band der Grünen Reihe des Arps-Verlag Weißenfels in den Räumen des Bundessprachenamtes in Naumburg – der alten „Kadette“ – das Buch „Der Vorstoß des V. US Corps zur Saale und Unstrut und die Besetzung von Naumburg im April 1945“ vorgestellt wurde, löste dies, wie bei den Bänden zuvor, großes Interesse bei Chronisten, Hobbyforschern und Geschichtsinteressierten aus. War das Buch doch alleine deswegen entstanden, um die Reihe der bisherigen Bücher, die sich im Schwerpunkt mit dem V. US Corps zwischen Saale und Mulde beschäftigten, mit der Darstellung des vorangegangenen Vorstoßes zur Saale und Unstrut im Abschnitt zwischen Querfurt und Naumburg abzurunden. Diese Phase war zwar in den bisherigen Bänden angeschnitten, aber nicht umfassend behandelt worden.

Und wie bei den Büchern zuvor waren die Reaktionen darauf, trotz der trockenen militärwissenschaftlichen Aufarbeitung des Themas, die die Bücher nicht gerade zu einer leicht lesbaren Kost macht, durchweg positiv. Anfragen zur regional übergreifenden Fortsetzung der Reihe wurden immer lauter. Damit wurde endgültig klar, dass beim Thema „Amerikanische Besetzung Mitteldeutschlands“ erheblicher Nachholbedarf besteht. Es wurde aber auch klar, dass die Fortsetzung dieser Buchreihe den Rahmen des regional agierenden Arps-Verlages sprengen würde.

An dieser Stelle gelang es, den Verlag Rockstuhl Bad Langensalza mit ins Boot zu holen, der sich auf mitteldeutsche Geschichte spezialisiert hat. So, wie Herr Hartwig Arps es erst ermöglicht hatte, dass es überhaupt zu diesen Publikationen kommen konnte, so machte Herr Harald Rockstuhl es jetzt möglich, dass die Reihe unter dem neuen Titel „Kriegsende in Mitteldeutschland 1945“ zum Verlag Rockstuhl wechseln konnte. In der Zwischenzeit ist die Reihe auf sechs neue bzw. überarbeitete Bände angewachsen.

Somit war es nur folgerichtig, dass auch das Buch „Der Vorstoß des V. US Corps zur Saale und Unstrut und die Besetzung von Naumburg im April 1945“ eine Überarbeitung erfuhr, um ergänzt durch die vielen neuen Erkenntnisse aus den Forschungen in den amerikanischen und deutschen Archiven, den vielfältigen Wortmeldungen der Leser und neuer Zeitzeugenberichte aus den letzten Jahren, unter neuem Titel zu erscheinen.

Und die neuen Informationen waren nicht wenige. Erneut hat sich hier die Verwendung von nicht eindeutig belegten, aber klar gekennzeichneten, Informationen bewährt, durch die die Leser zu Reaktionen angeregt werden sollten. Diese provokante und unkonventionelle Methode hat zu mehr Informationen geführt, als sie vorher zur Verfügung standen. Und es konnten Fehler korrigiert werden, die sich unbewusst oder auf Grund fehlender Informationen eingeschlichen hatten. An dieser Stelle sei angemerkt, das bei den Forschungen zum Thema „Amerikanische Besetzung" häufig auch auf Material aus unklaren Quellen zurückgegriffen werden muss, das aus dem Besitz von Heimat- und Hobbyforschern stammt. Um eine grobe Zuordnung zu gewährleisten erscheint es in der Quellenangabe dann oft unter dem Begriff „Sammlung". Sollten dadurch unbewusst Persönlichkeitsrechte verletzt worden sein, so bitte ich an dieser Stelle um Entschuldigung und bitte um die entsprechenden Hinweise, damit dies später korrigiert werden kann. Sind jemanden die richtigen Quellen bekannt, so fordere ich Sie auf, mir diese mitzuteilen.

Unabhängig von allen Überarbeitungen sind dennoch nachwievor viele Fragen offen. Insbesondere die Thematik der amerikanischen Besatzungszeit von April bis Juli 1945 bedarf weiter einer intensiven Aufbereitung. Daher fordere ich den Leser an dieser Stelle erneut auf – Nutzen wir die, uns jetzt bekannten, Informationen, sichern wir noch vorhandenes Wissen, erschließen wir neue Quellen und füllen somit die weißen Flecken in unseren Geschichtsbüchern aus. Nur so ist gewährleistet, dass die nachfolgenden Generationen die Möglichkeit haben, unsere Geschichte zu begreifen und aus den Fehlern der Vergangenheit die richtigen Lehren zu ziehen.

Für Anregungen, Ergänzungen und Korrekturen wenden sie sich bitte an:

Jürgen Möller
Aschhausenstraße 66
D-97922 Lauda-Königshofen
Tel.: 09343-615998
E-Mail: juemoehistory@yahoo.de

oder

Verlag Rockstuhl Bad Langensalza

* * *

I. Die militärische Lageentwicklung in Mitteldeutschland Anfang April 1945

Ende März 1945 liegt das Dritte Reich in seinen letzten Zügen. Im Osten beginnen die russischen Verbände mit dem Sprung aus den eroberten Oder-Brückenköpfen Richtung Berlin. Im Westen haben die Alliierten nach der Überschreitung des Rheins mit dem Stoß ins Herz des Reiches begonnen. Am **23. März 1945** beginnen die 21st (brit.) Army Group mit ihrem Großangriff am Niederrhein und die Truppen der 2nd brit. Army und der 9th US Army beginnen mit der Einschließung des Ruhrgebietes von Norden. Südlich des Abschnittes der 9th US Army drängen die Kräfte von Lt.Gen. Courtney H. Hodges 1st US Army der 12th US Army Group im Siegerland gegen den Südrand des Ruhrgebietes.[1]

Am **28. März 1945** fällt die Entscheidung des Oberkommandos der westalliierten Streitkräfte unter Dwight D. Eisenhower über die Fortsetzung der Gesamtoffensive westlich des Rheins. Strategisches Ziel ist es, nach der Zerschlagung des Ruhrkessels mit der 12th US Army Group unter General Omar N. Bradley im Zentrum den Hauptstoß über Kassel und Erfurt auf Leipzig und weiter nach Dresden zu führen, das Reichsgebiet in zwei Teile zu spalten und das wichtige mitteldeutsche Industriegebiet Halle – Merseburg – Leipzig zu besetzen. Das Endziel Dresden wird später korrigiert und als Haltelinie für den Vorstoß die Mulde-Linie festgelegt. Die im Norden angreifende 21st (brit.) Army Group des Field Marshal Bernhard Law Montgomery soll bis zu den norddeutschen Häfen vordringen und die 6th US Army Group unter General Jacob „Jake" Loucks Devers soll nach Süddeutschland vorstoßen und im Donautal den Kontakt zu den Russen herstellen.

Diese Entscheidung fällt gegen massiven Widerstand der Briten, die Eisenhowers Strategie in Frage stellen. Der britische Field Marshal Brooke wirft Eisenhower die „planmäßige Verzettelung" seiner Kräfte vor. Hintergrund sind die britischen Befürchtungen, dass die angloamerikanischen Verbände bei der Zerschlagung des „Ruhrkessels" zu lange gebunden sein würden. Sie plädieren für einen starken Vorstoß auf der gesamten Frontbreite und einem gezielten Angriff von Kräften Montgomery's auf Berlin. Churchill ist sich sicher, Berlin vor den Russen zu erreichen. Ungeachtet der Vereinbarungen erhofft er sich, Berlin als Faustpfand für zukünftige Verhandlungen mit Stalin einsetzen zu können.

Eisenhower hingegen ist gegen die Einnahme von Berlin. Als kühl kalkulierender Militär ist er sich des Preises für die Einnahme der Hauptstadt des Deutschen Reiches bewusst. Dabei orientiert er sich an seinem erfahrenen Heerführer Omar Bradley, den er selbst als *„größten Frontbefehlshaber, dem ich in diesem Krieg begegnet bin"* bezeichnete. Dieser hatte die möglichen Verluste mit 100 000 Mann beziffert. Bradley schreibt in seinem Buch *"A soldier's story of the Allied Campaigns from Tunis to the Elbe": „Ein ganz schön hoher Preis für ein Prestigeziel."* Dass seine Schätzungen durchaus berechtigt sind, zeigt sich daran, dass die Rote Armee beim Sturm auf Berlin über 100 000 Tote hinnehmen muss. Und auch, wenn Stalin den Angloamerikanern vorwirft, dass *„sich ihnen ganze Großstädte kampflos ergaben, während an der Ostfront um jede Bahnstation gerungen würde"*, so ist es falsch anzunehmen, dass die Deutschen ihre Hauptstadt kampflos aufgegeben würden. Hinzu kommt, dass sich die Russen zu diesem Zeitpunkt näher an Berlin befanden als die Westalliierten.

Dwight D. Eisenhower, Februar 1945
Foto: National Archives

Eisenhower wird in seiner Entscheidung durch General Marshall als Vertreter der Combined Chiefs of Staff gestärkt. In dieser Phase schaltet sich Roosevelt in die Debatte ein und erteilt dem britischen Premier Churchill das letzte Mal eine Absage zu dessen Plänen. Roosevelt will ein gemeinsames Vorgehen mit den Russen. Churchill muss klein beigeben. Montgomery erhält den Befehl, nicht in Richtung Berlin anzugreifen. Alle weiteren Entscheidungen Eisenhowers wurden von dieser Entscheidung geprägt. Ab jetzt agiert nicht mehr der Politiker, sondern der Militär Eisenhower. Und für den ist das Ziel klar – die vollständige Zerschlagung der Wehrmacht. Dem ordnet er die militärischen Planungen unter. Ihm ist klar – der Feind muss zerschlagen werden, wo er angetroffen wird. Als Feldherr weiß er aber, dass er die Kampfmoral seiner Truppen und die Entschlossenheit seiner militärischen Führer nur aufrechterhalten kann, indem er ihnen mit dem Siegeslorbeer winkt. Und der ist nun einmal Berlin. Deshalb ist er sich mit Bradley einig, dass selbst seine Armeeoberbefehlshaber nicht erfahren dürfen, dass Berlin nicht mehr als Ziel in Frage kommt.

Bradley, dessen Armeen die Hauptaufgabe bei dieser letzten Offensive zukommt, war für diesen Auftrag nicht ohne Grund ausgewählt worden. Neben der Würdigung seiner bisherigen Leistungen sind sich Eisenhower und Marshall sicher, dass Bradley der einzig richtige und vor allem loyale Mann dafür ist. Die Amerikaner würden nicht glücklich sein, wenn man Montgomery diese Aufgabe gegeben hätte, denn der würde jede Möglichkeit, Berlin zu nehmen, mit Sicherheit nutzen und die Briten würden dann den ungewollten Ruhm einstreichen. Während hinter der Bühne die politischen Rangeleien über Macht und Nachkriegsordnung weitergehen, beginnen die Vorbereitungen zur letzten großen Offensive im Westen.

Am **29. März 1945** erreichen die Spitzen des VII. US Corps der 1st US Army den Raum Marburg und das V. Corps den Raum Limburg. Frankfurt/Main wird durch das XX. US Corps von Lt.Gen. George S. Patton's 3rd US Army genommen. Sein XII. US Corps erreicht an der Spitze der 3rd US Army das Gebiet südlich von Lauterbach/Hessen.

Die, auf breiter Front geführte, alliierte Großoffensive im Westen zerreißt die ohnehin schwache deutsche Westfront auf ihrer gesamten Breite. Nach dem Übergang der Alliierten über den Rhein bei Wesel am 23. März 1945 wird im Norden die H.Gr. H unter Gen.Obst. Johannes Blaskowitz im Zentrum aufgespalten. Durch die entstandene Lücke schiebt sich die 9th US Army auf den Nordrand des Ruhrgebietes und in Richtung Teutoburger Wald vor, während die 2nd (brit.) Army nach Norden drückt. Bei der H.Gr. B, die entlang der Rhein-Linie zwischen Düsseldorf und Koblenz steht, stößt die 1st US Army aus dem Brückenkopf bei Remagen, südlich von Bonn, mit Beginn der Großoffensive durch das Siegerland nach Nordosten vor. Wie eine gewaltige Zange umfasst die 9th und 1st US Army das Ruhrgebiet. Am 1. April 1945 treffen sich die Spitzen der 9th und 1st US Army südlich von Lippstadt, die H.Gr. B ist *„zwischen Rhein, Ruhr und Sieg"*[2] eingekesselt. Auch die Front der südlich anschließenden H.Gr. G wird an mehreren Stellen durchbrochen. General Patton's 3rd US Army stößt über Frankfurt/Main Richtung Kassel und in Richtung Thüringen. Der Stoß dehnt die entstandene Lücke zwischen der H.Gr. B und G weiter aus.

Die deutsche Westfront befindet sich damit Ende März 1945 in der Auflösung. Insbesondere die Einkesselung der H.Gr. B reißt eine riesige Lücke in die deutsche Front, durch welche die amerikanischen Verbände nunmehr fast ungehindert in den mitteldeutschen Raum hineinströmen. Dem hat das deutsche Oberkommando nur noch wenig entgegenzusetzen. Lediglich Adolf Hitler ist nachwievor der Überzeugung, dass das Halten der Front für einen Zeitraum von drei bis vier Wochen reichen wird, um die neuen Strahlenjäger zum Einsatz zu bringen und damit die Situation zu Gunsten des Reiches zu verändern.[3] Wunderwaffen und neue Armeen sollen das Deutsche Reich retten. Doch selbst der Hauptpropagandist des Deutsches Reiches, Joseph Goebbels, hatte bereits am 8. März 1945 in sein Tagebuch geschrieben: *„Den feindlichen Luftarmaden haben wir nichts Nennenswertes entgegenzusetzen.“*[4]

Am **1. April 1945** treffen sich die Verbände der 1st US Army unter General Hodges mit den Truppen der 9th US Army von Lt.Gen. Simpson im Raum zwischen Bielefeld und Paderborn. Die Reste der H.Gr. B des Generalfeldmarschalls Model mit der 15. Armee des Gen.d.Inf. von Zangen und der 5. Panzerarmee sind im „Ruhrkessel“ eingeschlossen.

Am gleichen Tag erreicht die aus dem Rhein-Main-Gebiet vorstoßende 3rd US Army unter General George S. Patton thüringischen Boden. Sein XX. US Corps attackiert nach Nordosten und während seine 80th US InfDiv den Raum Kassel erreicht, schwenken die Hauptkräfte nach Osten und gehen auf Mühlhausen vor. Das XII. US Corps, das sich bei seinem Vorstoß nach Nordosten weit vom XX. und vom benachbarten XV. US Corps der 7th US Army absetzt, erreicht mit seinem nördlichen Angriffskeil die Werra westlich von Eisenach. Die Panzerspitzen seines südlichen Angriffskeiles rollen durch die Rhön in Richtung Thüringer Wald.

Während die Kräfte der 1st US Army bis zum **4. April 1945** bei den Kämpfen um den „Ruhrkessel“ gebunden sind, entwickelt die 3rd US Army ihre Offensive weiter in Richtung Osten. Das XX. US Corps beendet die Einnahme von Kassel und erreicht mit seinen Angriffsspitzen Mühlhausen. Das VIII. US Corps, welches aus dem Raum westlich von Frankfurt/M. herangeführt wurde, beginnt mit seinem Angriff durch das XX. und XII. US Corps hindurch nach Osten. Dabei werden Teile des XII. US Corps unter das Kommando des VIII. US Corps gestellt. Das XII. US Corps setzt seinen Vormarsch Richtung Kamm des Thüringer Waldes fort.

Am **5. April 1945** werden das VII. und V. US Corps der 1st US Army von ihrem Auftrag bei der Zerschlagung des „Ruhrkessels“ entbunden und beginnen ihren Angriff Richtung Osten. Elemente des V. US Corps entlasten dabei das XX. US Corps der 3rd US Army bei Kassel. Das XX. US Corps besetzt Mühlhausen und schwenkt mit Teilen nach Südosten auf Langensalza. Die bei Kassel von ihrem

Auftrag entbundenen Teile des Corps marschieren nach Osten und erreichen Eschwege. Die Grenzen des in die Angriffsfront der 3rd US Army eingeführten VIII. US Corps werden verändert und dem Corps die frühere Zone des XII. US Corps übertragen. Somit übernimmt das VIII. US die Verantwortung für den Raum Eisenach – Langensalza – Gotha. Teile des VIII. US Corps gehen in Vorbereitung des weiteren Angriffs nach Nordosten bis zur Linie Mühlhausen – Langensalza vor. An der rechten Flanke der 3rd US Army beginnt das XII. US Corps in Vorbereitung auf den Angriff seiner Panzerkräfte Richtung Südosten, auf Coburg, mit der Umgruppierung.

Am **6. April 1945** besetzen Einheiten des VIII. US Corps im Zusammenwirken mit dem XX. US Corps Langensalza. Somit haben alle Kräfte der 3rd US Army die Haltelinie der 12th Army Group Mühlhausen – Langensalza – Gotha – Oberhof erreicht.

Bis zum **8. April 1945** erreicht das VII. US Corps der 1st US Army die südwestlichen Harzränder und die Verbände des V. US Corps stoßen durch das Eichsfeld auf Sondershausen vor. Bei der 3rd US Army steht das XX. US Corps im Raum Eschwege – Mühlhausen – Langensalza. Das VIII. US Corps hält seine Positionen und setzt die Säuberung des Thüringer Waldes fort. Das XII. US Corps hat die Räumung seiner Haltelinie für den Angriff auf Coburg beendet, während sich andere Teile des Corps auf den weiteren Angriff durch den südlichen Thüringer Wald nach Osten vorbereiten.

Am **10. April 1945** haben auch die Verbände der 1st US Army die Ausgangslinie für den letzten großen Stoß nach Osten erreicht. Das VII. US Corps von Lt.Gen. J. Lawton Collins steht westlich von Nordhausen und das V. US Corps von Maj.Gen. Clearence R. Huebner auf einer Linie westlich von Sondershausen bis Ebeleben, nordöstlich von Mühlhausen.

Maj.Gen. C. R. Huebner
Foto: National Archives

Am **11. April 1945** beginnt der Großangriff der 1st und 3rd US Army in das industrielle Herz Mitteldeutschlands und zur alliierten Haltelinie entlang der Elbe und Mulde.

Wer aber stellt sich dieser übermächtigen Streitmacht entgegen? Der Oberbefehlshaber der H.Gr. G, Gen.d.Inf. Friedrich Schulz, welcher am 3. April 1945 das Kommando über die H.Gr. von SS-Obstgruf. und Gen.Obst. der Waffen-SS Hausser übernommen hat, beschreibt in einem Brief aus dem Jahr 1946 die damalige Situation nüchtern:

„In dieser Front zwischen Harz und Oberrhein waren zahlreiche Lücken in der Besatzung vorhanden. So waren in dem Raum zwischen Harz und Gotha so gut wie keine eigenen Truppen. Die zahlreichen Divisionen, die in der Lagekarte von Hitler eingezeichnet waren, waren wohl ihrer Nummer nach vorhanden. .... Die Kampfstärke dieser Divisionen war nicht höher als die eines Bataillons, teilweise waren nur noch die Stäbe vorhanden.... Der Volkssturm war kaum ernst zunehmen für die Kampftruppe. Für den Kampf mit einem modern ausgestatteten Gegner völlig unzureichend bewaffnet (meist nur mit Gewehren mit wenig Munition), überaltert und ohne Kampferfahrung, wodurch er für die Kampftruppe oft eine Belastung, wenn nicht eine Gefahr war.... Die Front entbehrte jeder Tiefe. Reserven der mittleren und oberen Führung waren nicht mehr vorhanden und auch nicht zu erwarten.... Die Zahl der noch verfügbaren Panzer und Sturmgeschütze fiel gegenüber der feindlichen Panzerüberlegenheit überhaupt nicht ins Gewicht. Außerdem waren sie infolge Spritmangel örtlich gebunden und konnten nicht an andere Frontabschnitte verschoben werden. Die eigne Luftwaffe trat fast gar nicht mehr in Erscheinung.“[5]

In dieser Situation erteilt das Oberkommando der Wehrmacht den Befehl zur Neuaufstellung der 11. Armee im Raum zwischen Weser und Harz und der 12. Armee im Raum Fläming – Dessau – Wittenberg – Halle – Merseburg.

Sie sollen die Lücke in der Front schließen und die deutschen Truppen im „Ruhrkessel“ durch einen Gegenstoß entsetzen. Von letzterem Auftrag werden sie jedoch bereits am 4. April 1945 entbunden. Während der Gen.d.Pz.Tr. Walter Wenck nach der Genesung von einem Autounfall direkt durch den Führer beauftragt wird, aus den letzten deutschen Reserven, Ausbildungseinheiten der Kriegsschulen, RAD-Einheiten und Hitlerjungen, einen neuen Großverband, die 12. Armee, zu bilden, erfolgt die Aufstellung der 11. Armee im Harz und Nordthüringen aus den Resten der, dem „Ruhrkessel“ entkommenen, Einheiten der 15. Armee und Ersatzeinheiten der W.Kr. IX Kassel und VI Münster.

Als die 3rd US Army Anfang April thüringischen Boden betritt, stehen ihr anfangs nur schwache Verbände der 7. Armee des Gen.d.Inf. v. Obstfelder der H.Gr. G zwischen Eisenach und Schweinfurt/Unterfranken gegenüber.

Bis Ende März 1945 haben die vor den anstürmenden amerikanischen Verbänden zurückweichenden Reste der 7. Armee die hessisch-thüringische Landesgrenze erreicht. Die Masse ihrer Kräfte werden im Raum Frankfurt/Main eingekesselt. Der Stab des Stellv. XII. AK W.Kr. Wiesbaden unter Gen.d.Art. Herbert Osterkamp entkommt dem Kessel einsatzbereit, dem Stab des LXXXV. AK gelingt die Flucht lediglich zu Fuß. Von der 7. Armee erhält Gen.d.Pz.Tr. Frhr. Smilo v. Lüttwitz den Auftrag, aus dem Rest des LXXXV. AK im Raum Eisenach das Korps neu aufzustellen. Ab dem 1. April 1945 übernimmt er den Befehl über den Werra-Abschnitt beiderseits von Eisenach mit dem Schwerpunkt entlang der RAB 4. Das Stellv. XII. AK steht am Abend des 31. März 1945 auf der Linie Fulda – Hünfeld – Vacha und hat dort losen Anschluss zum LXXXV. AK. Der Auftrag der beiden Korps ist es, den Thüringer Wald um jeden Preis halten, denn dort befinden sich die für die Oberste Deutsche Führung wichtigen Rüstungszentren Suhl und Zella-Mehlis.

Am linken Flügel der 7. Armee hält das LXXXII. AK des Gen.d.Inf. Walther Hahm den Abschnitt von Bad Neustadt über Schweinfurt bis Volkach am Main. Sein Auftrag ist es, den Raum Schweinfurt unbedingt zu halten, um die dortige deutsche Kugellagerproduktion zu sichern.

Am rechten Flügel der 7. Armee ist mit der Organisation der Abwehrfront im Raum Mühlhausen – Gotha Gen.Lt. Horst Frhr v. Uckermann mit Gefechtsstand in Süßenborn bei Weimar beauftragt. Uckermann führt seit Ende März 1945 das Kommando über zwei Divisionsgruppen und hatte bereits mit Ausbildungseinheiten die Verteidigung nach Osten an der Saale vorbereitet. Diese Kräfte drehen nun ihre Front nach Westen auf die Linie Schlotheim – Langensalza – Gotha. Zu ihnen gehört der Divisionsverband des Kdr.d.Pz.Tr. im W.Kr. IX, Gen.Maj. Gustav Feller, aus Teilen des Pz.Gren.Ers.u.Ausb.Rgt. 71, Erfurt, und der Pz.Ausb.Abt. 1, Erfurt, welcher den Stamm der im Raum Erfurt – Weimar in der Aufstellung befindlichen 9. PzDiv[6] bilden sollte, sowie die K.Kdt. Gotha und Erfurt. Die schwachen Sicherungen der als Korps.Gr. Uckermann bezeichneten Kräfte können im Zusammenwirken mit dem LXXXV. AK das Vordringen der Amerikaner in den Raum Mühlhausen – Gotha jedoch nur kurzzeitig an der Werra-Linie verzögern, aber nicht verhindern.

Nördlich der Linie Mühlhausen – Heldrungen – Querfurt schließt sich ab dem 4. April 1945 die 11. Armee des Gen.d.Art. Walther Lucht mit seinem LXVII. AK unter Gen.d.Inf. Otto Hitzfeld an die 7. Armee an. Hitzfeld, der bis zum 8. April 1945 mit der Führung der neu aufgestellten 11. Armee beauftragt war, stehen

Oberst Otto v. Hitzfeld, 1942
Foto: H. Hoffmann,
National Archives

zwischen der Armee-Trennungslinie und dem Südharz lediglich die K.Gr. Gen.Maj. Heydenreich im Raum Sondershausen und die K.Gr. Oberst Ettner der Nachrichtenschule Halle im Raum zwischen Sömmerda und Artern zur Verfügung.

Hinter dem Abschnitt der 11. Armee, entlang der Saale-Linie von Halle über Merseburg bis nördlich von Weißenfels, liegt ab dem 12. April 1945 der Abschnitt des XXXXVIII. PzK der 12. Armee unter Gen.d.Pz.Tr. Maximilian Reichsfreiherr v. Edelsheim, dessen Stab von Graditz, vier Kilometer südostwärts von Torgau, aus das Kommando über den Abschnitt zwischen Halle und Riesa übernimmt. Der Korpsstab hatte erst am Abend des 10. April 1945 von Görlitz kommend das Kommando über den Kampfraum übernommen. Seine Hauptfeuerkraft bilden die mehr als 1000 Flakgeschütze aller Kaliber der 14. Flak.Div. Leipzig des Gen.Maj. Adolf Gerlach und der 21. Flak.Brig. Bad Lauchstädt. Sie bilden den bei den alliierten Bomberpiloten als „Flakhölle" bezeichneten berüchtigten Flakgürtel um die Industriezentren Bitterfeld – Halle – Schkopau – Merseburg – Leuna – Böhlen – Leipzig. Dieser Gürtel zieht sich mit dem Zentrum Leipzig von Bitterfeld über Halle – Merseburg – Weißenfels – Zeitz bis Borna. Das Zentrum der Verteidigung bildet die Eisenbahnstrecke Halle – Weißenfels.

Weiterhin unterstehen dem XXXXVIII. PzK der K.Kdt. Halle, Gen.Lt. Anton Radtke, und der K.Kdt. Leipzig, Oberst Hans v. Poncet, der erst kurz zuvor Gen.Maj. v. Ziegesar abgelöst hat. Die Trennungslinie zwischen den Abschnitten der Kampfkommandanten bildet die verlängerte Linie Querfurt – Eilenburg – Torgau. Auf Grund fehlender Verstärkungsmöglichkeiten und der Tatsache, dass die amerikanischen Truppen bereits unmittelbar vor deren Stellungen stehen, bildet der Abschnitt der Flak und der beiden Kampfkommandanten lediglich die „Vorgeschobene Verteidigungsstellung" der Korps.

Als Hauptverteidigungslinie erfolgt der Ausbau der Stellungen an der Mulde und Elbe. Hierzu wird der Kampfabschnitt Mulde dem Korpsartilleriekommandeur Oberst Köhler unterstellt und der Kampfabschnitt Elbe dem Höheren Pionierkommandeur Torgau, Gen.Maj. Hermann. Der Kampfabschnitt Mulde mit dem

Gefechtsstand in Schildau verfügt über die Truppen des Standortes Delitzsch mit einer Art.Ers.Abt. ohne Geschütze und Ersatztruppen der Standorte Düben, Eilenburg, Grimma und Schildau. Diese Truppen haben am Ostufer der Mulde mit dem Ausbau der Verteidigung begonnen und verfügen bei Eilenburg über einen Brückenkopf am Westufer. Der Kampfabschnitt Elbe mit Gefechtsstand. in Torgau verfügt über Ersatztruppen in Torgau und Riesa. Seine Truppen beginnen jetzt mit dem Ausbau der Verteidigung nach Westen. Als Reserve verfügt das Korps über je eine Kampfgruppe in Bataillonsstärke in Torgau, Riesa, Schildau sowie ein Pi.Btl. in Oschatz. Zusätzlich erfolgt die Aufstellung eines Regimentsführungsstabes in Torgau. Die Reit- und Fahrschule IV Oschatz wird eingegliedert. Die Standorte Grimma, Oschatz und Wurzen werden außerdem angewiesen, sich auf eine Verteidigung nach Süden hin einzurichten. Die rückwärtige Grenze des Korpsraumes bildet die Schwarze Elster, deren Orte ebenfalls zum Korps gehören.

Hauptaufgabe dieser völlig irreführend als Panzerkorps bezeichneten Gruppierung ist es, durch die starke Verteidigung des Südabschnittes des Korps, die linke Flanke der 12. Armee unter allen Umständen zu schützen. Die Bezeichnung dürfte wohl lediglich propagandistischen Zwecken dienen, denn über Panzertruppen verfügt dieses Korps nicht.[7]

In den Unterlagen der Historical Division der US Army vom 12. Juli 1946 beschreibt v. Edelsheim den Auftrag seines Korps folgendermaßen: *„Der Befehl lautete, den Sektor durch das Halten von Halle und Leipzig zu verteidigen. Die Sektoren an Mulde und Elbe waren für die westwärts gerichtete Verteidigung vorzubereiten. Von großer Bedeutung war der Schutz des Südflügels sowie der Südflanke der 12. Armee, die sich im Gebiet Dessau sammelte. Nach der Beendigung dieser Sammlung sollte die Armee so bald wie möglich mit dem Angriff in Richtung Westen beginnen.“* [8]

Südlich angrenzend an das XXXXVIII. PzK beginnt nordöstlich von Weißenfels der Abschnitt der Saale-Verteidigung des „Befehlshabers Thüringen Ost“, Gen.Obst. a.D. Hoth, welche der 7. Armee unterstellt ist und aus Garnisonstruppen und Volkssturmeinheiten besteht. Hoth's Abschnitt verläuft entlang der Saale bis zur thüringisch-fränkischen Landesgrenze. Diese Kräfte werden ab dem 13. April 1945 in die Korps eingegliedert. Die 11. und 12. Armee unterstehen direkt dem OB West, Generalfeldmarschall Kesselring. Am 10. April 1945 wechselt die 7. Armee von der Unterstellung unter die H.Gr. G unter die direkte Befehlsgewalt des OB West.

Im Abschnitt der 1st US Army nimmt am Morgen des 11. April 1945 das V. und VII. US Corps der 1st US Army den Angriff wieder auf. Während die Masse der 3rd US AD des VII. US Corps Nordhausen einnimmt, führen andere Teile den Kampf zur Säuberung der südlichen und südwestlichen Harzränder und des Harzvorlandes.

Südlich des VII. US Corps stößt im Verlauf des Tages die 9th US AD des V. US Corps, dicht gefolgt von der 2nd und 69th US InfDiv, aus dem Abschnitt Sondershausen – Ebeleben heraus nach Osten vor. Das CCB der 9th US AD erreicht bis zum Abend den Raum Ringleben. Das CCA im Zentrum erreicht den Raum Sachsenburg und das CCR an der Linken den Raum Rothenberga – Hardisleben.

Im Abschnitt südlich von Sangerhausen bis Kölleda weichen die K.Gr. Heydenreich und Ettner des LXVII. AK vor diesem Angriff nach Osten zurück.

Im Abschnitt der 3rd US Army geht das XX. US Corps mit seinen Panzerkräften durch die Linien der Infanteriedivisionen und fährt schnell Richtung Saale. Entlang der Reichsautobahn 4 stößt die 4th US AD des XX. US Corps bis zur Saale bei Jena vor, wo die Brücken zerstört sind. Die 6th US AD des gleichen Corps marschiert ohne großen Widerstand durch den Raum nördlich Erfurt – Weimar und erreicht noch am gleichen Tag die Saale bei Bad Kösen und Camburg, wo sie als erste amerikanische Division mit der Errichtung von Brückenköpfen am Ostufer beginnt.

Die im Raum zwischen Erfurt – Weimar und Weißensee – Rastenberg stehenden Kräfte des Div.Vbd. Feller der 7. Armee werden beim Vorstoß der Panzer zersprengt und Teile weichen nach Norden in den Bereich der 11. Armee aus.[9]

Sowohl für die 7. deutsche Armee als auch für die 11. Armee verdeutlicht sich im Tagesverlauf immer mehr, dass es nicht möglich ist, eine geschlossene Frontlinie aufzubauen. Selbst der Versuch des 4. Generalstabsoffiziers der 7. Armee, persönlich Kontakt mit dem Stab der 11. Armee aufzunehmen, scheitert. Über sein weiteres Schicksal ist nichts bekannt.

In Süßenborn bei Weimar übernimmt das frisch eingetroffene Gen.Kdo. XC. AK unter Gen.d.Inf. Erich Petersen das Kommando über die Reste der Korps.Gr. Uckermann der 7. Armee. Dem Gen.Kdo. gelingt es jedoch in den folgenden Tagen nicht, Einfluss auf die Lageentwicklung zu gewinnen.

Die im Raum Erfurt – Weimar kämpfenden Kräfte, welche seit dem 9. April 1945 unter dem Kommando von General Theilacker stehen, erhalten gegen Mittag den Rückzugsbefehl und weichen mit der Besatzung des K.Kdt. Weimar hinter die Saale aus. Das Herausziehen der Besatzung aus Erfurt ist zu dieser Zeit nicht mehr möglich, da die Stadt bereits eingeschlossen ist. General Petersen verlegt mit seinem Stab nach Frauenprießnitz, südlich von Schkölen. Nach der Eingliederung der im Abschnitt befindlichen Truppen der Saale-Verteidigung übernimmt das XC. AK die Verantwortung für den nordöstlich von Weißenfels beginnenden Abschnitt, der über Naumburg und Camburg bis südlich von Jena verläuft.

Eine wirkliche Führung über die deutschen Truppen, welche am Abend des 11. April 1945 an der Saale stehen, gibt es außer im Abschnitt der Flak nicht. Bereits am nächsten Tag haben die Verbände der 3rd US Army und Teile der 1st US Army die Saale überschritten oder stehen im Kampf um die Flussübergänge.

* * *

---

1 Alle Angaben beruhen im Wesentlichen auf dem Buch "United States Army in World War II – Chronology 1941–1945" von Mary H. Williams, Office of Military History, Department of the Army, Washington D.C. 1960.

2 NARA, B-606, Oberst Günther Reichhelm.

3 BA-MA, ZA 1/1056, Oberst i.G. Wilutzky.

4 „Joseph Goebbels Tagebücher", S. 127.

5 BA-MA, Gen.d.Inf. Schulz, RH 19 XII N 318/1.

6 G-2 Unterlagen der 3rd US Army – hier erbeutete Dokumente – nennen die geplante Aufstellung.

7 „Die Armee Wenck" v. Gellermann.

8 NARA, B-219, Gen.d.Pz.Tr. Maximilian Reichsfreiherr v. Edelsheim.

9 BA-MA, ZA 1/144, Gen.Maj. Frhr. v. Gersdorff, Chef des Gen.Stabes der 7. Armee.

II. Im Fadenkreuz der alliierten Bomber

Noch bevor sich die Verbände des V. US Corps der 1st US Army auf ihrem Vormarsch nach Osten der Linie Querfurt – Naumburg nähern, hat der Krieg die Region längst erreicht.

Neben den wenigen verbliebenen strategischen Luftzielen geraten ab Anfang April 1945 auch immer mehr industriell und verkehrstechnisch weniger bedeutsame mitteldeutsche Städte im Rahmen der taktischen Operationen der alliierten Luftstreitkräfte in das Fadenkreuz leichter und mittlerer Bomberverbände. Deren Auftrag besteht in der Endphase des Krieges darin, neben der unmittelbaren Unterstützung der Bodentruppen durch gezielte Angriffe auf feindliche Truppenkonzentrationen, Nachrichtenzentralen und der Zerstörung von Brücken und Verkehrswegen zur Unterbrechung des Nachschubes, die Versorgungseinrichtungen, wie Material- und Fahrzeugdepots sowie Munitionsproduktionsstätten, zu zerschlagen. Im Gegensatz zu den strategischen Luftzielen, wie dem mitteldeutschen Chemiezentrum Schkopau–Merseburg–Leuna, liegen diese ohne jeglichen Schutz durch Flak und Jagdflieger vor den Bomberverbänden.

So auch die altehrwürdige Domstadt Naumburg an der Saale, die mit wenigen Unterbrechungen seit der Stationierung einer Batterie des Königlich-Preußischen Magdeburgischen Feldartillerieregiments Nr. 4 im Jahr 1841 und der damit verbundenen Errichtung von Kasernen Garnisonsstadt ist.[1] Doch trotz der zahlreichen Kasernen, die nach dem 1. Weltkrieg erstmals wieder seit 1934 Soldaten der Deutschen Wehrmacht beherbergen, und verschiedenen anderen militärischen Einrichtungen war die Stadt bisher von direkten Kriegseinwirkungen und Zerstörungen weitestgehend verschont geblieben. Lediglich am 16. August 1944 hatten Bomber des 8th Bomber Command der USAAF 31,3 Tonnen Sprengbomben über der Stadt abgeworfen, um das Heereszeugamt zu zerstören.[2] Doch nachdem sich Anfang April 1945 kaum noch Soldaten in der Stadt befinden, wähnt sich die Bevölkerung in gewisser Weise sicher.

Wohin aber sind die Soldaten? Die Masse der, vor Kriegsbeginn in der Stadt stationierten, Soldaten hatte im Rahmen der 14. InfDiv 1938/1939 an der Besetzung des Sudetengebietes und am Polenfeldzug teilgenommen. Dazu gehört das Art.Rgt. 14, das als „Art.Rgt. Naumburg“ als erster Verband der Wehrmacht am 1. Oktober 1934 in der Stadt aufgestellt und am 15. Oktober 1935 in Art.Rgt. 14 umbenannt wurde.

Luftaufnahme der USAAF von der Bismarck.- und Hindenburg-Kaserne sowie des HVA und von Teilen des HZA Naumburg vom 10. April 1945

Luftbild Nr. 3067, Luftbilddatenbank Ingenieurbüro Dr. Carls, Estenfeld

Die Unterkünfte der Abteilungen des Regimentes befanden sich in der Barbara-, Bismarck- und Hindenburg-Kaserne sowie in der Nordstraße. Auch das, im Südwesten der Stadt in der Hubertus- und Lüttich-Kaserne stationierte, InfRgt 53, dessen III. Bataillon am 15. Oktober 1935 nach Naumburg verlegt und dessen II./53 im November 1938 in Naumburg aufgestellt wurde, war zusammen mit dem I./53 aus Weißenfels abgerückt. Aus dem Regiment wird im Oktober 1942 das Gren.Rgt. 53. Während diese Verbände in Vorbereitung des Westfeldzugs 1940 direkt von Polen kommend an die Westgrenze des Reiches verlegt werden, beherbergen die Naumburger Kasernen nun andere Verbände der Wehrmacht.

Luftaufnahme der USAAF von der Barbara-Kaserne und von Teilen des Ostbahnhofs Naumburg vom 10. April 1945

Luftbild Nr. 4068, Luftbilddatenbank Ingenieurbüro Dr. Carls, Estenfeld

Die meisten von ihnen Ersatz- und Ausbildungseinheiten, die den, im Kriegsverlauf ständig steigenden, Bedarf an Personal für die Front liefern sollen. So das Inf.Ers.Btl. 53, das am 26. August 1939 aufgestellt wird und den Ersatz für die 14. InfDiv stellt. Aus ihm entsteht im Dezember 1940 durch Umbenennung das Inf.Ers.Btl. 465, das im August 1941 in das Protektorat Böhmen und Mähren verlegt. Durch Teilung des Inf.Ers.Btl. 465 in ein Inf.Ers.Btl. und ein Res.Inf.Btl. entsteht im September 1942 in Naumburg ein neues Inf.Ers.Btl. 465, das der Div. Nr. 464 unterstellt wird. Das, ebenfalls in Naumburg aus dem Inf.Ers.Btl. 53 am 26. August 1939 aufgestellte, Lds.Schtz.Btl. XVI/IV bleibt nur kurz in der Stadt und verlegt nach seiner Umbenennung in Lds.Schtz.Btl. 366 im Mai 1940 nach Norwegen.

Die Art.Ers.Abt. 255, die am 27. August 1939 als leichte Abteilung aufgestellt wird, wird bereits am 1. Oktober 1939 wieder aufgelöst und verschmilzt mit der Art.Ers.Abt. 14. Diese, am 28. August 1939 in Naumburg aufgestellte, leichte Art.Abt. wird 1940 der Div. Nr. 174 unterstellt und im September 1942 in eine Art.Ers.Abt. und eine Res.Art.Abt. getrennt. Die, in Naumburg verbleibende, Art.Ers.Abt. 14 wird der Div. Nr. 464 unterstellt.

Einmarsch der Standarte des Art.Rgt. 14 in Naumburg am 14. September 1936
Foto: Aus dem Nachlass von Obstlt. Bertram v. Schmiterlöw, Archiv Rademacher Naumburg

Als weitere leichte Art.Ers.Abt. entsteht am 7. September 1939 die Art.Ers.Abt. 209, die im Dezember 1939 als leichte Art.Abt. 220 zur 169. InfDiv geht. Im Februar 1940 erfolgt dann in Naumburg die Aufstellung des Art.Rgt. 294, das der 294. InfDiv unterstellt wird.

Noch einmal wird Naumburg zur „großen Garnison", als Ende September 1940 das Art.Rgt. 14 mit der Bahn aus Frankreich nach Naumburg zurückkommt, wo die Motorisierung des, bis dahin pferdebespannten, Regimentes erfolgt. Doch mit Beginn des Russland-Feldzuges leeren sich dann die Kasernen erneut, die Masse der Soldaten rückt „mit klingendem Spiel" in Richtung Osten ab.

Im September 1942 erfolgt in Naumburg die Aufstellung des Res.Inf.Btl. 173, das durch Teilung in ein Inf.Ers.Btl. und ein Res.Inf.Btl. aus dem bisherigen Inf.Ers.Btl 173, Weißenfels, hervorgeht. Das Res.Inf.Btl. wird der 174. Res.Div. unterstellt und verlegt in das Generalgouvernement. Im Oktober 1942 erfolgt im Austausch gegen das Inf.Ers.Btl. 465 die Verlegung des Inf.Ers.Btl. 173 von Weißenfels nach Naumburg.

noch **IV. Aktiver**

Zugehörigkeit zu Dienststellen des Heeres

von	bis	Dienststelle (Truppenteil usw.)	Stammrollen-Nr. Ranglisten-Nr.
1940 12.2.	21.3	4./Art. Ers. Abt. 255	726
22.3. 40.	23.10. 40.	6./A.R. 294	4.51
24.10. 40	13.12. 41	5./A.R. 294	4.132

Werner Gröbe aus Gotha/Thür.
Einberufen nach Naumburg
Gefallen 1941 in der Sowjetunion
Aus dem Nachlass von Gertrud Möller, Gotha,
Privatbesitz Jürgen Möller

32

noch **IV. Aktiver**

Im Kriege mitgemachte Gefechte, Schlachten, Unternehmungen

Tag, Monat, Jahr	Ortsangabe, Truppenteil usw.
22.3.40–18. 5. 40	Verwendung im Heimatkriegsgebiet II./A.R. 294
18. 5. 40–30. 5. 40	Vormarsch durch Luxemburg, Belgien und Nordfrankreich II./A.R. 294
31. 5. 40– 8. 6. 40	Aufmarsch nördlich der Aisne II./A.R. 294
9. 6. 40–10. 6. 40	Kampf um die Aisne-Uebergänge II./A.R. 294
9. 6. 40	Erstürmung der Höhen südl. der Aisne zwischen Bourg et Comin und Berry au Bac. II./A.R. 294
10. 6. 40–13. 6. 40	Kämpfe beiderseits Reims II./A.R. 294
14. 6. 40–24. 6. 40	Verfolgungskämpfe über Marne, Aube und Seine bis zur Loire. II./A.R. 294
25. 6. 40–2. 9. 40	Besatzungstruppe in Frankreich II./A.R. 294
3. 9. 40–3. 12. 40	Sicherung der Demarkationslinie II./A.R. 294
4. 12. 40–7.1.41	Besatzungstruppe im Departement Loiret II./A.R. 294
25.3. - 7.4.41	Einmarsch in Bulgarien

Am 31. August 1943 wird das, im November 1942 in Gren.Ers.Btl. 173 umbenannte, Bataillon aufgelöst und zur Aufstellung des Gren.Ers.Btl. 53 herangezogen.

Anfang des Jahres 1945 sind nur noch wenige Ersatz- und Ausbildungseinheiten des Ersatzheeres in der Stadt verblieben, die alle der Div.Nr. 464, Chemnitz, des W.Kr. IV, Dresden, unterstehen. Als auch sie im März 1945 die Stadt verlassen, bestehen sie aus den „letzten" Reserven der Wehrmacht, den Rekruten der Jahrgänge 1927/28, bisher eingeschränkt Wehrtauglichen und Genesenden aus den Lazaretten. Als Erstes verlässt die Art.Ers.u.Ausb.Abt. 14, die zum Art.Ers.u.Ausb.Rgt. 24, Altenburg, gehört, die Stadt. Gemäß einem Eintrag im Tagebuch des Wehrmachtbefehlshabers Dänemark sollte die Abteilung zur Aufstellung der 328. InfDiv „Seeland" aus Naumburg nach Dänemark zugeführt werden. Über ihren Verbleib ist nichts bekannt. Die Division „Seeland" befindet sich zum Kriegsende noch immer in der Aufstellung.[3]

Das Gren.Ers.Btl. 53 wird als Gren.Ausb.Btl 53 am 26. März 1945 mit der Div.Nr. 464 (A) unter Führung von Gen.Lt. Rudolf Pilz im Rahmen der Aktion „Leuthen", der Mobilmachung der Verbände des Ersatzheeres, im Raum Torgau mobil gemacht und Mitte April als Reserve der 4. PzArmee der H.Gr. Mitte im Raum Dresden in die Korpsgruppe Moser eingegliedert.[4] Das Bataillon war im Dezember 1940 als neues Inf.Ers.Btl. 53 in Wittenberg aufgestellt und 1943 in Naumburg stationiert worden, bevor es im September 1943 das Gren.Ers.u. Ausb.Btl. 53 des Gren.Ers.u.Ausb.Rgt. 14, Leipzig bildet.

Mit der, als „Ostgoten-Bewegung" bezeichneten, Verlegung von Ausbildungstruppenteilen an die Ostfront erfolgt die Verlegung der Div.Nr. 464 (A) zum PzK „Großdeutschland" in den Raum Cottbus.[5] Die Heeresunteroffiziersschule 6 für Infanterie Naumburg bildet im März 1945 das Gren.(Führernachwuchs) Rgt. 1247, welches später als Gren.Rgt. 575 zur 304. InfDiv geht.

Der verbliebene Rest wird in der neuaufzustellenden Div. z.b.V. 464, auch als Div. Nr. 464 (E) bezeichnet, mobil gemacht. Diese Division, die nach dem Abmarsch der Div.Nr. 464 (A) an die Ostfront unter Führung von Oberst Victor Freitag aus Stamm-, Genesenen- und Marscheinheiten des Gen.d.Pz.Tr. IV, Dresden, und Ersatzeinheiten aufgestellt wird, soll ab dem 13. April 1945 unter dem Kommando des aus Thüringen nach Osten zurückweichenden XC. AK der 7. Armee der H.Gr. G an der Mulde-Linie zum Einsatz kommen.[6]

Luftaufnahme der USAAF von der Walter-Flex-Schule mit dem deutlich sichtbaren Roten Kreuz auf dem Dach, Teilen des Stadtzentrums und der Vogelwiese vom 10. April 1945
Luftbild Nr. 3067, Luftbilddatenbank Ingenieurbüro Dr. Carls, Estenfeld

Jetzt sind in der Stadt nur noch wenige Soldaten der Standort.Kp. Naumburg, Nachkommandos der Ersatz- und Ausbildungseinheiten und die Soldaten und Beamten der verschiedenen Behörden und Einrichtungen der Wehrmacht. Dabei handelt es sich um das Wehrbezirkskommando in der Kanonierstraße, die Heeresfachschule in der Körnerstraße, das Heeresbauamt in der Luisenstraße, das Wehrmeldeamt an der Nordstraße, die Heeresstandortverwaltung in der Lepsiusstraße, das Heeresverpflegungsamt in der Grochlitzer Straße und als größte verbliebene Einrichtung der Wehrmacht, das Heereszeugamt in der Kroppentalstraße.[7] Auf ihrem Gelände befindet sich außerdem die Technische Kompanie für Panzerwagen, die das sogenannte Panzerzeugamt bildet.[8] Eine, gemäß Verfügung des OB West vom 19. August 1944, kurzzeitig nach Naumburg verlegte, Lehr- und Versuchsbatterie für Sonderwaffen der Heeres-Küstenartillerie war bereits am 17. Oktober 1944 nach Swinemünde abgerückt.[9]

Die meisten Soldaten befinden sich als Verwundete und Genesende in den Naumburger Krankenhäuser und den zum Reservelazarett Naumburg I und II gehörenden Einrichtungen, die sich u.a. in der Nordstraße, in der Marienschule und Walter-Flex-Schule[10] befinden.

Selbst als es ab Anfang April 1945 zu verstärkten Aktivitäten amerikanischer Tiefflieger kommt und die Abstände zwischen den Fliegeralarmen und dem Einfliegen der amerikanischen Jagdbomber immer kürzer werden, hoffen die meisten Einwohner noch immer, dass die Stadt glimpflich davonkommt. Doch nicht nur sie, sondern auch die Flüchtlinge und Umsiedler aus den Ostgebieten des Reiches, die seit Februar in immer größerer Zahl die Stadt erreichen, und die ausländischen Zwangsarbeiter und Kriegsgefangenen in den Lagern der Stadt, die zwar die Ankunft ihrer Befreier sehnsüchtig erwarten, sich aber gleichzeitig der Gefahr bewusst sind. Durch sie ist die Einwohnerzahl von 36 200 im Jahr 1939 auf bis zu 55 000 Menschen im Frühjahr 1945 angestiegen.[11]

Am 8. April 1945 kommt es bei einem Tieffliegerangriff auf einen Personenzug auf der Eisenbahnstrecke Halle – Bebra zwischen dem Bahnhof Leißling und dem Abzweig Goseck zu zivilen Verlusten. Drei Jagdbomber der 9th USAAF hatten gegen 09.00 Uhr den Zug in drei Anflügen angegriffen und beim letzten die fliehenden Insassen mit ihren Bordkanonen unter Beschuss genommen. Eine vom Naumburger Hauptbahnhof mit einer Ersatzlokomotive zur Hilfe geeilte Rettungsmannschaft mit dem Assistenzarzt Lichtschlag vom Res.Laz. II, Naumburg, können die RAD-Maid Liesel Frank nur noch tot bergen. Der Arbeiter Wilhelm Röhl aus Naumburg erliegt später im Krankenhaus seinen Verwundungen. Sieben weitere Personen werden verwundet.[12] Auf dem Bahnhof Naumburg/Saale stirbt der Eisenbahner Kliesch durch Tieffliegerbeschuss.[13]

Als am 9. April 1945 um die Mittagszeit wieder einmal die Luftschutzsirenen heulen, nimmt die Masse der Bevölkerung zunächst an, dass erneut Tiefflieger Jagd auf lohnende Ziele machen oder alliierte Bomberverbände auf ihrem Weg in Richtung der mitteldeutschen Industriegebiete die Stadt überfliegen.

Was sie nicht wissen, ist längst auf den Bildschirmen des Flugmelde- und Jägerleitdienst der Reichluftverteidigung zu sehen. Die Radaranlagen der, für das Luftlagebild im Bereich der II./LnRgt 231, Weißenfels/Saale zuständigen, 10. schw. Flugmelde-Leitkompanie in der Stellung „Wellensittich" bei Unternessa haben die einfliegenden Bomberverbände, die Kurs auf Naumburg nehmen, bereits erkannt.

Über die Luftschutzwarnzentralen hat die Luftlagemeldung auch das, für die Region Naumburg zuständige, Flugkommando Halle und von dort die örtliche Luftschutzleitung Naumburg erreicht.[14] Im Normalfall löst diese das Signal „Öffentliche Luftwarnung", auch als „Kleinalarm" oder „Voralarm" bezeichnet, aus, bei dem jeder Bürger den Volksempfänger einschalten soll um die Fliegerwarnmeldungen, die als „Reichsansage" über den Reichsrundfunk, als Sofortmeldung über den Drahtfunk der Gaubefehlsstellen oder die Flaksender gesendet werden, abzuhören. Meist beginnen diese mit den Worten *„Feindliche Bomberverbände im Anflug auf ....* ". Doch dazu ist im April 1945 nur noch in den wenigsten Fällen Zeit. Seitdem sich die Front immer näher ins Herz Deutschlands geschoben hat, gibt es kaum noch Vorwarnzeiten und immer häufiger ertönt sofort das Signal „Fliegeralarm" oder das, die unmittelbare Bedrohung des alarmierten Luftschutzortes signalisierende, Signal „Akute Luftgefahr".

Ohne große Hast[15] suchen daher die Menschen Schutz in den Stahlbetonbunkern, wie am Lindenhof,[16] dem als Luftschutzbunker ausgebauten Höhlensystem unter dem Zuckerberg[17] und in den Luftschutzräumen und Kellern der Stadt. Kurz darauf erscheinen die ersten Bomberformationen über Naumburg.[18] Aber sie überfliegen nicht wie erwartet die Stadt, denn es sind nicht die „Fliegenden Festungen" der strategischen Bomberverbände der 8th USAAF, sondern die leichten und mittleren Bomber der taktischen Luftstreitkräfte von Lt.Gen. Hoyt Vandenberg's 9th USAAF.

Von den Feldflugplätzen in Frankreich, Belgien und Holland aus gestartet, haben sie unbehelligt von deutschen Jagdflugzeugen, die durch Treibstoffmangel und die alliierte Luftüberlegenheit am Boden festgenagelt sind, ihr Hauptziel für diesen Tag erreicht. In drei Wellen fliegen die Martin B-26 „Marauder" Bomber der 98th und 99th B.D. Wing des IX. Bomber Command von Maj.Gen. Samuel E. Anderson das Naumburger Heereszeugamt an der Kroppentalstraße an. Als die 1. Welle der Bomber der 98th B.D. Wing unter Col. Millard Lewis das Ziel erreichen, hängen dichte Wolken über der Stadt, welche die Sicht der Bombenschützen behindern.[19]

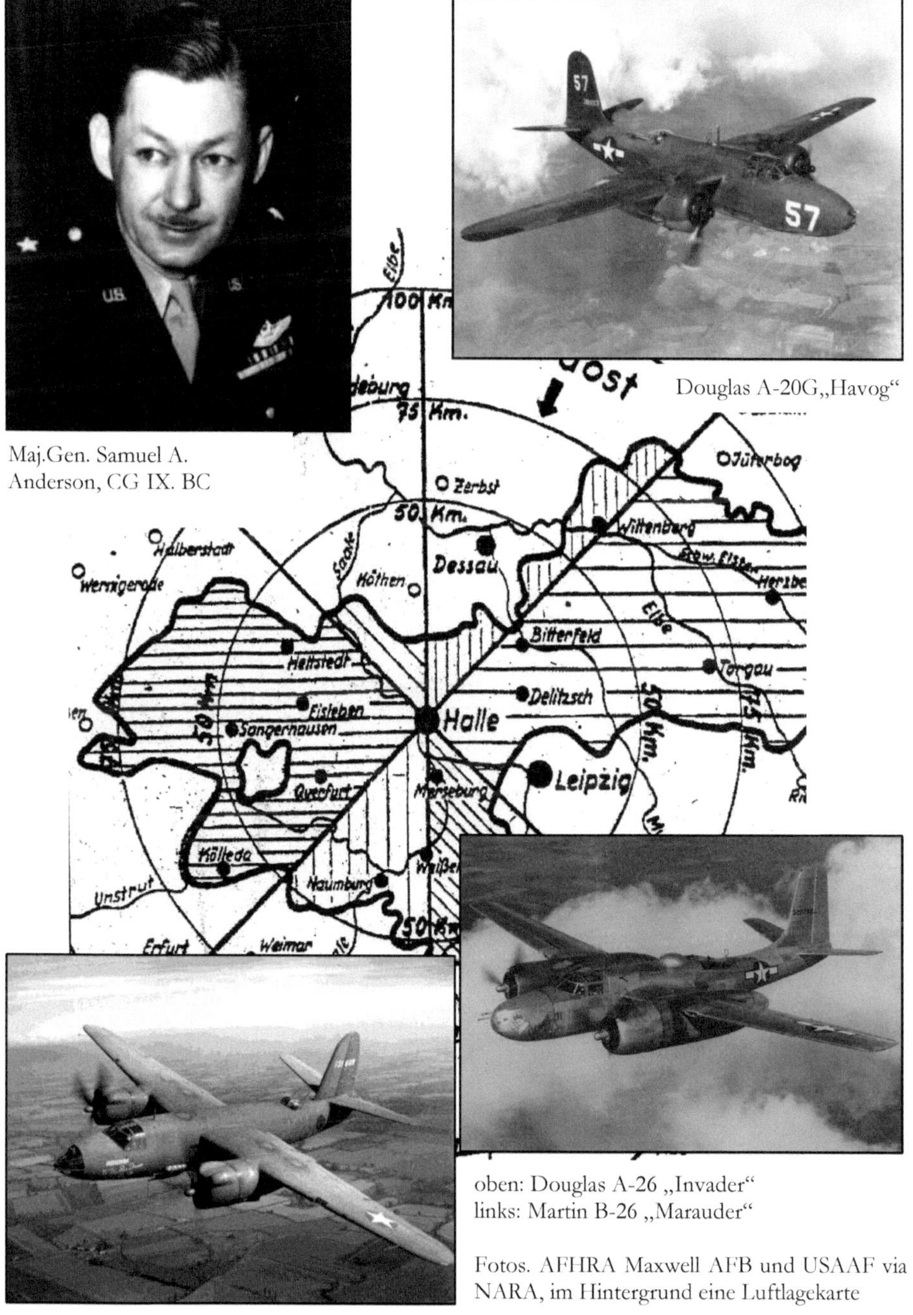

Douglas A-20G„Havog"

Maj.Gen. Samuel A. Anderson, CG IX. BC

oben: Douglas A-26 „Invader"
links: Martin B-26 „Marauder"

Fotos. AFHRA Maxwell AFB und USAAF via NARA, im Hintergrund eine Luftlagekarte

Von den in drei Staffeln anfliegenden 41 Bomber der 323rd B.G. unter Führung von Col. Wilson R. Wood gelingt es nur zwei Staffeln zwischen 11.53 und 12.03. Uhr (B) ihre 250kg Bomben über der Stadt abzuwerfen, die Bomben der dritten Staffel fallen wenige Minuten später zwischen Klosterlausnitz und der Reichsautobahn 9 ohne Schaden anzurichten. Auch die 2. Welle, die um 13.08 Uhr (B) die Stadt erreicht, kann das Ziel nicht eindeutig erkennen. Lediglich fünf B-26 Bomber der 394th B.G. unter Col. Thomas B. Hall der 98th B.D. Wing werfen insgesamt 40 250kg Bomben über dem Ziel ab. Die restlichen 36 Bomber der 394th B.G. laden ihre Bombenlast im Raum Neustadt/Orla, Hermsdorf und Eisenberg ab.

Um 15.44 Uhr (B) erreicht die 322nd B.G. unter Col. Glenn C. Nye der 99th B.D. Wing als 3. und stärkste Welle mit 52 Bombern die Stadt. Zwischen 15.45 und 15.59 Uhr (B) werfen sie insgesamt 106 500kg und 200 250kg Bomben über dem Zielgebiet ab. Doch noch immer behindert der bewölkte Himmel die Sicht und nach den ersten Einschlägen auf dem Gelände des Heereszeugamtes zwischen 15.45 und 15.49 Uhr (B) kommt Rauch über dem Ziel erschwerend hinzu. So wählen einige der Bomberschützen markante Punkte in der Stadt als Zielpunkt. Zwischen 15.50 Uhr und 15.51 Uhr (B) registriert der Luftbildauswerter der US Air Force, 1st Lt. Morton D. Epstein, Bombeneinschläge im bebauten Stadtgebiet, im Stadtzentrum, auf Straßen, Kreuzungen und Häusern.

Die Bomben schlagen im Bereich der Gartenstraße, des städtischen St. Wenzel-Friedhofes, der Salzstraße, der Neustraße, der Salzgasse, der Neugasse, des Topfmarktes, der Stadtkirche Sankt Wenzel und der „Münze" ein und führen zu Zerstörungen und Opfern.[20] Alleine im Polizeigebäude werden drei Personen getötet, unter ihnen der Polizeimeister Erich Kreisel.[21] Andere Bomben, die unpräzise über dem Ziel abgeworfen werden, detonieren in der Umgebung des Heereszeugamtes und töten im Bereich des Weichaugrundes zehn Menschen. Ein älteres Ehepaar, eine Mutter mit drei Jungen und eine schwangere Frau mit ihrer Tochter, werden in einem Schutzgraben verschüttet. Als sie von Soldaten ausgegraben werden, sind sie bereits erstickt.[22] Einige Bomben fallen auch auf das Gelände des Heeresverpflegungsamtes an der Grochlitzer Straße, wo in drei Speichern große Mengen an Getreide, Mehl, Nährmitteln und Ölfrüchte lagern. Zu größeren Schäden kommt es jedoch nicht. Hier kommt es kurze Zeit später zu ersten Plünderungen durch die Naumburger Bevölkerung.[23] Nur die wenigsten Bomben haben den Bereich des Heereszeugamtes am Panzerplatz getroffen.[24]

Das Ziel – das Heereszeugamt Naumburg

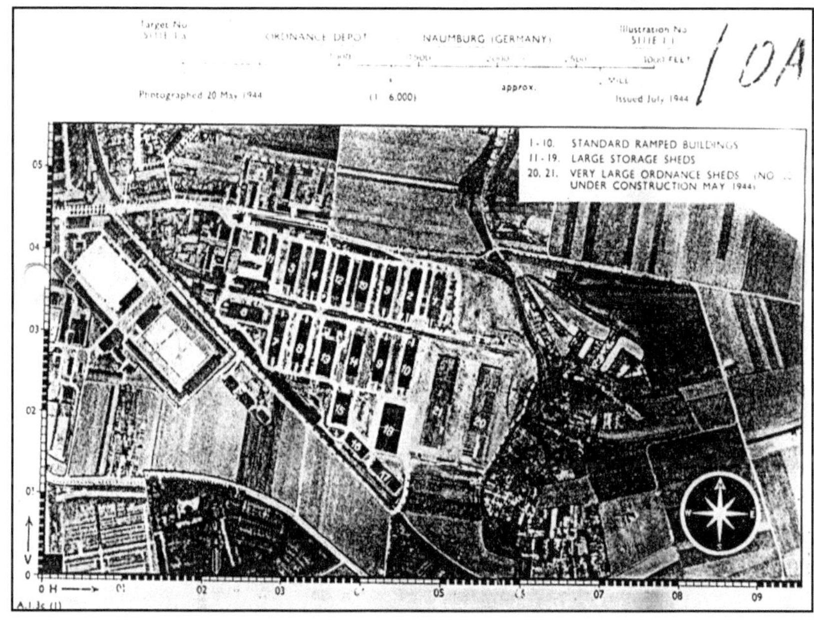

Dieses Luftbild des Heereszeugamtes vom Mai 1944 diente den Bombern als Orientierung bei den Angriffen

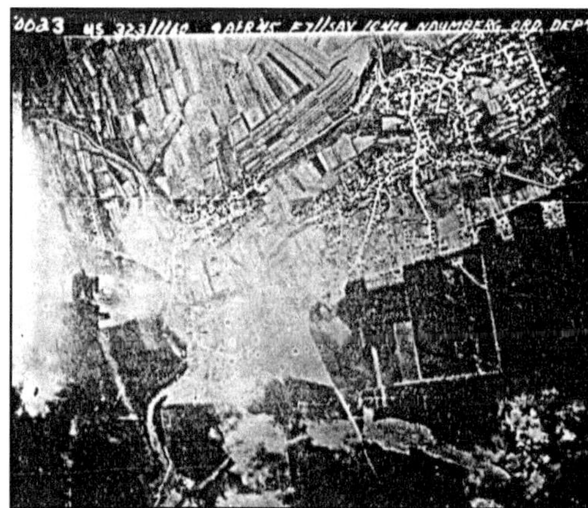

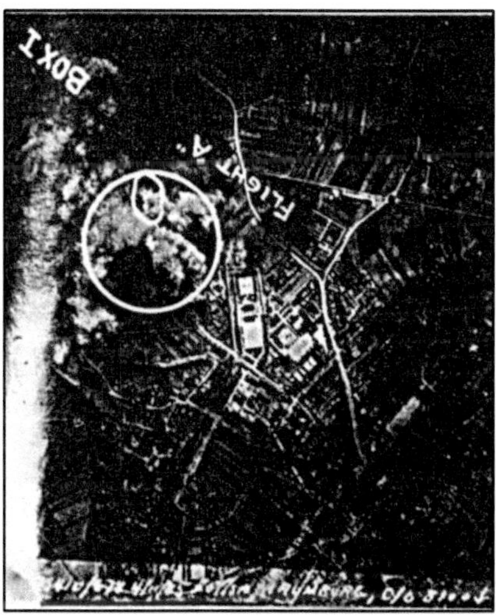

Bilder der Bordkameras amerikanischer Bomber, aufgenommen über Naumburg am 9. und 11. April 1945

Luftaufnahmen: AFHRA Maxwell AFB, Sammlung Schneider

Oben: Zerstörungen in der Umgebung der Wenzelskirche
Unten: Der zerstörte Hof der ehemaligen Posthalterei, Salstraße 35
Fotos: Ernst Hammer, Naumburg, Archiv Elke Oelsner

Zerstörte Geschütze und Gebäudeschäden nach den Bombenangriffen auf das HZA Naumburg
Foto: National Archives, 342-FH-3A22088-57909AC (fold3.com)

Im Panzerzeugamt werden drei Soldaten, unter ihnen Obstlt. Schmidt und Hptm. Storch getötet. In der Schönburger Straße sterben zwei Frauen bei einem Treffer auf das Altersheim.[25] Als ob das nicht genug wäre, greifen knapp eine Stunde später Jagdbomber die Gleisanlagen des Bahnhofs Naumburg/Saale an. Im Dienstbuch des Fahrdienstleiters heißt es: *„Um 15.45 Uhr wurde der Bahnhof Naumburg mit Bomben belegt. Treffer westlich der Roßbacher Brücke in Gleis 1 und 2 sowie Ladestraße. Außerdem Fahrleitung zerstört. (...) Strecke gesperrt."*[26] Eberhard Kaufmann beschreibt am 11. April 1995 in der Naumburger Zeitung treffend die Situation in der Stadt: *„Angst und Schrecken hatte sich am 9. April 1945 auch in der Stadt Naumburg breit gemacht."*

Der 10. April 1945 vergeht trotz Fliegeralarm weitestgehend ruhig.[27] Im Stadtgebiet kommt es an diesem Tag zu vereinzelten Tieffliegerangriffen. Einzelne Bombenabwürfe im Bereich des Neuen Friedhofs beschädigen den Fahrbahnbelag der Weißenfelser Straße. Ein Bombentreffer in unmittelbarer Nähe der Friedhofskapelle führt zu Gebäudeschäden. In der Kapelle werden die aufgebahrten Särge von herabstürzenden Steinen umgeworfen und die Toten fallen heraus.[28]

Der Bereich der Gleisanlagen des Bahnhofs Naumburg, der von den Bomben getroffen wurde
Foto: Rainer Nette, 1998

Dann, am 11. April 1945, erscheinen die Bomberverbände erneut über der Stadt. Auch diesmal ist ihr Hauptziel das Heereszeugamt. Der Angriff erfolgt diesmal durch die leichten Bomber der 97th B.D. Wing unter Gen. Edward M. Backus und die mittleren Bomber der 99th B.D. Wing unter Gen. Herbert B. Thatcher des 9th USAAF Bomber Command. Wieder ertönen die Luftschutzsirenen in der Stadt. Doch mit dem ersten Heulen fallen auch schon die Bomben.[29]

Um 10.12 Uhr (B) öffnen sich die Bombenschächte der A-26 „Invader" Bomber der 386th B.G. unter dem Kommando von Col. Joe Kelly der 99th B.D. Wing, die als 1. Welle die Stadt erreichen. Aber auch diesmal ist die Sicht schlecht. Die beiden Flight an der Spitze des Bomberverbandes melden, dass die Sicht durch Bodennebel, der über dem Zielobjekt hängt, eingeschränkt ist. Ihre Bomben verfehlen nach eigenen Angaben das Ziel. Doch die Explosionen wirbeln Dreck auf und erste Brände lassen Rauchwolken aufsteigen, so dass auch das Ziel für die nachfolgenden Bomber nur schwer auszumachen ist. Und so landet ein Großteil der Bomben im Bereich der Straßen der Umgebung und in den Feldern östlich des Ziels. Bis 10.49 Uhr (B) haben sich die 41 Bomber ihrer Last entledigt und 246 250kg Bomben abgeworfen.

Von links nach rechts: Gen. Backus, Gen. Thatcher, Col. Williams, USAAF
Fotos: USAAF via NARA

Als 2. Welle. erreicht die 391st B.G. der 99th B.D. Wing unter Führung von Col. Gerald E. Williams mit 36 A-26 Bombern die Stadt. Um 10.52 Uhr (B) klinkt die Führungsstaffel ihre Bomben über dem Ziel aus. Jetzt ist der Himmel über dem Heereszeugamt durch teils dichte Rauchwolken verhüllt. Während die Masse der Bomber der 391st B.G. ihre 500kg Bomben über Naumburg abwerfen suchen sich zwei Staffeln nach mehreren vergeblichen Anflügen ein neues Ziel. Während eine Staffel in Richtung Osten weiterfliegt und als Gelegenheitsziel den kleinen Ort Stöntzsch bei Pegau auswählt, wo 24 Bomben ohne Schäden zu verursachen im freien Feld landen, nimmt das Verhängnis für die Stadt Querfurt ihren Lauf.

Querfurt, die Kreisstadt des gleichnamigen Landkreises, der seit dem 1. Juli 1944 zur Provinz Halle-Merseburg gehört und außer dem Wehrmeldeamt über keine militärischen Dienststellen verfügt, steht an diesem Tag auf Grund seiner Verkehrslage im geplanten Vormarschbereich als Ausweichziel auf den Plänen der 391st B.G. Die Bomber sollen die Stadt angreifen, falls die Angriffsbedingungen über dem Hauptziel einen gezielten Abwurf verhindern sollten. Nach dem dritten vergeblichen Anflug der Führungsstaffel der zweiten Bomberformation der 391st B.G. auf das Heereszeugamt Naumburg hat sich der Flight Leader zum Abdrehen nach Nordwesten entschlossen. Kurz nach 11.00 Uhr (B) liegt die Burg und die Stadt Querfurt vor den Augen der Besatzungen der sechs A-26 „Invader“ Bomber.[30]

Der Bombenangriff trifft Querfurt völlig unvorbereitet.

9th.B.D. S-2 Report 104A

391 GROUP	9th B.D. (M) WING 99	
OTHER UNITS TARGET	DATE 11 April 1945	Naumburg
		Strontzsch
		Querfurt
	FIRST PHASE INTERPRETATION	
		TARGET HIT

A. TARGET BRIEFED Naumburg Ordnance Depot PRIMARY

Querfurt SECONDARY

M.P.I. I-A, I-B Center of Building 9 : II-A, II-B Center Building 15
I-C, II-C NW corner of Building # 17 on 5111E/1/1

A.P.

C. NO. AND TYPE OF A/C DISPATCHED 36 A-26 NO. OF A/C ATTACKING 36

D. BOMBING BY 3's, 6's, 12's, 18's 6's IN FOLLOWING ORDER 3/1/2/4/6/5

E. NO. AND SIZE OF BOMBS DROPPED 88X1000 24X1000 24X1000 FUSING P/T Secondary Casual 1/10 , 1/100

F. HEADING OF A/C WHEN BOMBS DROPPED 340 Degrees

G. TIME BOMBS DROPPED Box I - Flt A 1053 : Flt B 1055 : Flt C 1052
Box II - Flt A 1110 : Flt B 1114 : Flt C 1100

H. ACTIVITY AT TARGET

J. RESULTS OF BOMBING

Box I - Flt A : AMPI Unsatisfactory. Poor synchronization on short run. Flt made 2 runs on P/T above clouds and then decided to bomb casual target at Strontzsch (K-138952) 18 miles E of P/T. All bombs fell more than 1000' from AMPI, RD junction in town, in a tight pattern about 1350' NE of AMPI in open fields. 2 runs.

Flt B : SMPI Superior. Smoke obscured DMPI. Bombardier chose NW corner of building, 1100' NW of DMPI, as SMPI. All bombs fell within 1000' of SMPI in a tight pattern partially obscured by smoke about 250' NE of SMPI with hits on 2 ramped buildings, 4 warehouse type buildings and 1 main roadway. 2 runs.

Flt C : DMPI Excellent. Over 50% of bombs fell within 1000' of DMPI in a tight pattern about 900' SW of DMPI hitting 2 large residential type buildings, 1 roadway and 2 large warehouses. 2 runs.

Box II - Flt A : SMPI Superior. Flt bombed secondary at Querfurt (D-685-155) due to smoke obscuring P/T. Selected residential block in SE part of town as MPI. All bombs fell within 1000' of SMPI cutting one roadway and an undetermined number of residences. No burst free picture available. 3 runs on P/T.

Flt B : DMPI Excellent. About 80% of bombs fell within 1000' of DMPI in a split pattern centered about 350' S and 1100' NW of DMPI cutting the RR and hitting 2 ramped buildings and one large storage shed. 4 runs.

Flt C : DMPI Undetermined. No photo coverage due to camera intervalometer switch not turned on. Visual observations reported fair results. 3 runs.

WALTER E. SPANGLER,
1st Lt., Air Corps,
Photo Interpreter.

Auswertebericht vom 11. April 1945
AFHRA Maxwell AFB, Sammlung Schneider

Die Sirenen, die in den letzten Monaten immer wieder „Fliegeralarm“ ausgelöst hatten, schweigen, als sich die Bomber der Stadt auftauchen.[31] Viele Menschen bleiben auf der Straße stehen und schauen zum Himmel, als sie das Dröhnen von Flugzeugmotoren hören. Arglos beobachten sie den kleinen Bomberverband, der sich der Stadt nähert. Um 11.10 Uhr (B) verlassen die Bomben die Schächte der Bomber und verrichten ihr zerstörerisches Werk. Die Bordkamera dokumentiert das Ergebnis. Im Bericht des Luftbildauswerters, 1st Lt. Walter E. Spangler, wird es später nüchtern heißen: *Box II, Flight A: S.M.P.I. (mean point of impact – geometrischer Mittelpunkt des Trefferbildes d.A.): "Sehr gut. Flight bombardiert Zweitziel Querfurt auf Grund des Rauches, der das Hauptziel (Heereszeugamt Naumburg d.A.) unklar macht. Wählte Wohnblock an der Südostecke der Stadt als mittleren Trefferpunkt. Alle Bomben fielen innerhalb eines Radius von 1000 Fuß um den mittleren Trefferpunkt, durchtrennten eine Straße und trafen eine unbestimmte Anzahl von Wohngebäuden. Keine Bilder ohne Explosionen verfügbar. 3 Anflüge auf Erstziel."*

Erst als sich die ersten Bomben von den Maschinen lösen und im Bereich der Geistpromenade, in der Linden- und Daheimstraße einschlagen und Splitter bis zum Marktplatz fliegen, suchen die Menschen hastig hinter Mauern und in den Luftschutzkellern Schutz.[32] Doch so schnell, wie alles begonnen hat, ist es auch wieder vorbei. Als das Signal „Entwarnung“ ertönt, eilen die Ersten zu den rauchenden Trümmern. Einwohner, Feuerwehr und Technischer Notdienst beginnen mit der Bergung. Auch die Jugendlichen des Wehrertüchtigungslagers „Zur Sonne“ in Querfurt werden als HJ-Schnelltrupp zum Aufräumen eingesetzt.[33]

Lisbeth Peschel berichtet: *„So kam der 11. April heran... Mutter erzählte mir den Hergang des Unglücks (des Bombenangriffs – d.A.). (Plötzlich) sei dieser fürchterliche einzige Schlag erfolgt und eine riesige Staubwolke (sei) zu sehen gewesen. An Alarm konnte sie sich nicht besinnen. Meine Mutter fand das zusammengestürzte Doppelhaus mit Entsetzen vor. Luftschutzhelfer waren bereits dabei, meinen im Garten befindlich gewesenen Vater von einem Zementbrocken zu befreien, der ihn zur Erde geschmettert hatte. Im Behelfskrankenhaus, das in der Stadtschule eingerichtet worden war, sagte dann Vater zu ihr, dass Schwiegertochter und Enkelchen im Haus gewesen seien. Sie müssten nach ihnen suchen. Mutter eilte wieder heim. Da hatten gerade Helfer die Schwägerin aus den Trümmern geborgen, tot, vom Schornstein erschlagen. Und die Kleine? Unmöglich, dass sie lebt! Plötzlich hörten meine Mutter und die Männer klägliches Schreien! Fieberhaft wurde Schutt beseitigt und mit aller Anstrengung gesucht. Da lag das Kindchen in einem toten Winkel und hatte nach überstandenen Schock sich ins Leben zurückgeschrien."* Der verletzte Fister erliegt später im Lazarett seinen Verletzungen.[34]

Im Ergebnis des Angriffs werden vier Gebäude total zerstört, einige stark beschädigt und 26 Personen getötet.[35] Die Tatsache, dass sich zum Zeitpunkt des Angriffs mehrere deutsche Militärfahrzeuge im Bereich der Geistpromenade unter den Bäumen abgestellt waren, wird später als Ursache für das Unfassbare angenommen. Doch ob diese während des Anfluges überhaupt von den Bomberbesatzungen erkannt wurden, ist fraglich.[36]

Während in Querfurt die Bergungsarbeiten beginnen, gehen in Naumburg die Angriffe auf das Heereszeugamt Naumburg weiter. Ab 11.15 Uhr (B), nur eine Minute nachdem die letzte Staffel der 391st B.G. ihre Bomben abgeworfen hat, fallen die ersten Bomben der 3. Welle auf die Stadt. 38 Douglas A-20 „Havog" Bomber der 410th B.G. der 97th B.D. Wing unter Col. Ralph Rhudy laden bis 11.25 Uhr (B) 224 250kg Bomben über dem Ziel ab. Und wieder fällt ein Großteil der Bomben außerhalb des Heereszeugamtes und trifft bebautes Gebiet in der Umgebung.

Zwischen 11.41 Uhr und 11.45 Uhr (B) beschließt als 4. Welle die 409th B.G. der 97th B.D. Wing unter dem Kommando von Col. Preston P. Pender den Angriff auf das Heereszeugamt Naumburg. 38 A-26 „Invader" Bomber sollen mit insgesamt 278 250kg Bomben des Typs M-17, gefüllt mit Stabbrandsätzen, abgeworfen aus einer Höhe von 5000 Fuß, das zerstörerische Werk vollenden. Die entfachten Feuer sollen einen Großbrand auslösen, der die Bergungsarbeiten behindern und die verbliebene Infrastruktur zerstören soll. Doch der Erfolg des Angriffs ist fraglich. Ein Großteil der Bomben verfehlt das Ziel und landet in den Feldern nördlich, südlich und südwestlich des Ziels. Aber auch bebautes Gebiet wird getroffen. Eine Auswertung der Bilder der Bordkameras ist nur bedingt möglich. Der Group Bombardier der 409th B.G., Capt. John T. Ertler, nennt in seinem Report vom 11. April 1945 als Gründe hierfür den Ausfall von einigen Bordkameras und Abwurffehler, bedingt durch das ungewohnte Abwurfmuster und den Typ der abgeworfenen Bomben.

Doch für die Bewohner von Naumburg ist dies bedeutungslos. Der Angriff hat teils verheerende Folgen für die Stadt. Zwar haben die Bomben ihr Hauptziel, die große Lagerhalle im Heereszeugamt, getroffen und einige Gebäude auf dem Gelände beschädigt, dennoch sind auch diesmal die meisten Opfer unter der Zivilbevölkerung zu beklagen.[37] So treffen Bomben auch die Gärtnerei Krehahn im Weichaugrund. In dem Moment, wo Frau Krehahn mit ihren zwei Kindern das Haus verlassen will, durchschlägt eine Zeitzünderbombe das Dach des Wohnhauses und explodiert im Keller. Frau Krehahn wird verschüttet.

Polnische Zwangsarbeiter, deren Lager sich im Bereich des Heereszeugamtes befindet, eilen noch im Bombenhagel zu Hilfe, können aber die beiden Kinder nur noch tot bergen.[38] Tote gibt es auch unter den, Richtung LS-Bunker Zuckerberg, fliehenden Menschen. Zwei Frauen werden am Linsenberg getötet.[39] Einige Bomben detonieren im Bereich des Zwangsarbeiterlagers.[40] Die Bomben unterscheiden nicht zwischen Freund und Feind. Frau Waltraud Bender berichtet später, dass *„die Anzahl der Opfer (dieses Tages d. A.) so groß war, dass die Särge nicht reichten"*.[41]

Grabplatte auf dem Neuen Friedhof Naumburg
Foto: Jürgen Möller, 2004

Nach dem Angriff kommt es auf dem Gelände des Heereszeugamtes, des Heeresverpflegungsamtes und im gesamten Stadtgebiet zu Plünderungen durch die Bevölkerung. Betroffen sind hiervon auch die Barbara-Kaserne in der Oststraße, das Bahnhofsgelände und die „Bolle" Schokoladenfabrik.[42] Diese Plünderungen setzen sich auch dann noch fort, als die amerikanischen Truppen die Stadt längst besetzt haben.[43]

Das Ziel der alliierten Bomberangriffe – die Zerstörung des Heereszeugamtes – wird trotz der abgeworfenen Bombenmengen nicht erreicht. Weitere Angriffe verhindert alleine der schnelle Vormarsch der amerikanischen Bodentruppen. Doch der Preis, den die Stadt in diesen zwei Tagen zahlen muss, ist hoch. Mehr als 700 Gebäude in der Stadt werden beschädigt. Wie viele Tote die Angriffe auf Naumburg wirklich gekostet haben, ist nur ungenau zu ermitteln. Nach vorliegenden Angaben werden am 9. und 11. April 1945 zirka 100 Menschen getötet bzw. versterben an den Folgen der erlittenen Verletzungen. Noch im Jahr 1951 werden bei Aufräumungsarbeiten Tote gefunden.[44] Eine schlichte Tafel am Rand des Ehrenrains für die Luftkriegsopfer auf dem Neuen Friedhof erinnert heute an die zivilen Toten der Bombenangriffe.[45]

* * *

[1] Gem. Rademacher.

[2] 8th Bomber Command Statistical Reports, Page 72, NARA. Damit bezieht sich die Aussage von Dr. V. Jung, dass im Herbst 44 ein Bombenangriff auf das HZA erfolgte, auf diesen Angriff.

3 Gem. Georg Tessin „Verbände und Truppen der Deutschen Wehrmacht und Waffen-SS 1939 – 1945".

4 Ebenda.

5 Gem. Kurt Mehner „Die Deutsche Wehrmacht 1939-1945".

6 Gem. Gersdorff, gem. Petersen 14.04.45 – Unterlagen BA-MA.

7 Gem. Max Rademacher, Naumburg.

[8] Gem. Tessin. Gem. Rademacher befand sich auf dem Gelände des HZA eine Instandsetzungseinrichtung für Schützenpanzerwagen.

[9] Gem. Keilig.

[10] Heute Alexander-von-Humboldt-Schule.

[11] Brieftagebuch „…wir atmen alle auf…" herausgegeben v. Martin Onnasch.

[12] Meldung Hähner vom 08.04.45, Sammlung Rademacher.

[13] Sterbeliste der Friedhofsverwaltung Naumburg.

[14] Gem. Steinert, Jena.

[15] Gem. Waltraud Bender, Naumburger Tageblatt.

[16] Artikel v. Eberhard Kaufmann in der MDZ, Naumburger Zeitung v. 11.04.95.

[17] Gem. Rademacher. Siehe auch „Erinnerungen an die letzten Kriegstage" v. Helmut Kitzmann, Naumburger Tageblatt/MZ, 2005.

[18] Gem. W. Bender aus Süden, gem. Rademacher aus Osten und Westen. Einige Bomber fliegen ihr Ziel mehrfach aus verschiedenen Richtungen an.

[19] Siehe Luftbilder.

[20] Naumburger Tageblatt v. 08.04.95.

[21] Sterbelisten der Friedhofsverwaltung Naumburg.

[22] Naumburger Tageblatt, Bericht W. Bender.

[23] Naumburger Tageblatt v. 08.04.95.

[24] Naumburger Tageblatt, Bericht W. Bender.

[25] Gem. Sterbelisten der Friedhofsverwaltung Naumburg.

[26] Sammlung Rainer Nette, Eisenbahnhistoriker.

[27] Gem. Kaufmann.

[28] Gem. W. Bender.

[29] Gem. Kaufmann.

[30] Hans-Joachim Hantsche, Querfurt schreibt von P-51 „Lightning" Jagdbombern, was hier nicht zutrifft.

[31] Im Beitrag v. Liesbeth Peschel in den Querfurter Heimatblättern Nr. 4 heißt es, dass kein Fliegeralarm ausgelöst wurde, dies sagt auch der damalige Querfurter Johannes Beck. Hantsche berichtet jedoch, dass es Fliegeralarm gegeben hat. Auch Hentschel schreibt im Querfurter Stadtanzeiger 15, 2005, dass um 11.00 Uhr „Öffentliche Warnung" ausgelöst wurde.

[32] Gem. Hantsche.

[33] Ebenda.

[34] Querfurter Heimatblätter Nr. 4, 1994, Bericht v. Lisbeth Peschel, geb. Fister, aus Querfurt.

[35] Der Stadtarchivar Ernst Ihle schreibt in seinem Bericht von sechs zerstörten Häusern und 24 Toten.

[36] Auf Grund der Abwurfhöhe erfolgt der Abwurf bei Bombern früher als bei Jagdbombern, so dass das Ausklinken der Bomben bereits erfolgte, bevor die Bomber über dem Ziel waren.

[37] Unterlagen der USAAF – hier Auswerteberichte der Bordkamera-Aufnahmen – Archiv Schneider.

[38] Gem. Kaufmann.

[39] Sterbelisten der Friedhofsverwaltung Naumburg.

[40] Gem. Eberhard Kaufmann. Über Opfer ist nichts bekannt. Die Sterbelisten der Friedhofsverwaltung Naumburg verzeichnen einen toten Polen am 09.04.45 und zwei weitere am 21. und 23.04.45. Ob sie an den Folgen von Verletzungen starben, ist unbekannt.

[41] Bericht W. Bender.

[42] Unterlagen Museum Naumburg. Siehe auch Brief Dr. med. Schlegelberger, Zscheiplitz v. 08.12.2009.

[43] Aussagen zu den Plünderungen werden in den verschiedenen amerikanischen Unterlagen und deutschen Zeitzeugenberichten gemacht.

[44] Kaufmann nennt das Straf.Btl. 333 in Naumburg mit über 1000 Toten. Es gab jedoch nur das Straf.Btl. 999, das als Bewährungseinheit im Rahmen des Afrikakorps und später im Mittelmeerraum und auf dem Balkan zum Einsatz kam. Dann gab es noch die „500er"-Bewährungsbataillone und die Feldstrafgefangenen-Abteilungen 1–22. Über die Anwesenheit einer dieser Einheiten in Naumburg gibt es keine genauen Informationen. Wolfgang Krehahn gibt im Naumburger Tageblatt/MZ v. 03.11.2011 an, dass sich im Dechantengrund ein Barackenlager mit fünf bis sechs Baracken befand, in dem sich eine „Feldstrafgefangenenabteilung oder andere Sondereinheit der Wehrmacht" befand, deren Angehörige am Stollenbau im Zuckerberg beteiligt waren. Zur Frage der Toten siehe Epilog.

[45] Diese Darstellung der Bombenangriffe auf Naumburg belegt ziemlich eindeutig, dass die, am 21.06.1961 in der Zeitung „Die Welt" von Daniel T. Schledtmut veröffentlichte, Geschichte über den sogenannten „Retter von Naumburg" jeglicher Grundlage entbehrt. Der deutschstämmige Amerikaner Hans-Wilhelm Helm, geboren in Janisroda bei Naumburg, soll als Fliegeroffizier bei dem Luftangriff auf Naumburg absichtlich die Fehlabwürfe über unbebautem Gelände verursacht haben, um so Naumburg zu retten. Doch außer dem Namen und der Herkunft sowie die Tatsache, dass Helm bei der US Army diente, allerdings nicht als Pilot, trifft nichts zu, was im Zusammenhang mit jenen Bombenangriffen vom 9. und 11. April 1945 steht. Diese Angaben beruhen unter anderem auf dem Schreiben von Dr. jur. Ernst-Joachim Meusel, Rohrbach/Ilm an Herrn Rademacher v. 10.06.96. Warum Helm also zum Held gemacht werden sollte, ist

unklar. Forschungen der letzten Jahre ergaben, dass es sich bei Helm um einen Angehörigen des CIC der US Army handelte, der vom Herbst 1945 bis in die 50iger Jahre Administrator des Document Center in Berlin war. Helms Grab befindet sich auf dem amerikanischen Soldatenfriedhof Arlington Nation Cemetary in Washington, Sect. 30, Reihe 993.

III. Der Vorstoß der amerikanischen Verbände zur Saale und Unstrut

Geheime Tagesberichte der Deutschen Wehrmachtsführung vom 11. April 1945:

AOK 11, LXVII. AK: *Im Raum Nordhausen ist die Lage ungeklärt. Mit starken Panzerkräften drang der Feind weiter nach Osten vor und erreichte mit Spitzen Artern und Wiehe. Über Buttstädt stießen Feindkräfte auf Freyburg und Naumburg nach Osten vor. In Kösen, das vom Gegner genommen wurde, fiel die Brücke unversehrt in Feindeshand. (Gauleitermeldung) Nach Meldung des Oberbürgermeisters von Erfurt ist die Stadt eingeschlossen. Feindliche Panzerspitzen erreichten den Raum westlich Jena.*[1]

[Anmerkung des Autors: Die geheimen Tagesberichte des WFSt sind die tägliche Zusammenfassung aller, beim OKW eintreffenden, Meldungen zur Frontlage, die jedoch insbesondere in den letzten Kriegstagen kaum noch ein objektives Bild der Ereignisse darstellen. Trotz eines immer noch funktionierenden Meldesystems auf höherer Führungsebene der Wehrmacht beruhten die Meldungen, insbesondere von den Frontabschnitten, in denen keine geschlossene militärische Führung existierte, häufig auf Hörensagen oder waren längst zeitlich überholt. In einigen Fällen erfolgte die Informationsgewinnung durch direkte Telefonate mit Parteidienststellen und Privatpersonen in den bedrohten Gebieten. Dadurch kam es immer wieder zu Falschmeldungen. Da die Geheimen Tagesberichte jedoch zum einen die Lageeinschätzung der Obersten Wehrmachtsführung dokumentieren und zum anderen als Grundlage für militärische Entscheidungen verwendet wurden, sollen sie im Weiterem zitiert werden. Gleiches gilt für das Kriegstagebuch. Die auszugsweise Widergabe der offiziellen Meldungen des OKW in Presse und Rundfunk soll einen Einblick in die Wahrnehmung der Geschehnisse durch die Bevölkerung geben, deren einzige Informationsquelle Zeitungen und Rundfunk war. Bei diesen Meldungen kommt neben der zeitlich versetzten Wiedergabe von Informationen noch die propagandistische Note hinzu, die das Bild verzerren. Sie dürfen daher nicht als Grundlage für objektive Betrachtungen herangezogen werden.]

Im Abschnitt der 1st US Army setzt am Morgen des **Mittwochs**, des **11. Aprils 1945**, das V. und VII. US Corps den Angriff des Vortages fort.

Maj.Gen. John W. Leonard
Foto: Combined Arms Research Library
Fort Leavenworth, CARL

Während die Verbände von Brig.Gen. Doyle O. Hickey's 3rd US AD des VII. US Corps im Tagesverlauf Nordhausen einnehmen und gemeinsam mit den Kampfgruppen der 104th US InfDiv die Säuberung der südlichen und südwestlichen Harzränder und des Harzvorlandes fortsetzen, rücken die Angriffsspitzen des südlich davon operierenden V. US Corps zügig nach Osten vor.

Hinter den parallel angreifenden Panzerkolonnen der 9th US AD unter Maj.Gen. John W. Leonard folgen im Abstand die 2nd US InfDiv unter Maj.Gen. Walter M. Robertson auf der Linken und die 69th US InfDiv unter Maj.Gen. Emil F. Reinhardt auf der Rechten.

Das CCB der 9th US AD unter Col. Harry W. Johnson beginnt an der linken Flanke der Division am frühen Morgen den Angriff auf Sondershausen. Gegen Mittag erreichen Vorhuten des 52nd AIB mit Panzerunterstützung die Ränder der Stadt. Beim Eindringen in die Stadt kommt es zu vereinzeltem Widerstand, der jedoch schnell endet. Die Stadt ergibt sich wenig später. Während die Panzer und Panzerinfanteristen ohne Aufenthalt die Stadt passieren, besetzen die Infanteristen des unterstellten 3rd Bn des 38th InfRgt mit dem markanten „Indianerkopf"-Abzeichen am Ärmel die Stadt vollständig.

Nördlich von Sondershausen beginnt am späten Vormittag Lt.Col. Burton W. Karsteter's 19th Tk Bn des CCB aus seinem Versammlungsraum bei Hain, nördlich von Sondershausen, den Vormarsch. Vorsichtig rollen die Panzer nördlich des Höhenzuges der Windleite nach Südosten in Richtung Steinthaleben. Der sich seit dem 9. April 1945 in Steinthaleben am Kyffhäuser befindliche Korpsstab des LXVII.AK unter Gen.d.Inf. Otto Maximilian Hitzfeld der 11. Armee hat sich zu diesem Zeitpunkt bereits Richtung Wippra abgesetzt. Äußerste Vorsicht ist geboten, denn die linke Flanke der Division steht durch das Zurückhängen der Front des VII. US Corps im Raum Nordhausen offen.

Bei Bendeleben schließen sich die Panzer der Hauptkolonne des CCB an, die nach der Besetzung von Sondershausen an der Südostecke der Windleite vorbei auf Bad Frankenhausen vorrückt. Nach kurzem Widerstand wird die Kyffhäuserstadt besetzt. Dann versammelt sich das CCB, das sein Tagesziel erreicht hat, im Raum Ringleben – Ichstedt – Udersleben für die Nacht.

Südlich von Sondershausen haben am Morgen auch die Kräfte von Col. Thomas L. Harrold's CCA der 9th US AD mit der Fortsetzung des Angriffs begonnen. Aus dem Raum Oberspier – Hohenebra – Schernberg rollt die Kolonne gegen geringen deutschen Widerstand zur Unstrutbrücke bei Sachsenburg.

Hier trifft sie auf Teile der zum LXVII. AK gehörenden K.Gr. Oberst Ettner der Nachrichtenschule Halle die entschlossen sind, am Durchfluss der Unstrut zwischen Hainleite und Schmücke den Vormarsch der Amerikaner zu bremsen. Als sich die amerikanischen Spitzenpanzer am frühen Nachmittag nähern, wird die massive Unstrutbrücke mit Hilfe von aufgelegten Fliegerbomben gesprengt. Sperren blockieren die Straße nach Sachsenburg. Auf den umliegenden Höhen haben deutsche Soldaten Stellung bezogen.

Die Vorhut der TF Engeman zieht sich unter Beschuss aus Richtung der Höhen im Norden und Osten zurück. Erst mit Unterstützung von Jagdbombern und dem kombinierten Feuer der Panzer, Panzerjäger, Sturmgeschütze und der Artillerie des 3rd FA Bn nehmen die Panzerinfanteristen der TF Collins, 60th AIB, welche den Panzern folgen, Sachsenburg ein und erreichen die teilweise zerstörte Brücke. Schnell errichten die Pioniere eine Stegbrücke über die Unstrut und bilden einen Brückenkopf am Ostufer. Teile der TF Collins setzen in der Zwischenzeit den Angriff nach Norden, auf Oldisleben, fort. Gegen leichten Widerstand wird die Stadt bis Mitternacht besetzt und durch Posten gesichert.

Auch das dem CCA unterstellte 2./273 der 69th US InfDiv trifft in Kannawurf ein und beginnt mit Unterstützung der Panzer den Angriff über die Brücke bei Gorsleben. Nach einem kurzen Feuergefecht mit deutschen Truppen wird der Ort ohne weitere Zwischenfälle besetzt. Damit haben sich bis zum Abend die Kräfte des CCA im Raum Kannawurf, Sachsenburg, Oldisleben, Gorsleben versammelt und beginnen mit der Vorbereitung für die Fortsetzung des Angriffs am nächsten Tag.

Zeitgleich mit den anderen Kampfkommandos der 9th US AD nimmt um 06.00 Uhr (B) das als dritter Angriffskeil im südlichen Sektor des V. US Corps vorgehende CCR unter Lt.Col. Charlie Wesner den Angriff aus dem Abschnitt Freienbessingen – Issersheiligen – Blankenburg auf. In zwei Marschkolonnen erfolgt der Vormarsch mit der TF Deevers, 27th AIB, gefolgt vom Hauptquartier des CCR auf der Nordroute und der TF Schantz, 2nd Tk Bn, gefolgt von der unterstellten TF Shaughnessy, 3./273, auf der Südroute.

Das 2nd Tk Bn unter dem Kommando von Maj. Oliver W. Schantz startet aus dem Raum Blankenburg und erreicht nördlich an Straußfurt vorbeigehend Weißensee, das sich ohne Widerstand ergibt, nachdem am Vortag letzte Wehrmachtsangehörige die Stadt verlassen haben. Die Panzer fahren südlich an der Stadt vorbei, während die Infanteristen der nachfolgenden TF Shaughnessy, 3./273 die Stadt besetzen. Nach Überwindung von vereinzeltem Widerstand erreicht die Task Force um 12.00 Uhr Kölleda, wo auf dem Rathausturm die weiße Fahne weht. Die Männer der TF Schantz und Shaughnessy besetzen die Stadt kampflos und auch der nahegelegene Flugplatz und die Luftzeuganstalt werden ohne Widerstand genommen. Das Personal der LZA 1/IV und der Fliegerhorst-Kommandantur 30/III hat sich mit Masse in die Wälder der Schmücke und Hohen Schrecke abgesetzt. Nach der Einnahme von Kölleda fahren die Panzer der TF Schantz nach Südosten und erreichen über Olbersleben gegen 16.30 Uhr (B) die Nähe von Hardisleben, wo sie sich versammeln und Sicherung beziehen.

Der Tp. B, 89th CavRcnSq, der den Vormarsch der TF Schantz unterstützt, führt während des Tages die Aufklärung weit vor den Linien des CCR und setzt diese am Nachmittag über die von Allstedt bis Rastenberg verlaufende Phasenlinie „VIRGINIA" des V. US Corps hinaus fort. Mit Unterstützung des 2nd Plat., Tp. E, und den leichten Panzern des 2nd Plat., Co. F, 89th CavRcnSq fühlen die Aufklärer vorsichtig nach Osten vor. Gegen 15.00 Uhr nähern sich drei Panzer von der Schimmelhöhe dem kleinen Dorf Pleismar, südlich von Bad Bibra, deren Bewohner kurz zuvor durch russische Zwangsarbeiter mit dem Ruf *„Panzer kommen!"* alarmiert wurden.

Kurz darauf kommt es nahe dem Dorf zu einem tragischen Ereignis. Eine Gruppe von etwa 60 Hitlerjungen des Jahrganges 1929/30, die unter Führung eines HJ-Führers, zweier „kriegsuntauglicher" Feldwebel und eines Unteroffiziers als Ausbilder unbewaffnet am 1. April 1945 mit Pferdegespannen das Wehrertüchtigungslager Mühlhausen in Richtung Bad Tennstedt verlassen hatte, von wo aus sie am 4. April 1945 vor der heranrückenden Front in die „Hohe Schrecke" ausgewichen waren, hatte in der Nacht vom 10. April 1945 über

Kleinroda, Wiehe, Saubach und Bad Bibra den kleinen Ort Pleismar erreicht. Hier hatte sie im Gutshof und im Gasthaus Quartier bezogen. Bei der Annäherung der amerikanischen Panzer hatten die Jugendlichen dann gegen Mittag des 11. April 1945 mit ihren Pferden den Ort verlassen und sich in den Kiefernwald nördlich des Dorfes zurückgezogen. Dabei waren jedoch ein Unteroffizier und zwei Jugendliche des Küchendienstes im Gutshof zurückgeblieben. Als sich jetzt die Panzer von Westen dem Dorf nähern, fliehen die Drei im Schutz eines, von Obstbäumen gesäumten, Weges in Richtung des Waldes. Beim Überqueren einer 50 Meter breiten Freifläche zwischen dem Weg und dem Wald werden sie jedoch von den Panzern entdeckt.[2]

Sofort nehmen die Panzer aus zirka 700 Meter Entfernung die Fliehenden unter Beschuss. Sprenggranaten explodieren in den Baumkronen des dahinterliegenden Waldstücks. Doch während die Nachzügler wie durch ein Wunder nicht durch die herumfliegenden Granat- und Baumsplitter getroffen werden, erwischt es drei der Jungs in ihrem Waldversteck hinter einer kleinen Erosionsschlucht.[3]

Der damals 13-jährige Kurt Göhle schreibt später in seinen Erinnerungen: *„Gegen 16 Uhr kam ein aufgeregter Hitlerjunge in unseren Keller. Er berichtete, dass zwei Jungen tot seien und einer mit einer schweren Verwundung im Wald liege. Er hatte einen Bauchschuss und ein Bein fast ab. Die angehende Ärztin (Fräulein Guth) ging mit dem Hitlerjungen in den Wald, um nach dem Verwundeten zu sehen. Sie kam gegen 17.30 Uhr wieder zurück. Sie erzählte, dass der Junge gestorben sei, aber bis zuletzt sein Bewusstsein behalten habe. Es sei schrecklich gewesen."*[4]

Ohne sich für das Ergebnis ihres Beschusses zu interessieren, rollen die amerikanischen Panzer am Dorf vorbei. Zurück bleiben die drei Toten – Horst Türk, Rolf Kämmerer und Walter Alban, alle drei Jahrgang 1929 – und ihre, von dem Erlebten für immer gezeichneten, Kameraden.[5] Um 19.00 Uhr (B) halten die Aufklärer in Obermöllern und beziehen Sicherung für die Nacht.

Das 27th AIB unter Maj. Murray Deevers startet parallel zur TF Schantz in Freienbessingen seinen Vormarsch und rückt über Greussen und Günstedt auf Schillingstedt vor. Hier schwenkt es auf die Reichsstraße nach Kölleda, das es nach den Panzern der TF Schantz in Richtung Osten passiert. Östlich von Kölleda kommt es zu vereinzelten Feuergefechten mit deutschen Soldaten und einigen Panzern, die in Richtung Rothenberga fliehen. Um 15.20 Uhr (B) haben die Panzerinfanteristen der TF Deevers den Ort erreicht und sich versammelt.

Somit haben beide Kolonnen des CCR am späten Nachmittag die Ausgangslinie für den Angriff am nächsten Tag erreicht und beziehen Sicherungsstellungen für die Nacht. Der Regtl.CP des CCR wird um 16.50 Uhr (B) in Bachra errichtet. Am Abend steht die 9th US AD mit seinem Combat Commands auf der Linie Ringleben – Sachsenburg – Rothenberga – Hardisleben. Der Div.CP der 9th US AD verlegt nach Westerengel.

Die 2nd US InfDiv und die 69th US InfDiv, die das Gebiet hinter den Panzern säubernd, schließen langsam auf. Die 2nd US InfDiv erreicht aus dem Raum Duderstadt kommend Sondershausen und der Div.CP geht nach Obergebra, südlich Bleicherode.

Die 69th US InfDiv versammelt sich bis 22.00 Uhr (B) östlich und nordöstlich von Kölleda. Das RCT 271 befindet sich bis 19.45 Uhr (B) mit den CP des 1./271 in Billroda, des 2./271 in Beichlingen, des 3./271 in Hemleben und dem Regtl.CP 271 in Schillingstedt.[6] Das RCT 272 ist mit dem 1./272 in Großneuhausen, dem 2./272 in Großmonra und dem 3./272 in Ostramondra, wo sich auch der Regtl.CP 272 befindet. Das RCT 273 (ohne zwei Bataillone) verbleibt im Versammlungsraum Schlotheim, wohin im Tagesverlauf der Div.CP der 69th US InfDiv aus dem Raum Heiligenstadt – Dingelstädt kommend verlegt. Die TF Zweibel der Division unter Führung des CO 777th Tk Bn, Lt.Col. David T. Zweibel, zieht östlich von Kölleda unter. Äußerste Vorsicht ist für die Infanteristen geboten, denn in den Wäldern der Schrecke sollen sich noch immer größere Gruppen deutscher Soldaten befinden. Meldungen besagen unter anderem, dass sich dort die 1. Kp, SS-Pz.Gren.Rgt. 9 „Germania“ der 5. SS-PzDiv „Wiking“ in Stärke von zirka 300 Mann mit zwei bis drei sMG, aber ohne schwere Waffen, befindet und bis zum kommenden Morgen Stellung beziehen soll.[7]

Maj.Gen. Reinhardt, 69th US InfDiv
Foto: Fighting 69th Infantry Div. Ass.

Auch über ein Giftgaslager bei Lossa gehen jetzt erste Meldungen ein. Besorgte Bürger hatten den amerikanischen Truppen in Kölleda mitgeteilt, dass bei Lossa Giftgas gelagert wird und bei Beschuss die gesamte Region bedroht ist.[8] Um 21.45 Uhr (B) informiert der CO 271st InfRgt, Col. Henry B. Margeson, den CG 69th US InfDiv, Maj.Gen. Emil F. Reinhardt: *„Die Meldung, über die Giftgasfabrik in der Umgebung von Lossa konnte nicht verteilt werden. Unzustellbar zu Red (1./271 d.A.). Versuchen sie weiterzuleiten über die Funkstationen der Panzerjäger oder Panzer."*

Noch sind sich die Männer des 1./271, die auf Billroda vorrücken, der Gefahr nicht bewusst, welche von der Luftwaffenmunitionsanstalt (Muna) ausgeht, die sich im Waldstück Eisbach, östlich des Bahnhofs Lossa, und der Muna 2, nördlich von Lossa im Maital an der Straße nach Wiehe gelegen, befindet.[9] Im Bereich der Muna 1 lagern in Bunkern und unter freiem Himmel neben Flakmunition verschiedener Kaliber und einer großen Anzahl an Brandbomben erhebliche Mengen an Bomben mit Giftgas, darunter der erst 1936 von G. Schrader entwickelte hochgiftige Phosphorsäureester-Kampfstoff Tabun. Jederzeit kann ein Tieffliegerangriff oder Beschuss eine Katastrophe unvorstellbaren Ausmaßes auslösen.[10]

Wenige Tage vorher wäre es fast schon dazu gekommen. In den Köpfen einiger führender Parteifunktionäre und Militärs wurde bis zum Schluss mit der Möglichkeit des Einsatzes von Giftgas als letztes Mittel spekuliert. *„Auch wenn es nun keine Möglichkeit mehr gab, eine realistische Strategie auf den Einsatz von Giftgas zu gründen, als ‚Mittel der allerletzten Entscheidung' stand aber Hitlers chemische ‚Wunderwaffe' nach wie vor zur Verfügung. Die militärische ‚Logik', wie sie der Generalstab des Heeres im November 1941 beschrieben hatte, sprach jedenfalls dafür: ‚Den Kampfstoff-Einsatz selbst kann man in diesem Krieg – da es auf beiden Seiten um Sein und Nichtsein geht – auf die Dauer nicht vermeiden. Derjenige, der in Not kommt, wird immer zu ihm als ultima ratio greifen.'"*[11]

Dazu sollte es aus den Lagern in Frontnähe gebracht werden.[12] Doch als klar wird, dass dies auf Grund der Lageentwicklung nicht mehr möglich ist und sich Hitler nicht zu einem Einsatz durchringen kann, versucht man wenigstens die neuentwickelten Kampfstoffe wie Tabun und Sarin aus den unmittelbar vom Feind bedrohten Gebieten abzutransportieren, um sie nicht in dessen Hände fallen zu lassen.[13]

Am 7. April 1945 greifen amerikanische Jagdbomber der 9th USAAF, die an diesem Tag in „freier Jagd" Angriffe auf Bahnstrecken und Nachschubwege im mitteldeutschen Raum fliegen, auch die Finnebahn bei Lossa – Billroda – Kahlwinkel an.[14] Der Bahnhof von Lossa wird gegen Mittag erstmals Ziel dieser Angriffe. Sechs Jagdbombern greifen aus Richtung Rastenberger Forst anfliegend

Jagdbomber Republic P 47N Thunderbolt
US Air Force Photo, Nutzung unter Genehmigung Nr. PD-USGOV-MILITARY-AIR FORCE

den Bahnhof Lossa und die Verladeanlagen in der Muna 1 an.[15] Leere Treibstoffzusatzbehälter, die neben Flugzeugmotoren und anderen Teilen aus der LZA Kölleda, hier lagern und in der Sonne verdächtig glitzern, haben die Aufmerksamkeit der Piloten auf sich gezogen.[16] Von einem Giftgaslager und möglichen Auswirkungen wissen die Piloten jedoch nichts. In Lossa glaubt man zuerst nicht an einen Angriff, sondern vermutet, dass es sich um Begleitjäger für zwei, im Bereich der Muna befindliche, Munitionszüge handelt. Wie immer in den letzten Tagen, seitdem mit dem beschleunigten Abtransport von Munition und Material begonnen wurde, stehen Eisenbahnzüge auf den Gleisanlagen, die entweder auf ihre Beladung oder auf das Eintreffen der Lok und des Flakschutzes sowie der Begleitjäger warten. Doch schnell wird klar, dass es keine eigenen Flieger sind. Bomben lösen sich von den Rümpfen der Flugzeuge und schlagen auf dem Gelände der Muna 1 ein. Dabei kommt es zu Schäden an den dort lagernden Flugzeugteilen und an einigen der abgestellten Bahnwaggons.[17] Zum Schlimmsten kommt es nicht.

Doch jetzt breitet sich Angst unter der Bevölkerung aus. Ein Arbeiter aus Rothenberga, der mit dem Fahrrad von Lossa nach Hause fährt, warnt dort die Bewohner. *„Er sagte uns, da steht ein großer Munitionszug mit mehreren Waggons Grünkreuz, also Gasbomben gefährlichster Art. Richtet euch alle ein, die Flieger kommen bestimmt noch mal!“* [18] Und genau so kommt es. Zwischen 17.00 und 18.00 Uhr fliegen erneut sechs Jagdbomber aus Richtung Rastenberger Forst Lossa an, wo im Bahnhof gerade ein beladener Munitionszug umgekoppelt wird, während der zweite in der Schlucht Richtung Rothenberga wartet. Der 13-jährige Erich Röder, der mit einem Freund und dem Bahnhofsvorsteher Sommer die anfliegenden Flugzeuge beobachtet, glaubt im ersten Moment, dass die Jagdbomber vom Nachmittag zurückkommen. Doch Sommer ruft: *„Das sind jetzt die*

Richtigen." Kaum sind die Jungs in Deckung gegangen, fallen auch schon die ersten Bomben auf das Bahnhofsgelände.[19] Drei bis vier Waggons werden getroffen, Munition explodiert. Die Explosionen, die noch bis 21.30 Uhr in der Umgebung zu hören sind, lösen Brände auf dem Bahnhofsgelände aus. Der Nordostwind weht den schwarzen Rauch in Richtung Rothenberga und Rastenberg. Dunkelblaue Flammen, so wird später berichtet, flackern am Abendhimmel.[20] Noch am nächsten Morgen steht Rauch über dem Bahnhofsgelände.[21] Auch im Bahnhof Billroda wird ein Zug, der Munition aus den Produktionsanlagen des Heeresnebenmunitionslager Billroda im Schacht Burggraf geladen hat, angegriffen.[22] Dabei explodieren auf dem Bahnhofsgelände lagernde Schweißgasflaschen und lösen Brände aus.[23]

Als die Tiefflieger abdrehen, wird gegen 20.00 Uhr in Lossa und den benachbarten Orten „Gasalarm" ausgelöst. Niemand weiß genau weiß, was sich in den Waggons befindet und ob Gas ausgetreten ist. Aber noch größer ist die Angst vor neuen Angriffen. Die Menschen in Lossa und der Umgebung verlassen ihre Häuser und fliehen in die angrenzenden Wälder Richtung Wiehe und Zeissdorf. Im Ort bleiben nur einige ältere Kriegerwitwen und die Besatzung der Muna.[24] Auch in den Nachbarortschaften flieht die Bevölkerung.[25]

Die damals 23-jährige Ilse Undeutsch aus Buttstädt schreibt in ihr Tagebuch: *„Gegen Abend ½ 6 – 7.4. – Flieger sind da, kein Alarm, haben Bomben- und Bordwaffenbeschuss. Abend 8.00 Gasalarm, bei Rastenberg getroffen Behälter und Zug und.... 12 Uhr (Mitternacht d.A.) fertig gemacht, verlassen die Stadt wegen Gasgefahr... Ort soll geräumt werden... 1/2 2 – 8.4. – wegen Gasgefahr nicht geschlafen."* Im Tagebuch ihrer Mutter, der damals 53-jährigen Marie Undeutsch, heißt es: *„Am 7. April wurde im Eisbach die Muna stark von Tieffliegern bombardiert. Abends um 7 Uhr trafen sie einen Gaszug und war die ganze Umgebung stark gefährdet – bis um ½ 10 [21.30 Uhr d.A.] hörten wir in Buttstädt die Detonationen, wir sind jetzt in großer Gefahr und sind gefasst auf das Schlimmste. Um 12 Uhr kam der Befehl, falls sich der Wind dreht, muss Buttstädt geräumt werden. Rastenberg, Hardisleben waren schon geräumt und kamen mit Geschirren, Handwagen, kleinen Kinderwagen, Fahrrädern und zu Fuß durch Buttstädt, da kam plötzlich die Kunde ½ 2 Uhr, die größte Gefahr wäre vorüber und wir bräuchten nicht zu fliehen. 2 Gaszüge waren in die Luft geflogen."* [26]

Selbst im entfernten Naumburg wird am 8. April 1945 „Gasalarm" ausgelöst, doch die Masse der Bevölkerung vermutet eine Übung.[27] Schließlich hatte man seit der Mitte der 30iger Jahre im Rahmen des zivilen Luftschutzes unter Führung des Reichsluftschutzbundes regelmäßig das Verhalten der Bevölkerung bei

Gasangriffen geübt. Unter der Bevölkerung kursierende Gerüchte sprechen auch von einem Angriff auf einen Güterzug mit Chemieprodukten.[28]

Ob und wie viel Kampfstoff an diesem Tag wirklich ausgetreten ist, ist bis heute umstritten. Der Militärhistoriker Olaf Groehler zitiert in seinem Buch „Der lautlose Tod" eine Notiz des WFSt vom 8. April 1945, in dem es heißt: *„Beim Beladen der Züge mit K-Munition Jabo-Angriff. Hierdurch Beschädigung der Munition und Verseuchung des Bahnhofsgeländes: Bisher 4 Tote, Die zur Beladung herangezogene Bevölkerung musste vorübergehend in einem Umkreis von 20 km evakuiert werden. Eingeleitete Entseuchung dauert mindestens 24 Stunden."*

Dem gegenüber steht die Aussage des damaligen Reichsbahnlehrlings Walter Dittmar aus Lossa, der zum Zeitpunkt des Angriffs Dienst im Bahnhof Lossa hat. Demnach waren die blauen Flammen nicht, wie mehrfach geäußert, abbrennendes Giftgas, sondern einige Stapel mit frischem Holz und Bahnschwellen auf dem Bahnhofsgelände, auf die der Brand, ausgelöst durch explodierende Flakmunition, übergreift.[29] Untersuchungen durch die Firma Dr. Ernst Weßling GmbH Gera im Jahr 2006, bei der erstmals auch Luftbildaufnahmen und Unterlagen aus ausländischen Archiven ausgewertet wurden, belegen, dass bei dem Angriff mit großer Wahrscheinlichkeit geringe Mengen an Kampfstoff freigesetzt wurden, die aber durch die Explosion von 8,8cm Flakgranaten in der dabei entstandenen, über 1000 °C heißen, Explosionsflamme ohne Wirkung verbrannten.[30] Da ziemlich sicher ist, dass es sich bei dem Kampfstoff um das hochgiftige Nervengas Tabun gehandelt hat, wäre es bei einem Austritt größerer Mengen mit Sicherheit zur Katastrophe gekommen. Alleine eine dieser Bomben vom Typ KC 250 III Gr. enthielt 85 kg Tabun und war ausreichend, bei einer Explosion, eine Fläche von 2000–3000 qm zu verseuchen.[31] Und die Züge müssen zum Großteil mit Giftgasbomben des neuen Typs Tabun beladen gewesen sein. Hierfür sprechen eine Anzahl von Befehlen und Weisungen der Wehrmachtsführung, von denen ich nur zwei, der von Groehler genannten, zitieren möchte:

30. März 1945, Geh.Kdo.-Sache, Keitel; „1. Sicherstellung der Spitzenkampfstoffe Tabun und Sarin und als modern angesehene Kampfstoffe wie Phosgen, Adamsit- und Stickstofflost. 2. überlassen älterer Kampfstoffvorräte, die jedoch unkenntlich zu machen sind..." (S. 12./13)

5. April 1945, Blitztelegramm von Hauptquartier Hitler an Luftflotte Reich: „Der Führer hat sofortige Räumung K-Muna Lossa, nordwärts Koelleda, an Bahnlinie Koelleda – Bibra, befohlen, vordringlich sind alle Bestände an roem. drei Gr.-Abwurfmunition abzufahren." (S. 7./8)

Die gesamte Region ist mit dem Schrecken davongekommen. Doch ganz ohne Opfer endet der Luftangriff nicht. Nach dem Kirchenbuch von Lossa werden bei dem Angriff der Bahnhofsvorsteher Richard Sommer und ein Flüchtlingsmädchen aus den Ostgebieten getötet. Sommer wird bei dem Versuch, vor den Bomben aus dem Bahnhofsbereich zu fliehen, am Ortsausgang von einer Bombe zerrissen. Beide finden ihre letzte Ruhestätte auf dem Friedhof von Lossa.[32]

An diesem Abend erreicht die Flankensicherung des 1./271 unter Führung von Lt.Col. John G. Dunlop Jr., durch die Wälder das unverteidigte Lossa. Auf dem Kirchturm weht ein weißes Bettlaken, dass kurz vor dem Eintreffen der Amerikaner von Otto Hoyer und Arno Spielberg angebracht wurde.[33] Doch ohne großen Aufenthalt fährt die kleine Kolonne, die aus einem Jeep und drei Studebaker-Lastwagen besteht, durch den Ort in Richtung Rothenberga weiter.[34] Lossa bleibt vorerst unbesetzt. Die Hauptkräfte des Bataillons rücken mit den Panzern der unterstellten Co. A, 777th Tk Bn über Billroda bis Bernsdorf vor. Dabei machen die Männer des 1st Plat. Co. A, 777th Tk Bn in Billroda 50 Kriegsgefangene, darunter einen Hauptmann. Die Chlorkali- und Sulfatfabrik Billroda wird vor dem Eintreffen der Amerikaner gesprengt.[35] In Bernsdorf ergeben sich den Panzersoldaten noch einmal 17 Deutsche. Dann beziehen sie Sicherung für die Nacht. Erst am nächsten Tag wird den amerikanischen Truppen im vollen Umfang bewusst, welche Gefahr von Lossa ausgeht.

Südlich des Abschnitts des V. US Corps geht Lt.Gen. Walton H. Walker's XX. US Corps der 3rd US Army mit seinen Panzerkräften durch die Infanteriedivisionen und fährt schnell Richtung Saale. Die 4th US AD passiert die Linien der 80th US InfDiv und stößt unter Umgehung von Erfurt und Weimar entlang der Reichsautobahn 4 in den Raum Jena vor. Das CCB erreicht auf der Linken den Raum Ulrichshalben – Schwabsdorf kurz vor der Saale. Das CCA findet südlich von Jena nur zerstörte Brücken über die Saale vor und stoppt für die Nacht im Raum Göschwitz.

Die nördlich der 4th US AD an der Armeegrenze vorrückende 6th US AD unter Maj.Gen. Robert W. Grow geht nördlich von Erfurt mit dem CCB und CCA in vier Kolonnen parallel vorrückend durch die Linien der 76th US InfDiv. Das CCR folgt als Reserve der Division.

Das an der rechten Flanke der Division angreifende CCA unter Col. Albert E. Harris geht mit dem CT 9, 9th AIB und das CT 15, 15th Tk Bn aus dem Raum Langensalza kommend durch die Infanterie, die an mehreren Stellen im Kampf mit deutschen Kräften steht. Eine Aufklärungspatrouille des CT 9 unter Capt. Frederic Keffer findet nach Hinweisen russischer KZ-Häftlinge von Ettersburg kommend gegen 16.00 Uhr (B) das KZ Buchenwald, wo sich nach ersten Angaben 21 000 Gefangene befinden. Die SS-Wachmannschaften waren beim Herannahen der amerikanischen Truppen geflohen und hatten die Häftlinge sich selbst überlassen. Unter Führung eines Häftlingskomitees haben diese die Kontrolle über das Lager übernommen. Nach dem Ansetzen der Funkmeldung über das vorgefundene Lager an den Führer der Südkolonne des CT 9 erhält die Patrouille den Befehl, ihren Aufklärungsauftrag in Richtung Saale fortzusetzen. Nachfolgende Kräfte der Military Government Section sollen die Sicherung des Lagers übernehmen. Kurz darauf erreichen Panzer des CCB der 4th US AD das Lager. Mit dem Eintreffen der nachfolgenden Infanteristen der 80th US InfDiv wird mit der Versorgung der Insassen begonnen, an der sich nachundnach alle verfügbaren Sanitätskräfte der 12th Army Group beteiligen.[36]

Am späten Abend erreicht das CT 9, 9th AIB, über Niederroßla – Utenbach – Wormstedt – Pfuhlsborn – Obertrebra – Schmiedehausen den Abschnitt westlich von Camburg, wo das CT 15, 15th Tk Bn bereits die Brücke über die Saale erobert hat, und versammelt sich.

Das CT 15, 15th Tk Bn, dem gegen Mittag bei Kleinrudestedt Gen.Lt. von Uckermann in die Hände fällt, erreicht gegen 19.00 Uhr (B) auf der nördlichen Route des CCA über Wickerstedt – Obertrebra – Schmiedehausen die Saale in Camburg. Im Schmiedehäuser Holz eingegrabene Hitlerjungen der Gebietsführerschule der HJ aus Camburg eröffnen das Feuer auf die Kolonne und schießen mit einer Panzerfaust ein Fahrzeug in Brand. Von der anderen Seite des Talkessels erhält die Kolonne Gewehr- und MG-Feuer. Sie stoppt und nachdem sich die Spitzenfahrzeuge zurückgezogen haben, nehmen Panzer das Waldstück unter Beschuss. Schnell erlischt der Widerstand und die Hitlerjungen ergeben sich. Ein Zeitzeuge berichtet: *„Nach dem ‚Panzerknacker' befragt wiesen alle Gefangenen auf den Schützen. Dieser musste sich vorn aufs Spitzenfahrzeug setzen und so rollte der Kampfverband die Straße nach Camburg hinein bis über die Saalebrücke völlig unbehelligt.“*[37]

In die Stadt wehen weiße Fahnen, als die Brücke ohne auf Widerstand zu treffen gesichert wird. Doch nachdem bereits ein Platoon leichter Panzer den Fluss überquert hat, gelingt es deutschen Soldaten die vorbereitenden Sprengsätze zu zünden. Aber die Explosion reißt nur eine acht Fuß breite Lücke in die Brücke. Pioniere des herbeigerufenen 1st Plat., Co. B, 25th Armd Engr Bn werden beim

Versuch, die Brücke instandzusetzen, durch Scharfschützenfeuer behindert. Nachdem der 3rd Plat., Co. B zur Hilfe kommt und die Arbeit an der Brücke fortsetzt, während der 1st Plat. gemeinsam mit den Panzerinfanteristen die Scharfschützen bekämpft, gelingt es den Schaden zu beheben. Um 20.00 Uhr (B) überspannen zwei Segmente einer Treadway-Bridge den zerstörten Teil der Brücke.[38] Das CT 15 sichert den Brückenkopf Camburg.

Fahrzeuge der 6th US AD überqueren die Saale in Camburg über die provisorisch instandgesetzte Brücke Foto: Signal Photo Corps, National Archives, SC 324570

Heute erinnert in Camburg ein Gedenkstein an den Tod des 15-jährigen Karl-Heinz Sohnemann von der HJ-Gebietsführerschule an die Besetzung der Stadt.[39]

Im Abschnitt des CCB der 6th US AD drückt das CT 69, 69th Tk Bn, das sich auf der südlichen Route bewegt, schnell von Thamsbrück, nördlich von Langensalza, nach Osten. Über Gebesee – Schloßvippach – Buttstädt – Gebstedt und Reisdorf erreicht es Bad Sulza, wo das Lager für alliierte Kriegsgefangene, Stalag IV-

C, mit 3000 gefangenen Franzosen, Briten, Kanadiern und Amerikanern befreit wird. Der Großteil der Gefangenen war zuvor bereits evakuiert worden.[40] Dann erreicht das CT 69, 69th Tk Bn, Großheringen, wo die Straßenbrücke über die Saale gesichert wird. Doch nach der Überquerung geraten die Panzer unter Panzerfaustbeschuss.[41]

Die Panzerfaustschützen gehören zu einer Gruppe von Jungmannen des Jahrgangs 1928 der N.P.E.A. Naumburg und Wartheland die am 11. April 1945 unter Führung des Zugführers Odin Koch Stellung bezogen hatten, um die Straße nach Bad Kösen und Saaleck und die Eisenbahnbrücken bei Kleinheringen zu verteidigen.[42]

Die Nationalpolitischen Erziehungsanstalten, auch als Napolas bezeichnet, waren im Jahr 1933 unter Zuständigkeit des Reichserziehungsministeriums gegründet worden und bildeten mit den Adolf-Hitler-Schulen und der Reichsschule Feldafing den Grundstock für die Erziehung des zukünftigen Führernachwuchses des Deutschen Reiches. Während an den Adolf-Hitler-Schulen lediglich Schüler auf Vorschlag der Parteiführung aufgenommen wurden, standen die Napolas allen Schülern offen. Voraussetzung für die Aufnahme bildete arische Abstammung, körperliche Leistungsfähigkeit, Charakterfestigkeit und Intelligenz. Mit Kriegsbeginn übernimmt das Hauptamt Dienststelle SS-Obergruppenführer August Heißmeyer die Führung über die Nationalsozialistischen Erziehungsanstalten. Die Anstalten werden jetzt wichtige Rekrutierungsquelle für den Offiziersnachwuchs der Wehrmacht und Waffen-SS.

Mit dem Vorrücken der alliierten Truppen ins Zentrum des Deutschen Reiches begann die Evakuierung der vom Feind bedrohten Schulen. Dabei kamen die Jungmannen des Jahrgangs 1929 der N.P.E.A. Wartheland aus Reisen/Wollstein[43] nach Naumburg. Auch Schüler der Reichsschule der Niederlande aus Valkenburg aan de Geul hatten über einen Zwischenaufenthalt in der N.P.E.A. Bensberg die Anstalt in Naumburg erreicht.[44] Ab März 1945 hatte man an den N.P.E.A. im mitteldeutschen Raum im Rahmen der Eingliederung der bisher nicht einberufenen Jahrgänge 1928/29 in den Volkssturm mit der verstärkten militärischen Ausbildung der Jungmannen begonnen. Die Eliteschüler sollen sich mit der Waffe in der Hand als Teil des letzten Aufgebotes dem Feind entgegen stellen. Und sie sind getreu ihrer Erziehung bedingungslos dazu entschlossen.

In Schulpforte wurden am 25. März 1945 sieben Züge der N.P.E.A. Schulpforta und fünf Züge der dorthin verlegten N.P.E.A. Potsdam mit Jungmannen der Jahrgänge 1928/29 als Angehörige des Volkssturms vereidigt.[45] Sie und der Jahrgang 1930, der als Reserve vorgesehen war, verblieben in der Anstalt, während die jüngeren Jahrgänge nach Hause entlassen wurden. Ihre Evakuierung erfolgte am 5. April 1945 in zwei Gruppen. Die erste Gruppe marschierte über Flemmingen und Schkölen nach Rockau, von wo aus sie nach Hause geschickt wurde. Eine zweite Gruppe marschierte unter Führung des Erziehers Oellerich nach Roda-Weickelsdorf bei Droyßig. Ihr Verbleib ist unbekannt.[46] In der N.P.E.A. Naumburg erfolgte am 4. April 1945 die Entlassung der 10 bis 14-jährigen Jungmannen der 1. Hundertschaft, der Züge/Klassen 1–3 nach Hause.[47]

Für die Verbliebenen begann eine Zeit der Ausbildung. Eigentlich hatte man in Naumburg ab dem 15. März 1945 in Umsetzung eines Führerbefehls die Jungmannen des Jahrganges 1928 zu einem 40köpfigen, einmonatigen Abschlusslehrgang zur Erreichung der Oberschulreife zusammengefasst. Für sie begann jedoch nach der Vereidigung für den Volkssturm am 5. April 1945 auf dem Wehrmachtsübungsplatz im Osten von Naumburg die Ausbildung durch Wehrmachtsangehörige an der Panzerfaust, Panzerschreck, im Umgang mit Haftminen und dem MG.[48] Bereits am 2. April 1945 waren während eines Appells durch den Anstaltsleiter, Hundertschaftsführer Männich, 21 Jungmannen für einen Panzervernichtungstrupp ausgewählt worden, die am 5. April 1945 die Anstalt verließen – Ziel unbekannt. Am gleichen Tag rückte die Hundertschaft der N.P.E.A. Naumburg erstmals *„zum ‚Ausschachten' von Panzersperren und Panzerdeckungslöchern"* nach Bad Kösen und Almrich aus.[49] Am 10. April 1945 erfolgte dann die Einteilung der verbliebenen Jungmannen des Jahrganges 1928 und des Jahrgangs 1929 in Panzerjagdkommandos, bestehend aus jeweils zehn bis elf Mann. Jeder von ihnen wurde mit einem Karabiner mit Munition und zwei Panzerfäusten und jeder Trupp mit einem MG ausgerüstet.[50]

An der N.P.E.A. Schulpforta wurden die Jungmannen der Jahrgänge 1928/29 und 1930 in zwei Gruppen eingeteilt – in „Panzerspäher" mit Fahrrädern und in „Panzerknacker" mit Panzerfäusten.[51] Im Saaletal wurden sie bei der Ortschaft Flemmingen und entlang des Käppelbergs bei Schulpforte zum Bau von Panzerdeckungslöchern und an der Windlücke zwischen Bad Kösen und Schulpforte beim Errichten einer Panzersperre eingesetzt.[52] Noch am 10. April 1945 war dann der Jahrgang 1928 der N.P.E.A. Schulpforta, der erst im März vom Einsatz als Luftwaffenhelfer und beim RAD zurückgekommen war, nach Bad Kösen abgerückt. In der Haarnadelkurve der Straße, die von Bad Kösen aus dem Saaletal heraus nach Eckartsberga führt, sollten sie beim Bau der Panzersperre helfen. Aber als sie ankommen waren, waren die Arbeiten bereits beendet und so kehrten sie unverrichteter Dinge in die Anstalt zurück. Der Jahrgang 1929 marschierte zur gleichen Zeit nach Naumburg, wo er eine Ansprache des Kreisstabsführers des Volkssturms Eckart anhörte, leichte Waffen empfing und anschließend nach Schulpforte zurückkehrte.[53]

Am frühen Morgen des 11. April 1945 hatten sich dann die Panzervernichtungstrupps des Jahrgangs 1929 der N.P.E.A. Schulpforta nach Niedermöllern, westlich der Saale, auf den Weg gemacht, um dort eine Panzersperre zu errichten.[54] Die Jungmannen des Lehrgangs 1928 der N.P.E.A. Naumburg waren am gleichen Tag gemeinsam mit Angehörigen der N.P.E.A. Wartheland am Morgen zwischen 04.00 und 05.00 Uhr nach Bad Kösen und Kleinheringen abmarschiert. Weitere Gruppen folgten am Vormittag und die letzte Gruppe rückte um 14.00 Uhr nach Roßbach ab, um dort Stellung zu beziehen.[55]

Um 15.00 Uhr stehen die Jungmannen am Ostufer der Saale erstmals den amerikanischen Panzern gegenüber, die in das Eisenbahndreieck westlich von Kleinheringen rollen. Als zwei Panzer versuchen, durch die Bahnunterführung westlich von Kleinheringen zu fahren, werden sie beschossen. Als erster feuert der Jungmann Heinrich Dürbeck seine Panzerfäuste ab und zerstört kurz hintereinander zwei Panzer. *„Dann wurden er und sein Freund Schmidt aus Braunlage, der auch einen Panzer abgeschossen hatte, durch die Panzer überrollt. Dabei erhielt Heinrich Dürbeck einen Bauchschuss.“* Schmidt wird an Arm und Beinen verwundet. Dürbeck, der von amerikanischen Sanitätern in ein Lazarett nach Sömmerda gebracht wird, stirbt am 14. April 1945, während Schmidt drei Monate später seinen Verwundungen in Weimar erliegt. Zwei weiteren Jungmannen gelingt die Flucht.[56]

Der Vormarsch der Amerikaner stoppt. *„Zwei Stunden benötigten die Amerikaner, um sich in Stellung zu bringen. Danach brach die Hölle los“* berichtet der Jungmann Kreßner. Jetzt rücken die Panzer wild feuernd über die Wiesen unter den Pfeilern der Bahnbrücke auf Kleinheringen vor, wo sich noch immer kleine Grüppchen von Jungmannen befinden. Geschosse schlagen im Ort ein und beschädigen ein Haus und den Kirchturm schwer. Als sich die Panzer dem letzten Widerstandsnest am östlichen Ortsausgang nähern, kommt der Rückzugsbefehl für die Jungmannen. Aus dem Dorf heraus nehmen die Panzer den Bahndamm nördlich des Ortes unter Beschuss, wohin sich einige der Jungmannen zurückgezogen haben. Wie durch ein Wunder kommt es zu keinen Verlusten.[57]

Luftaufnahme der USAAF von Kleinheringen und den Saale-Brücken vom 10. April 1945
Luftbild Nr. 3087, Luftbilddatenbank Ingenieurbüro Dr. Carls, Estenfeld

Östlich des Ortes gelingt es einer Gruppe von Jungmannen einen weiteren Panzer abzuschießen, bevor sie sich im Schutz des Straßengrabens zurückziehen. *„Die Freunde aus Reisen bezogen auf dem Bahndamm an der Eisenbahnbrücke vor Saaleck Stellung. Dort wollten sie die amerikanischen Panzer empfangen. Die Panzer überfuhren die Bahnlinie aber nicht, sie hielten auf der Anhöhe vor der Brücke, um das Nachtbiwak vorzubereiten."*[58]

Der in Saaleck stationierte Stab des LS-Rgt. 4 hat zu diesem Zeitpunkt den Ort längst verlassen.[59] Die Burg Saaleck, die 1922 den Mördern des liberalen Reichsaußenministers Walther Rathenau, Erwin Kern und Herrmann Fischer, als Versteck gedient hatte und von den Nationalsozialisten zur Kultstätte erhoben wurde, ist verlassen. In der Nacht setzen sich einzelne Grüppchen der Jungmannen der N.P.E.A. Naumburg und Wartheland über Saaleck nach Bad Kösen ab, wo sie auf Amerikaner treffen. Über die Fähre an der „Katze" erreichen sie das Ostufer der Saale und setzen sich durch den Forst Pforta nach Naumburg ab, wo sie in der Nacht die dortige Anstalt erreichen. Über den Verbleib der anderen Mitglieder der Gruppe ist nichts bekannt. [60]

Luftaufnahme der Saale-Schleife und der Brücken bei Saaleck Mai 1945
Luftbild: Harald Stambaugh, 69th RcnTp, 69th US InfDiv

Bis 22.00 Uhr (B) haben eine Kompanie Panzer, eine Kompanie Panzerinfanterie und ein Plat. Panzerjäger des CT 69, 69th Tk Bn, Kleinheringen gesichert. Eine Gruppe des CT 69 unternimmt einen Vorstoß über Rödigen nach Tultewitz. Dort trifft sie auf ein kleines Grüppchen von acht deutschen Soldaten unter Führung eines Offiziers, die am Vortag eingetroffen waren, um den Ort zu verteidigen. Der Jüngste der Verteidiger ist gerade einmal 18 Jahre, die anderen zwischen 40 und 56 Jahren. Als sich die Panzer dem Ort nähern, eröffnen die eingegrabenen Soldaten das Feuer. Bei dem darauffolgenden Gefecht gerät das

Dorf unter Beschuss und eine Scheune geht in Flammen auf. Die weiße Fahne, die trotz der Drohungen des Offiziers am Kirchturm weht, können die Amerikaner nicht sehen, denn man hatte aus Richtung der Rudelsburg mit den Amerikanern gerechnet und sie in dieser Richtung aus dem Turm gehangen. „*Die acht Soldaten wurden am nächsten Tag tot um das Dorf herum aufgefunden, einige mit Kopfschüssen, andere verbrannt in einem Strohschober, den die Amerikaner in Brand geschossen hatten.*", schreibt Pfarrer Michael Greßler 1999 in „Eine Festschrift – Aus der Geschichte von Tultewitz und seiner Kirche". Ein Grab mit den Namen der Acht zeugt heute von ihrem sinnlosen Sterben. Nach dem Gefecht ziehen sich die Panzer wieder zurück.[61]

Grabstätte der gefallenen deutschen Soldaten in Tultewitz Foto: Jürgen Möller, 2013

Das CT 44, 44th AIB, unter Lt.Col. Charles E. Brown marschiert auf der nördlichen Route entlang der Trennungslinie zwischen der 1st und 3rd US Army parallel zum CT 69 gegen gemäßigten Widerstand aus dem Raum Schlotheim über Straußfurt – Sömmerda – Großneuhausen – Hardisleben nach Herrengosserstedt. Die Hauptkräfte erreichen um 19.00 Uhr (B) Niederholzhausen.

Luftaufnahme der USAAF vom Feldflugplatz Punschrau vom 16. Mai 1945
Luftbild Nr. 2067, Luftbilddatenbank Ingenieurbüro Dr. Carls, Estenfeld

Die TF Bennett des CT 44 erreicht als Vorhut die Kreisstadt Eckartsberga an der Grenze der Provinz Thüringen zu Halle-Merseburg.[62] Von Nordwesten kommend schwenken die Panzer der unterstellten Co. C, 69th Tk Bn, mit den aufgesessenen Panzerinfanteristen auf die Landstraße Apolda – Naumburg und rollen ins Unterdorf. Hoch auf der Eckartsburg weht die weiße Fahne, welche Bürgermeister Lies hat hissen lassen.[63] Ohne auf Widerstand zu treffen, fahren die Panzer und Schützentransporter vorsichtig durch den Ort, der in den letzten Tagen von zurückweichenden deutschen Truppen und Häftlingskolonnen durchzogen wurde. Noch am Vortag hatte eine Kolonne weiblicher KZ-Häftlinge unter Bewachung von SS-Aufseherinnen die Stadt in Richtung Osten passiert.[64] Ohne Aufenthalt passiert die Kolonne die Stadt und rollt auf der Reichsstraße 87 über Hassenhausen in Richtung Saaletal. Die Hauptkolonne folgt ihnen.

Der Feldflugplatz Punschrau, wo bis Februar 1945 Teile des IV./(Ers.) Jagdgeschwader 1 stationiert waren und der noch Anfang April 1945 gelegentlich von Nachtjagdflugzeugen genutzt wurde, ist zu diesem Zeitpunkt bereits geräumt und findet vorerst keine Beachtung. Um den 6./7. April 1945 herum war der Feldflugplatz Angriffsziel von sechs „Thunderbolt"-Jagdbombern geworden, die die dort befindlichen Flugzeuge unter Beschuss nahmen. Doch die meisten von ihnen sind bereits beschädigt und unbrauchbar.[65]

Die amerikanischen Truppen steht jetzt unmittelbar vor den Toren der idyllisch im Saaletal liegenden Kurstadt Bad Kösen. Dort kursieren bereits durch Flüchtende verbreitete Gerüchte, dass sich die Amerikaner in Eckartsberga befinden sollen. Jetzt werden die Bewohner aufgefordert, sich in die Luftschutzkeller zu begeben. Auch in den alten Weinkellern in der Borlach- oder Saalestraße suchen sie Schutz.[66] Langsam nähern sich die ersten amerikanischen Panzer der unverschlossenen Panzersperre in der Haarnadelkurve vor Bad Kösen. Ähnlich wie in Kleinheringen und an vielen anderen Stellen entlang der Saale soll nach dem Willen der militärischen Führung unter dem Kommando des Befehlshabers Thüringen Ost, Gen.Oberst a.D. Hoth, auch in Bad Kösen der Vormarsch der amerikanischen Panzerverbände durch Straßensperren, gesprengte Brücken und Panzerjagdkommandos des Volkssturms unter allen Umständen gestoppt werden. Am 2. April 1945 hatte der WFSt des OKW im Einvernehmen mit dem Leiter der Parteikanzlei, Bormann, befohlen: *„Unter Aufhebung aller bisherigen Befehle werden mit sofortiger Wirkung die Anlagen von Sperren aller Art gegen feindliche Panzer, der Ausbau von Sperrzonen und der Ausbau feldmäßiger Anlagen... freigegeben."* [67]

So hatten am 5. April 1945 bereits Jungmannen der N.P.E.A. Naumburg in Bad Kösen mit Ausschachtarbeiten für Panzersperren und Panzerdeckungslöchern begonnen.[68] Am 7. April 1945 hatte ein Lastwagen der Wehrmacht 250kg Bomben als Ersatz für fehlenden Sprengstoff nach Bad Kösen gebracht und am 9. April 1945 beginnt ein vierköpfiges Pionierkommando mit dem Einbringen von zwei Sprenglöchern[69] in der Fahrbahn der Straßenbrücke. Sprengkabel werden zum östlichen Ufer gezogen, um die Brücke bei der Annäherung des Feindes gefahrlos sprengen zu können. Auch die parallel verlaufende Bahnbrücke wird zur Sprengung vorbereitet. Doch noch ziehen immer wieder kleinere Gruppen von Wehrmachtsfahrzeugen auf ihrer Flucht nach Osten durch die Stadt, in der sich außer in den überfüllten Lazaretten kaum noch deutsche Soldaten befinden. Der Versuch des Leiters des im Hotel „Mutiger Ritter" in unmittelbarer Brückennähe befindlichen Reservelazarettes, des Kösener Arztes Dr. Erich Blenkle, den Führer des Kommandos von der Vorbereitung der Sprengung abzubringen, um die Insassen seines Lazarettes, die nicht evakuiert werden können, nicht zu gefährden, scheitert.[70] Schon seit Tagen sind die fliegenden Sprengkommandos unterwegs, um auf Befehl des OKW alle wichtigen Brücken vor der Front der Amerikaner für die Zerstörung vorzubereiten. Und sie lassen sich dabei durch nichts und niemanden beirren. In der Stadt wird mit der Vernichtung von belastenden Akten und Unterlagen begonnen. Hitlerjungen erhalten den Auftrag, Ordner der NSDAP-Parteiführung auf der Aschenhalde zu verbrennen.[71]

Rekonstruktion der Panzersperre in der Haarnadelkurve von Karl-Heinz Giesecke

Am 10. April 1945 werden die Arbeiten an der Panzersperre in der Haarnadelkurve der Eckartsbergaer Straße fertiggestellt. Unter Leitung des Führers des Bad Kösener Volkssturms, eines Lehrers, verengen Bauern, Hitlerjungen und sogar Frauen die Straße mit eingegrabenen Kieferstämmen und Masten halbseitig. Beim Heranrücken des Feindes soll sie durch Einlassen von weiteren Stämmen in vorbereitete Löcher und Querbalken geschlossen werden.

Verteidigen soll die Sperre eine Gruppe von Jungmannen der N.P.E.A. Naumburg, die am Morgen nach Bad Kösen im Marsch gesetzt worden war und nach dem Eintreffen im Verlauf des Vormittags dem 20-jährigen Leutnant Peter Schaefflein unterstellt wurde. Zu diesem Zeitpunkt war es noch ruhig in der Stadt. Als um die Mittagszeit aber Kolonnen von Wehrmachtsfahrzeugen und Soldaten über die Saalebrücke nach Osten strömen, war klar geworden, dass die Front die Stadt erreicht hat. Hastig war die Gruppe zur Panzersperre in der Haarnadelkurve marschiert. Ihnen entgegenkommende Soldaten berichten, dass die amerikanischen Truppen keine drei Kilometer entfernt in Hassenhausen stehen. Gegen 15.00 Uhr beziehen sie vor der Sperre Stellung. Lothar Penndorf schreibt: *„Unsere Gruppe hatte die Aufgabe, feindwärts vor der noch offenen Sperre links und rechts der Straße eine sogenannte ‚Panzerglocke' zu bilden, also je zwei Jungmannen in einem Panzerdeckungsloch mit je einer Panzerfaust. Die vordersten Schützen sollten die Panzer durchrollen lassen und erst schießen, wenn sie vor der Sperre nicht weiter konnten, so dass die anderen Panzer festsaßen und abgeschossen werden konnten."*[72]

Am Himmel kreist ein leichtes amerikanisches Artilleriebeobachtungsflugzeug. Aus ihren Deckungen in der Nähe der Sperre können die Jungmannen beobachten, wie im Saaletal, in der Nähe der Rudelsburg und bei Saaleck, Granaten einschlagen.[73] Erste Schüsse fallen. Einige der deutschen „Verteidiger" haben das Feuer auf die anrückende amerikanische Vorhut eröffnet.[74] Diese erwidert kurz das Feuer und zieht sich sofort zurück, um Artillerieunterstützung anzufordern. Doch noch bevor die ersten 105mm Granaten der M-7 Haubitzen des 128th AFA Bn, das zur Unterstützung des CT 44 bei Hassenhausen Feuerstellung bezogen hat, einschlagen, flieht der Volkssturm. Später wird es in dem Buch „Super Sixth" von Georg S. Hofmann heißen, dass die Task Force in eine Straßensperre rannte, die von mehr als 100 Feinden, ausgerüstet mit 15 Panzerfäusten, verteidigt wurde. Zumindest die Anzahl der Verteidiger ist hierbei zu bezweifeln. Die Zahl der Panzerfäuste bezieht sich wahrscheinlich auf die Zahl der, an der Sperre zurückgelassenen, Panzerfäuste.

Die Jungmannen an der Panzersperre in der Haarnadelkurve erhalten genau in dem Moment den Befehl, die Stellung zu verlassen, als anschwellender Motor- und Gefechtslärm das Herannahen der amerikanischen Spitzen ankündigt. Der Volkssturm war getürmt ohne die Sperre zu schließen. Die „Panzerglocke“ war hinfällig. Fluchtartig setzen sie sich durch die, unterhalb der Sperre befindlichen, Kalksteinbrüche in Richtung der Eisenbahngleise ab. Hinter ihnen gibt es eine Explosion, dann pfeifen Kugeln über ihre Köpfe.[75] Als sie hinter Güterwaggons Schutz finden, stellen sie fest, dass zwei Mann fehlen. Aus unerklärlichen Gründen hatte der Rückzugsbefehl die Jungmannen Uihlein und Tönjes nicht erreicht. Der Gedanke, einen Gegenangriff in Richtung der Sperre zu führen und den Kameraden zu helfen wird von Leutnant Schaefflein als aussichtslos abgelehnt. Während es dem, bereits totgeglaubtem, Tönjes gelingt zu fliehen und die Naumburg zu erreichen, wird der 16-jährige Apothekersohn Christian Uihlein aus Nürnberg in seinem Schützenloch, 20 Meter von der Sperre entfernt, durch Kopfschuss getötet.[76]

Luftaufnahme der USAAF von Bad Kösen mit der Haarnadelkurve (oben) vom 10. April 1945
Luftbild Nr. 3081, Luftbilddatenbank Ingenieurbüro Dr. Carls, Estenfeld

Zwei Tage später wird er durch zwei Einwohner geborgen und am 21. April 1945 auf dem Friedhof Bad Kösen beerdigt.[77] Der Rest der Gruppe setzt gegen 18.30 Uhr am Wirtshaus „Zur Katze" mit einer Standseilfähre an das andere Saaleufer über und marschiert unter Beschuss über den Katzenberg und weiter durch den Forst Pforta Richtung Naumburg zurück.[78]

In der Zwischenzeit trifft auch die Gruppe der Jungmannen der N.P.E.A. Schulpforta unter Führung eines Majors in Almrich ein, die bei Niedermöllern Sperren bauen sollte, doch es war ihnen nicht gelungen, mit Spaten in den harten Kalkstein einzudringen. Als sie um 17.00 Uhr über die Weinberge bei Bad Kösen zurückmarschiert waren, hatten die Sirenen gerade „Panzeralarm" ausgelöst.[79] Das Signal wird als 3. Panzerwarnstufe nach dem Signal „Panzervorwarnung" und „Panzergefahr" ausgelöst, wenn sich die feindlichen Panzer bis auf 20 Kilometer genähert haben.[80] Rasch hatte die Gruppe die Saale überquert und sich in Richtung des kleinen Ortes Almrich, westlich von Naumburg, abgesetzt.[81]

Nach dem Passieren der Panzersperre in der Haarnadelkurve tastet sich die Vorhut der TF Bennett, CT 44, vorsichtig in die Stadt vor. Lediglich ein amerikanischer Transportpanzer bleibt mit defekter Kette kurz hinter der Sperre liegen.[82] Die Hauptkolonne, die sich auf Grund der unklaren Situation am Ortseingang von Bad Kösen bei Hassenhausen gestaut hat, setzt sich erneut in Bewegung und Lt. Col. Charles E. Brown erteilt seiner TF Kirchner den Befehl, links und der TF Mobley rechts, in der Stadt vorzurücken.

Zu diesem Zeitpunkt haben die Panzerinfanteristen der TF Bennett die Saalebrücken in der Stadt bereits unzerstört gesichert. Warum es nicht zur Sprengung kommt, ist umstritten und Stoff späterer Legenden. Fest steht, dass die Zündung im Keller des Hauses „An der Brücke 10" nicht ausgelöst wurde. Hierfür gibt es in der regionalen Geschichtsschreibung mehrere Versionen. Die Unwahrscheinlichste dürfte die Version aus den 60er bis 80er Jahren sein, in welcher der Landmaschinenschlosser Paul Hein den leitenden Offizier des Sprengkommandos überredet haben soll, die Zündkabel falsch anzuschließen. Da die Sprengkommandos im fliegenden Einsatz mit der Vorbereitung von Brückensprengungen entlang der Saale und der anderen Flüsse betraut waren, gibt es keinen Grund, warum sie gerade hier ihre Arbeit nicht hätten verrichten sollen, wo doch die Masse der Brücken ihren Sprengungen zum Opfer fallen. Dabei haben sie sicher auch das Schicksal des K.Kdt. von Remagen vor Augen, der wegen der misslungenen Sprengung der Rheinbrücke standrechtlich erschossen wurde.

Luftaufnahme der USAAF von den Saale-Brücken in Bad Kösen vom 16. Mai 1945
Luftbild Nr. 4081, Luftbilddatenbank Ingenieurbüro Dr. Carls, Estenfeld

Auch die Frage, warum es nicht schon weit vor dem Eintreffen der Amerikaner zur Sprengung gekommen ist, lässt sich beantworten. Der Grund für die zögerliche Durchführung der Brückensprengungen entlang der Saale von Saalfeld bis Merseburg und der damit verbundenen Eroberung einer Anzahl von unzerstörten Brücken durch die überraschend schnell vorstoßenden amerikanischen Verbände findet sich in den Unterlagen des britischen Funkhorch- und Entschlüsselungsdienst in Bletchley Park, London. Dieser fängt am 9. April 1945 den folgenden Funkspruch des OB West an die 11. Armee und die W.Kr. VI und IX ab: *„Die Zeisswerke Jena können die Lieferung wichtiger Ausrüstungen von höchster Bedeutung für die Bewaffnung der Einheiten durchführen. Der Abtransport komplexer Geräte muss bis zum letzten Augenblick garantiert werden. Deshalb sind Eisenbahn- und Straßenbrücken über die Saale nach Saalfeld, Großheringen, Weißenfels und Merseburg und die Eisenbahnanlagen auf der Strecke Saalfeld – Jena – Halle und östlich davon und Fernmeldeeinrichtungen aller Art in diesem Gebiet nicht außer Betrieb zu setzen oder zu zerstören, bis es die Kampfsituation unvermeidbar macht.“*[83]

Wahrscheinlicher ist, dass an jenem 11. April 1945 und in den Tagen davor keiner in der Stadt ernsthaft gewillt war, die Sprengung auszulösen. Bad Kösen wurde nie zum „Festen Punkt" erklärt. Kein Kampfkommandant versucht die Stadt mit allen Mitteln zu verteidigen. Der Kösener Volkssturm denkt nicht im Geringsten daran, sich dem Feind entgegen zu stellen. Somit dürfte auch keinem aufgefallen sein, dass die Kabel gemäß dem Bericht des Stabsarztes Dr. Blenkle und des Schmiedemeisters Karl Kathe durch Letzteren bereits am 9. April 1945 mit einer Kombizange durchtrennt wurden. Heute erinnert eine kleine Gedenktafel auf der Straßenbrücke an die Tat des Schmiedemeisters Karl Kathe.[84] Fest steht, dass die Pioniere des 3rd Plat, Co. A, 25th Engr C Bn, welche das CT 44 begleiten, die Zündkabel der Sprengladungen an der Straßenbrücke und der parallel verlaufenden Eisenbahnbrücke entfernen und drei 250kg Bomben von den Brücken rollen. Zwei der Bomben werden später unterhalb des Brückenhäuschens aus der Saale geborgen.[85]

Dank der Tatsache, dass die Truppen auf keinen weiteren Widerstand treffen, ist das Schlimmste von der Stadt abgewendet. Als eine der ersten Maßnahme erhält die Bevölkerung den Auftrag, die Panzersperre auf der Eckartsbergaer Straße abzubauen.[86] Ohne weitere Zwischenfälle wird die Stadt besetzt. Das CT 44 bezieht einen Biwakraum am Ostrand der Stadt im Bereich des Galgenberges. Vorbereitungen werden getroffen, um den Vormarsch am kommenden Tag fortzusetzen.

Westlich von Bad Kösen wird am Nachmittag in der N.P.E.A. Schulpforta Alarm ausgelöst, nachdem Schüsse am linken Saaleufer, in der Nähe von Schulpforte fallen. Doch zu diesem Zeitpunkt sind noch keine Amerikaner in der Nähe. Den Befehl soll ein deutscher General, der sich in den Volkssturm unterstellt hat, gegeben haben.[87] Ursprünglich war der Volkssturm als Organisation der NSDAP nur der Partei und in diesem Fall dem Gauleiter von Halle-Merseburg, Eggeling, unterstellt. Doch beim Herannahen der Front wurde dieser in der Regel dem örtlichen militärischen Führer unterstellt, wenn er sich nicht selber vorher aufgelöst hatte oder nach Hause geschickt wurde. Eine Gruppe Feldgendarmerie, welche sich seit einigen Tagen in Schulpforte aufhielt und eine ständige Bedrohung für jeden darstellte, der keine Lust mehr hatte, sein Leben kurz vor Schluss auf das Spiel zu setzen, verlässt bei Auslösung des Alarms fluchtartig das Gelände der Napola. Jetzt beziehen die jugendlichen „Panzerknacker" die vorbereiteten Stellungen an der Windlücke und am Käppelberg. Doch noch herrscht dort Ruhe.[88]

Gegen 22.00 Uhr (B) befindet sich die Mehrheit des CCB der 6th US AD auf der östlichen Flussseite. Der CP CCB wird gegen 20.45 Uhr (B) in Bergsulza errichtet. In der Nacht verstärken Kräfte des 1st und 2nd Plat., Co. A, 25th Engr C Bn, die Straßenbrücke über die Saale bei Großheringen mit Hilfe von Eisenbahnschienen, welche sie von der parallel verlaufenden Eisenbahnbrücke der Strecke Apolda – Naumburg abbauen.

Das CCR erhält am Morgen den Befehl, den beiden Combat Commands zu folgen. Sein CT 68 soll dem CT 9 des CCA und das CT 50 dem CT 44 des CCB folgen. Das HQ CCR bewegt sich im Zentrum hinter dem Div.CP 6th US AD. Um 11.00 Uhr (B) verlassen die Kolonnen Mühlhausen und versammelt sich in der Nähe von Bad Langensalza. Dann beginnt am Nachmittag der Marsch nach Osten. Das CT 68, 68th Tk Bn, TF Davall, geht nach Gosserstedt, wo es die anderen Teile der Division trifft, welche sich auf die Überquerung der Saale in Camburg vorbereiteten, und versammelt sich, um auf die Brückenüberquerung zu warten. Die anderen Teile des CCR erreichen erst am nächsten Morgen den Raum Bad Sulza. Die Aufklärer der 86th CavRcnSq bilden ein eigenständiges Combat Command und verlassen unter direktem Befehl der 6th US AD um 07.15 Uhr (B) Großengottern. Als Flankensicherung, entlang der nördlichen Divisionsflanke marschierend, erreichen sie um 19.15 Uhr (B) Hassenhausen und versammeln sich für die Nacht. Der Div.CP 6th US AD erreicht am späten Abend von Mühlhausen kommend Bad Sulza und stellt bis 23.00 Uhr (B) Arbeitsbereitschaft her. Hinter den versammelten Combat Commands geht die DivArty in Stellung, um am nächsten Morgen bei Bedarf mit ihrem Feuer den Angriff aus den eroberten Brückenköpfen in Richtung Weiße Elster zu unterstützen.

Bei der Säuberung des Hinterlandes der Panzerkräfte erreicht die 76th US InfDiv im linken Abschnitt des XX. US Corps hinter der 6th US AD den Raum Buttstädt. Die 80th US InfDiv schließt an diesem Tag den Ring um Erfurt und verlagert sein 319th InfRgt entlang der Reichsautobahn 4 nach Osten hinter die 4th US AD. Die, dem XX. US Corps unterstellte, 3rd CavGp übernimmt die Verantwortung für die Sicherung der Corpsflanken mit der 3rd CavRcnSq an der Linken und der 43rd CavRcnSq an der Rechten.

Der Vorstoß der amerikanischen Verbände vernichtet an nur einem Tag den Großteil der deutschen Kräfte östlich der Linie Sondershausen – Erfurt. Der, im Raum nördlich Erfurt stehende, Div.Vbd. Feller der 7. Armee wird beim Vorstoß der Panzer der 6th US AD zersprengt wird und weicht nach Norden und Nordosten aus. Seine gepanzerte Gruppe aus veralteten Fahrschulfahrzeugen der

Pz.Ausb.Abt. 1, Erfurt, die am 6./7. April auf Befehl der 7. Armee zur Aufklärung in den Raum Schlotheim entsandt worden war, war dort bereits auf die Sicherungslinien der 6th US AD gestoßen und ausgewichen. Dabei waren Teile des gepanzerten Verbandes bis in den Kyffhäuser-Raum gekommen. Jetzt ziehen sich die verbliebenen Panzer in kleinen Gruppen mit den Resten der Korps.Gr. Uckermann der 7. Armee unter dem neuen Kommando des Gen.Kdo. XC. AK nach Osten zurück, um hinter die Saale zu kommen. Lediglich vor der Front des V. US Corps befinden sich im Südabschnitt der 11. Armee noch einige wenige deutsche Verbände im Bereich der bewaldeten Höhenzüge der Schmücke und Schrecke.

In der N.P.E.A. Schulpforta entlässt der Anstaltsleiter, Dr. Kurt Person, um 22.00 Uhr die Jungmannen des Jahrgangs 1930. Zirka eine Stunde später trifft der telefonische Befehl aus Naumburg ein, die Jungmannen aus ihren Stellungen an der Windlücke abzuziehen.[89] Ein ausgesandter Melder findet jedoch in der Nacht nur fünf der Jungen und übermittelt ihnen den Rückzugsbefehl. Zum Glück scheint sich der Befehl dennoch herumzusprechen und die Jungmannen setzten sich in kleinen Gruppen nach Hause ab oder verstecken sich in den Wäldern. Der Melder und ein zweiter Mann begeben sich mit Fahrrädern zum befohlenen Sammelplatz nach Droyßig. Nur drei Jungmannen bekommen davon nichts mit und bleiben in ihren Schützenlöchern zurück. Die nicht eingeteilten Jungmannen verlassen unter Führung des Anstaltsleiters Schulpforte in Richtung Droyßig. Nach vier Tagen löst sich die Gruppe hinter den amerikanischen Linien auf. Um 03.00 Uhr nachts endet die Geschichte der N.P.E.A. Schulpforta. Im ehemaligen Zisterzienserkloster bleibt nur noch der Studienrat Göldner zurück, der den Evakuierungsbefehl abgelehnt und im Auftrag des Anstaltsleiters die Leitung der Anstalt übernommen hat.[90]

Auch an der N.P.E.A. Naumburg ist die Räumung im vollen Gange. Die Jahrgänge 1929/30, die trotz der Bombardierung der Stadt bis zum Nachmittag Schießausbildung hatten, kehren um 17.00 Uhr in die Anstalt zurück, als in der Stadt die Sirenen „Panzeralarm" heulen.[91] Mit einem Appell wird der Jahrgang 1930 verabschiedet und nach Hause geschickt. Doch nicht alle machen sich auf den Weg. Auch hier verbleiben die Jungmannen, deren Heimat bereits besetzt ist, auf eigenen Wunsch bei ihren älteren Kameraden.[92] Vorbei an Wehrmachtskolonnen und dem brennenden Heereszeugamt verlassen die anderen gegen 20.00 Uhr die Stadt. Während in der Anstalt die Akten in der Heizung verbrannt werden, empfangen die verbliebenen Jungmannen Waffen und Verpflegung.[93] Panjewagen werden beladen.

Inzwischen trifft auch die Gruppe der Jungmannen des Jahrgangs 1928 unter Führung des Leutnants, Schaefflein von Bad Kösen kommend, in der Anstalt ein. Dort erhalten die Jungmannen von Eckhardt den Befehl, nach Droyßig zu marschieren. Anbetracht der laufenden Evakuierung der Anstalt bitten sie aber Hauptzugführer Eckhardt, der als Ortsgruppenleiter die Funktion des zuständigen Volkssturmführers hat, darum, dass sie sich unter der Führung des Leutnants der Wehrmacht unterstellen dürfen. Wiederwillig stimmt Eckhardt zu. In der Naumburger Hindenburg-Kaserne schließen sie sich der Wehrmacht an. Sie verlassen die Stadt am nächsten Morgen mit Ziel Leipzig, wo ihre Eingliederung in die Wehrmacht erfolgt. Ihr weiterer Weg soll sie von Leipzig bis nach Schwerin führen, wo die letzten sechs am 3. Mai 1945 in amerikanische Gefangenschaft gehen.[94]

Gegen 04.00 Uhr verlassen die letzten Jungmannen die N.P.E.A. Die olivgrüne Anstaltsbekleidung haben sie gegen die Ausgangskleidung, die schwarze HJ-Uniform, eingetauscht, von der sie zuvor auf Befehl die Schulterklappen abgetrennt haben. So sollen sie nicht gleich als Napola-Schüler auffallen.[95] Als persönliche Ausrüstung führen sie Tornister, Brotbeutel und Gasmaske mit sich. Ihre Bewaffnung besteht aus Panzerfäusten, Karabinern, Pistolen und einigen wenigen leichten Maschinengewehren.[96] Jeder der Jungmannen hat 200 Schuss Munition am Mann. So ausgerüstet marschieren sie in Richtung Droyßig. Anstaltsleiter Männich verlässt Naumburg, jedoch mit unbekanntem Ziel.[97]

Auch die Jungmannen der N.P.E.A. Wartheland rücken in der Nacht nach Droyßig ab. Während dort mit dem Auslösen des Signals „Panzeralarm“ für einen Teil der Jungmannen der N.P.E.A. Naumburg ein weiteres Kapitel des Kampfes in diesem Krieg beginnt, verlassen sie Droyßig in Richtung Ronneburg – Zwickau. *„So begann der ‚lange Marsch über das Erzgebirge, den Bayerischen Wald, durch Straubing, Rosenheim, Wörgl, weit in das Inntal. Er dauerte bis zum 8. Mai und der folgenden Gefangennahme.“*[98]

* * *

[1] Die Geheimen Tagesberichte der Wehrmachtsführung waren eine interne Zusammenfassung der vorliegenden Meldungen. Eine Überprüfung der Angaben war in vielen Fällen nicht mehr möglich. Daher ist die Meldung, dass Spitzen bei Artern und Wiehe stehen, für den 11. April falsch.

[2] Zeitzeugenbericht Manfred Seifert.

[3] Zeitzeugenbericht Manfred Seifert.

[4] Bericht v. Kurt Göhle in der LVZ Sonderzeitung v. 1995, S. 39

[5] Es gibt zwei Berichte v. Göhle. Einen in der LVZ Sonderheft 1995 und einen in der MZ, Naumburger Tageszeitung v. 04.04.05. Der ursprünglich falsch auf dem Grabkreuz angegebene Name Hämmerer wurde auf der neu angebrachten Tafel auf den richtigen Namen Kämmerer korrigiert.

[6] Gem. den Koordinaten soll sich der CP 1./271 in Lossa befunden haben, was aber unwahrscheinlich ist. Gem. Röder erreichen am 11.04.45 nur einzelne Fahrzeuge den Ort, die aber gleich weiterfahren. Das erklärt auch, warum die Muna erst am 12.04.45 entdeckt wird.

[7] Im G3 Journal des 271st InfRgt wird SS-Division „Prinz Eugen" genannt, aber das 9. Rgt gehört zur SS-Division „Wiking". Der G-2 Bericht der 80th US InfDiv verweist auf eine erbeutete Karte, die am 12.04.45 eine Kolonne der SS-Division „Wiking" auf dem Marsch südlich von Querfurt nach Rastenberg zeigt.

[8] Gem. Erich Röder, damals 13 Jahre alt, aus Lossa. Röders Vater war als Angestellter der Muna Lossa Leiter des Teillagers Muna 2.

[9] Tessin nennt nur die H.Neben.Muna Billroda

[10] Gem. dem offiziellen Untersuchungsbericht zur Altlastensituation im Bereich Lossa v. Dipl.Geol. Dietmar Staude, Dr. Erwin Weßling GmbH, 2006, sollen die Amerikaner auch in der Muna 2 Giftgas abtransportiert haben. Gem. Röder, der oft seinen Vater dort besucht hat, lagerten dort aber nur unbefüllte Bombenkörper.

[11] „Das Deutsche Reich und der Zweite Weltkrieg", Band 5/2, S. 716, Kapitel IV, Pkt. 3 „Wunderwaffen": Die Suche nach Überlegenheit, Chemische Waffen.

[12] Aus „Deutschland und der Zweite Weltkrieg", herausgegeben vom MGFA.

[13] Aus O. Groehler „Der lautlose Tod".

[14] Auf diesen Angriff bei Roßleben wird an späterer Stelle genauer eingegangen. Die Angriffe hatten kein konkretes Ziel und erfolgten lediglich auf erkannte Bewegungen. So werden am gleichen Tag auch andere Bahnstrecken in Mitteldeutschland angegriffen. Siehe hierzu auch Naumburg am 08.04.45. Über die möglichen Folgen ihres Angriffs auf Lossa wussten die Piloten nichts.

[15] Tagebuch v. Fr. Ilse Undeutsch, Buttstädt, Sammlung Kresse. Gem. dem Eintrag war Fliegeralarm zwischen 13.00 und 15.00 Uhr. Der Bordwaffenbeschuss wird durch Manfred Spielberg, Lossa, damals neun Jahre, und Eugen Pomplitz, Rothenberga, damals 13 Jahre, bestätigt. Gem. Pomplitz griffen neun Jabos an. Gem. Röder handelte es sich um sechs Jabos.

[16] Gem. Röder. Auch andere Zeitzeugen bestätigen, dass dort Flugzeugteile lagerten.

[17] Gem. Röder. Röder hat mit einem Freund gesehen, wie sich beim Anflug Bomben von den Flugzeugen lösten und torkelnd zu Boden fielen. Andere Zeitzeugen sprechen nur von Bordwaffenfeuer.

[18] Gem. Pomplitz „Gefahr auf der Finne" v. 07.04.95 und Interview Pomplitz, Archiv Möller.

[19] Pomplitz nennt im Interview im Dez. 2006 sieben Flieger und im Artikel v. 07.04.95 wird von neun Jabos gesprochen. Röder, der sich auf dem Bahnhof befand, nennt sechs. Der Untersuchungsbericht der Weßling GmbH nennt auf Grundlage amerikanischer Luftbilder ein bis zwei Züge im Bereich Lossa. Walter Dittmar, Lossa, damals Reichsbahnlehrling in Lossa nennt zwei Züge, Röder auch. Betreffs der Uhrzeit nennt Pomplitz 16.00 Uhr, das Tagebuch von Ilse Undeutsch vermerkt um 17.30 Uhr den ersten Fliegerangriff.

[20] Gem. Pomplitz. Die Wettermeldungen der 3rd US Army verzeichnen am 07.04.45 ebenfalls Nordostwind.

[21] Gem. Staude auf Grundlage der Auswertung von Luftaufnahmen.

[22] Gem. Tessin.

[23] Pomplitz nennt einen Angriff auf einen Munitionszug. Gem. Dipl.Geol. Dietmar Staude wurde in Billroda lediglich Schweißgasflaschen getroffen. Bei der Munition handelt es sich wahrscheinlich um 3,7cm Munition, die unter anderem dort hergestellt wurde.

[24] Gem. Manfred Spielberg und Heinz Gläser gingen die Bewohner von Lossa aus Angst vor weiteren Angriffen in die Wälder. Aber nicht alle fliehen, sondern viele bleiben zu Hause. Röder hingegen, sagt aus, dass nur die genannten Personen im Ort verblieben.

[25] Pomplitz berichtet, dass Bewohner von Rothenberga Richtung Ostramondra flohen.

[26] Archiv Kresse, Buttstädt.

[27] Aus „Erinnerungen eines Mädchen aus einem verlorenen Land" v. Hautthal-Stegner.

[28] Siehe Becker, S. 95.

[29] Zeitzeugenbericht Dittmar, Lossa, Archiv Möller.

[30] Gem. Staude, Fa. Weßling GmbH. Das die Explosion von anderer Munition ausgelöst wurde, deckt sich mit der Aussage von Röder, wonach die Gasbomben beim Transport keine Zünder und Sprengsätze enthielten.

[31] Gem. Groehler. Geäußerte Vermutung, dass auch das sechsmal so starke Kampfgas Sarin in den Bomben war, ist nicht zutreffend. Es lagerte kein Sarin in Lossa. Dass sich die Besatzung der Muna der Gefahr gewiss war, die von dem Zug ausging, belegt die Aussage Röders, wonach der Vater nach dem Angriff sagte, dass die Gasmasken alleine nicht helfen würden und der Hautkontakt tödlich wäre. Nur das Feuer habe Schlimmeres verhütet.

[32] Die Angaben zu den Getöteten gem. Kamm und Gärtner, Lossa. Über den Tod des Vorstehers Sommer berichtet Röder.

[33] Gem. Kurt Spielberg, Mansfeld.

[34] Gem. Röder kamen sie aus Richtung Beichlingen und nicht von Bachra, weil dort SS in den Wäldern.

[35] Gem. Internetforum zu den Schachtanlagen in Billroda und Kahlwinkel.

[36] Eine nähere Behandlung dieses Themas ist nicht Inhalt dieser Dokumentation.

[37] Zeitzeugenberichte, gesammelt von Uwe Becker, Camburg.

[38] Gem. der Chronik des XX. Corps erfolgt die Brückensprengung in der Nacht zum 12.04.45. Der AAR 25th Armd Engr Bn nennt 20.00 Uhr (B).

[39] „Des Blättchens 8. Jahrgang (VIII)", Berlin, 23.05.2005, Heft 11. Gem. der OTZ soll Sohnemann er am Ostufer der Saale gefallen sein.

[40] In den Listen des Zahlmeisters des Stalag waren gem. Koch über 30 000 Kriegsgefangene registriert. Gem. dem AAR des 69th Tk Bn wurden 300 vorgefunden. Hofmann nennt in seinem Buch „Super Sixth" 3000 Gefangene.

[41] Gem. Hofmann „Super Sixth".

[42] Gem „Erinnerungen an die Napola Naumburg" v. Walter Becker, S. 86 kamen Jungmannen des Jahrgangs 1928/29 der N.P.E.A. Warthegau nach Naumburg. Demzufolge kam hier nur der Jahrgang 1928 zum Einsatz. Odin Koch gem. S. 103.

[43] Powiat Wolsztyn, Polen, bis 1919 Provinz Posen, ab 1939 Landkreis Wollstein, Regierungsbezirk Posen, Reichsgau Wartheland.

[44] „Erinnerungen an die NAPOLA Naumburg" v. Walter Becker, S. 52 u. 87. Wikipedia-Eintrag Reichsschule der Niederlande.

[45] „Die nationalsozialistische Erziehungsanstalt Schulpforta 1933–1945" v. Dr. Justus Weihe.

[46] Gem. Dr. Weihe ist über deren Verbleib nichts bekannt. Wahrscheinlich wurden sie ebenfalls nach Hause geschickt.

[47] Gem. Penndorf.

[48] Gem. Lothar Penndorf, 1942–1945 Angehöriger der N.P.E.A. Naumburg, später Gen.Maj. der NVA, a.D.. Artikel im Burgenland Journal v. 25.03.00 anlässlich des 100. Jahrestags der offiziellen Einweihung der Naumburger Kadette als Schule des Heeres des Deutschen Kaiserreichs. Siehe auch „Erinnerungen an die NAPOLA Naumburg" v. Becker, S. 86.

[49] „Erinnerungen an die NAPOLA Naumburg" v. Becker, S. 93/94.

[50] Gem. Penndorf. Siehe auch „Erinnerungen an die NAPOLA Naumburg" v. Becker, S. 96.

[51] Der Autor verwendet hier die, von den Zeitzeugen genannten, Bezeichnungen „Panzerspäher" und „Panzerknacker". Der militärische Sprachgebrauch lautet Panzervernichtungstrupp bzw. Panzerjagdkommando.

[52] Archiv des Pförtnerbundes. Der Käppelberg wird auch als Köppelberg bezeichnet.

[53] Archiv des Pförtnerbundes.

[54] Archiv des Pförtnerbundes. Dr. Weihe

[55] „Erinnerungen an die NAPOLA Naumburg" v. Becker, S. 93, 96. Gem. Becker gingen Angehörige der N.P.E.A. Wartheland nach Kleinheringen (S. 103) und zum Buchenwäldchen bei Naumburg (S. 104).

[56] „Erinnerungen an die NAPOLA Naumburg" v. Becker, S. 103.

[57] „Erinnerungen an die NAPOLA Naumburg" v. Becker, S. 103/104.

[58] „Erinnerungen an die NAPOLA Naumburg" v. Becker, S. 104.

[59] Gem. Tessin in Saaleck stationiert.

[60] „Erinnerungen an die NAPOLA Naumburg" v. Becker, S. 104. Siehe auch Penndorf.

[61] Siehe auch MZ v. 22.11.1997 und Naumburger Tageblatt v. 22.11.1997.

[62] Fr. Barbara Gottsche, Dresden, damals als Flüchtlingskind in Eckartsberga nennt Mittag.

[63] Gem. Fr. Gottsche soll die Fahne bereits am Vortag gehisst worden sein, was fragwürdig ist.

[64] Gem. Gottsche.

[65] Gem. Becker, S. 94. Becker nennt 42 Maschinen, die dort noch gestanden haben sollen, darunter He 111, Me 100 und Ju 88. Wahrscheinlich handelte es sich hier aber um bereits beschädigte Flugzeuge, die dort abgestellt waren. Siehe Luftaufnahme vom Mai 1945.

[66] Gem. Dr. Fichtner.

[67] „Der Volkssturm" v. Seidler, S. 305.

[68] Becker, S. 95/95. Möglicherweise waren das die 21 Freiwilligen des Panzerjagdkommandos der N.P.E.A. Naumburg, die am 5. April 1945 abgerückt waren.

[69] Gem. Giesecke zwei Sprenglöcher, eins davon am Brückenhaus im Fahrbahnbelag.

[70] Gem. Dr. K. D. Fichtner. Gem. Irrgang übernachtet der Führer des Sprengkommandos im Hotel „Mutiger Ritter". Bei dem Kommando handelt es sich möglicherweise um das gleiche Kommando, dass später die Brücken in Weißenfels sprengt. Der Führer dieses Kommandos war ein Pionier-Oblt. namens Kanold.

[71] Gem. Giesecke.

[72] Brief Penndorf an den Autor v. 21.01.2009. Siehe auch Becker, S. 98.

[73] Gem. Lothar Penndorf. Sie auch „Erinnerungen an die NAPOLA Naumburg" v. Becker, S. 96.

[74] Es ist unklar, ob eine Panzerfaust abgeschossen oder das Feuer mit Handwaffen eröffnet wurde.

[75] „Erinnerungen an die NAPOLA Naumburg" v. Becker, S. 100. U. Tönjes, der sich hinter Uihlein im Deckungsloch befand, erzählte Penndorf nach dem Krieg, dass die hörbare Explosion kein Panzerfaustabschuss war, sondern eine Panzerfaust von MG-Feuer eines Beiwagenkrades getroffen wurde und diese explodierte. Demzufolge handelt es sich bei dem amerikanischen Kettenfahrzeug, dass nach der Besetzung von Bad Kösen an der Panzersperre am Straßenrand stand, um ein ausgefallenes Fahrzeug.

[76] Gem. Penndorf und Dr. Fichtner. Siehe auch Dr. Weihe und Becker, S. 99ff. Gem. Penndorf war Uihlein Angehörigen des Lehrgangs 1928 der N.P.E.A. Naumburg. Nachforschungen von Dr. Fichtner bestätigen das. Außerdem konnte Dr. Fichtner ermitteln, dass es sich bei Uihlein um einen Apothekersohn aus Nürnberg handelt. Siehe auch „Erinnerungen an die NAPOLA Naumburg" v. Becker, S. 100.

[77] Gem. Dr. Fichtner.

[78] Gem. Penndorf. Siehe auch „Erinnerungen an die NAPOLA Naumburg" v. Becker, S. 99/100. Die Angabe Knabenberg dürfte im Zusammenhang mit dem Beschuss falsch

sein. Es muss sich um den Katzenberg handeln, der sich östlich der Saale beim Wirtshaus befindet.

[79] Der Bau der Sperre war auf Grund der Bodenbeschaffenheit nicht möglich. Dr. Weihe nennt in „Das Ende“ den Abend als Zeitraum der Rückkehr.

[80] „Deutscher Volkssturm – Das letzte Aufgebot 1944/1945“ v. Franz W. Seidler, 1999, S. 317/318.

[81] Gem. Dr. Weihe. Almrich, alte Ortsbezeichnung Altenburg, ist erst seit 1950 Ortsteil von Naumburg.

[82] Wahrscheinlich erfolgte der Ausfall durch einen technischen Schaden und nicht durch Beschuss.

[83] PRO (Publik Record Office) Dokument HWI/3691.

[84] Gem. Giesecke, Irrgang, Dr. Fichtner.

[85] Giesecke hat beide Bomben selber gesehen. Der Verbleib der 3. Bombe ist unklar, sie war wahrscheinlich auf der Eisenbahnbrücke.

[86] Gem. Giesecke. Die Androhung, dass die Stadt beschossen wird, wenn die Sperre nicht sofort abgebaut wird, war mit Sicherheit zu diesem Zeitpunkt nicht mehr ernst gemeint sondern sollte der Aufforderung Nachdruck verleihen.

[87] Gem. Dr. Weihe. Gemeint kann nur General Scholz sein.

[88] Ebenda.

[89] Siehe Naumburg am 12.04.45. Der Befehl soll vom verantwortlichen General aus Naumburg gekommen sein. Somit kommt nur Gen.Maj. Scholz in Frage.

[90] Bericht Studienrat Göldner, Schulpforte in der Zeitschrift „Die Pforte“.

[91] Gem. der verschiedenen Berichte wurde um 17.00 Uhr das Signal „Panzeralarm“ ausgelöst. Walter Wirth, ehemaliger Stadtarchivar von Naumburg, schreibt in seinem Zeitungsartikel in der MZ v. 30.03.1995, dass der Alarm am „frühen Nachmittag“ ausgelöst wurde.

[92] Gem. Petrauschke.

[93] Gem. „Chronik der letzten Tage“.

[94] „Erinnerungen an die NAPOLA Naumburg“ v. Becker, S. 98 und 102/103. Siehe auch Penndorf.

[95] Gem. Petrauschke.

[96] Gem. den Berichten der Jungmannen in der „Chronik der letzten Tage“, handelte es sich bei den Karabinern um ausländische Beutegewehre, deutsche Karabiner 98k und Kleinkalibergewehre.

[97] Gem. „Chronik der letzten Tage“.

[98] „Erinnerungen an die NAPOLA Naumburg“ v. Becker, S. 105.

IV. Der Übergang des V. US Corps über die Saale und Unstrut und die Besetzung von Naumburg

Geheime Tagesberichte der Deutschen Wehrmachtsführung vom 12. April 1945:
AOK 11, Kampfkdt. Halle: *Im Angriff von Westen gegen den Großraum Halle drang der Feind bis 5 km NW, 6 km W und 5 km SW Halle und bis hart W Merseburg vor.*
H.Gr. G, 7. Armee, XC. AK: *In Naumburg drang der Feind ein, Kämpfe sind noch im Gange. Teuchern ging verloren. Nach bisher unbestätigter Meldung stießen Feindkräfte aus Osterfeld nach Süden in den Raum Eisenberg vor. Im Raum 9 km östlich von Zeitz sollen sich Feindpanzer befinden. Jena wurde vom Feind genommen, der über Bürgel weiter nach Osten vorstieß.*

Am **Donnerstag**, dem **12. April 1945**, beginnt im Abschnitt der 1st US Army die 3rd US AD und Teile der 104th US InfDiv des VII. US Corps mit ihrem Vormarsch durch die Goldene Aue Richtung Halle. Im Verlauf des Tages erreichen diese Kräfte die Linie Sangerhausen – Allstedt. Die 1st US InfDiv und die angeschlossene 4th CavGp säubern die Wälder entlang des Harzrandes. Die 104th US InfDiv greift Bad Lauterberg an und blockiert die Harzausgänge nordöstlich von Nordhausen.

Rechts vom Abschnitt des VII. US Corps starten südlich des Kyffhäusers, im Bereich des V. US Corps, die Einheiten der CCB der 9th US AD unter dem Kommando von Col. Harry W. Johnson den Angriff zur Saale zwischen Schkopau und Merseburg. Bereits in der Nacht hatten Patrouillen in Richtung Artern vorgefühlt. Eine Patrouille der Co. B, 52nd AIB war vor Mitternacht von Ichstedt aus in die Umgebung von Artern gefahren und nach Mitternacht patrouillieren Aufklärer des unterstellten Tp. A, 89th CavRcnSq in dem Gebiet südlich und östlich von Ichstedt. Eine Patrouille, die bis Schönfeld fährt, trifft dabei um 02.30 Uhr (B) auf eingegrabene deutsche Verteidiger und verbleibt bis zum Morgen in dieser Position.

Bevor am frühen Morgen die Hauptkräfte des CCB auf Artern vorrücken, verlässt der Tp. A, 89th CavRcnSq unter dem Kommando von 1st Lt. Dowe gemeinsam mit dem unterstellten 1st Plat., Tp. E, 89th CavRcnSq und den leichten M-24 Panzern des 3rd Plat. Co. F, 89th CavRcnSq voraus um 05.15 Uhr (B) Ichstedt. Auftrag der Aufklärer ist der Schutz der linken Flanke des CCB. Über Ringleben gehen sie nach Schönfeld und vereinigen sich mit der dort befindlichen Patrouille. Ein, als fester Feuerpunkt, eingegrabener deutscher Panzer bei Schönfeld, auf den die Patrouille in der Nacht gestoßen war, fällt ihnen kampflos in die Hände.[1] Gemeinsam geht es nordwärts nach Kachstedt und unter Umgehung von Artern erreichen sie über Voigtstedt, Katharinenrieth, westlich an Allstedt vorbeigehend über Nikolausrieth, Mönchpfiffel, Schaafsdorf, Heygendorf die Straßenkreuzung nördlich von Schönewerda. Der Auftrag des Tp. A, 89th CavRcnSq ist es, die Kreuzung zu halten, bis die Spitze des 19th Tk Bn aus Richtung Kalbsrieth kommen, um ihn abzulösen. An der Kreuzung, an der sich laut amerikanischen Angaben eine Straßensperre befindet, und entlang des bewaldeten Westhanges des Kahlen Berges haben sich deutsche Soldaten eingegraben, welche das Feuer auf die Kolonne eröffnen. Die Aufklärer erwidern das Feuer und zerstören einen Lastwagen, ein Deutscher, wahrscheinlich der Fahrer, wird getötet. 26 Mann ergeben sich kurz darauf. Dann kommen die Granatwerfer zum Einsatz und das Feuer der Panzer von Lt. Cewe's 3rd Plat. beseitigt den letzten Widerstand in der Umgebung der Kreuzung. Dabei wird ein weiterer Deutscher getötet, ein anderer verwundet.

Zu diesem Zeitpunkt haben die Panzer des CCB bereits Artern erreicht. Die Spitze des 19th Tk Bn, dass an diesem Tag den Angriff anführt, geht durch die vordere Linie des 52nd AIB und passiert um 06.50 Uhr (B) die Ablauflinie Ichstedt – Ringleben. Ohne auf Widerstand zu treffen rückt die Kolonne mit den leichten M-24 Panzern des 1st Plat. der Co. D, 19th Tk Bn unter Lt. Krumm voraus, gefolgt von den Sherman-Panzern der Co. B, 19th Tk Bn mit dem 1st Plat. an der Spitze und aufgesessenen Infanteristen der unterstellten Co. K, 3./38 der 2nd US InfDiv auf Artern vor. Über Schönfeld und Borxleben erreichen die Vorhuten Artern.[2]

Dort erwartet man die Amerikaner bereits. Es wird berichtet, dass der Artener Bürgermeister Dörge am Vorabend einen alten Freund in Oldisleben angerufen haben soll, um von ihm zu erfahren, wo die Amerikaner stünden. Am anderen Ende der Leitung soll sich ein Amerikaner mit den Worten *„Wir kommen morgen!"* gemeldet haben.[3]

Die Stadt an der Unstrut soll nach dem Willen der militärischen und politischen Führung trotz der Aussichtslosigkeit der Lage verteidigt werden. Auf einer, am 5. April 1945 auf dem Marktplatz der Stadt stattfindenden, Bürgerversammlung sollen kernige Parolen die Bevölkerung auf die bevorstehende Verteidigung einstimmen. Widerspruch, der sich regt, wird unterdrückt.

Oben: Bürgerversammlung am 5. April 1945 in Artern
Unten: Appell des Volkssturms in Artern
Fotos: Mit freundlicher Unterstützung durch A. Schmölling, ARATORA Artern

Zwei Bürger, die Brüder Fritz und Paul Zimmermann, welche sich gegen die Verteidigung der Stadt aussprechen, sollen auf Befehl des K.Kdt., Hauptmann Südmersen, und eines Oberst Schulz, trotz des Widerspruches des Bürgermeisters Dörge, des Polizeioberleutnants Gliese und des Ortsgruppenleiters der NSDAP, Paul Hoffmann, wegen Wehrkraftzersetzung den Tod durch den Strang finden. Beiden gelingt jedoch rechtzeitig vor ihrer Verhaftung die Flucht.[4]

Auch der Tieffliegerangriff am 10. April 1945 mittags, bei dem vier Bomben auf das Bahnhofsgelände fallen, von denen zwei zu Schäden im Gleisbereich der Güterabfertigung führen, und der Rathausturm beschossen wird, kann Südmersen nicht von seinen Plänen abbringen.[5] So, wie er in den letzten Tagen immer wieder als Leiter der Versprengten-Sammelstelle befehlsgetreu Wehrmachtsangehörige zur 11. Armee in den Harz geschickt hat, setzt er jetzt die Verteidigungspläne um. Klaus Schmölling aus Artern beschreibt die Verteidigungsvorbereitungen folgendermaßen: *„...Panzersperren an den Ausfallstraßen Schönfelder-, Reinsdorfer-, Querfurter- und Harzstraße... eine Waggonsperre auf den Kleinbahngleisen Schönfelder Straße."*[6]

Der damalige Hitlerjunge Günter Kürschner aus Artern, schildert seine Erlebnisse so: *„An den Ausfallstraßen Richtung Sangerhausen (Einmündung der Schafsgasse in die Harzstraße) und Richtung Bad Frankenhausen (an der Mühle – gegenüber war die Mauer des Domänengutshofes) wurden Panzersperren vorbereitet. Das heißt, sie wurden an den Straßenseiten so errichtet, dass sie bei Bedarf eingerollt werden konnten (aus Stämmen und Brettern gefertigt und mit Steinen gefüllt). So waren sie auch schnell wieder zu beseitigen! Ich selbst gehörte zur Besatzung der Sperre Harzstraße... Unsere „Bewaffnung" bestand aus Karabinern, Handgranaten und einigen wenigen Panzerfäusten älterer Bauart."*[7]

Verstärkt werden sie durch einige Soldaten aus den kriegswichtigen Betrieben der Stadt. Unter ihnen auch Angehörige der Firma Geyer & Söhne, einer Tarnfirma zur Produktion von Zubehörteilen für die V-2 Rakete, welche Ende November 1944 nach Artern verlegt worden war und in der Versandhalle der Kyffhäuserhütte, der Malzfabrik Artern und im Werk III der Kyffhäuserhütte untergebracht ist. Deren Spezialfahrzeuge waren zuvor befehlsgemäß in den Harz, nach Tanne, gefahren und dort gesprengt worden.[8] Dort werden nach dem Ende der Kämpfe in der Umgebung von Tanne, auf der „Langen", nördlich von Benneckenstein, Fahrzeuge mit V-2 Raketenteilen gefunden.[9]

Die in der Stadt befindlichen KZ-Häftlinge und Kriegsgefangenen hatten kurz zuvor die Stadt verlassen. Während die in der Firma Geyer arbeitenden Häftlinge des Außenkommandos des KZ Mittelbau-Dora „Adorf" in zwei Marschkolonnen am 4. April 1945 in Richtung Bergen-Belsen und am 5. April 1945 über Nebra und Naumburg in Richtung Erzgebirge und dem Protektorat Böhmen und Mähren in Marsch gesetzt werden, erfolgt die Evakuierung der Kriegsgefangenen des Arbeitskommandos 1734 des Stalag IV-C, Bad Sulza, aus der Saline Artern am 5. April 1945 in Richtung des Hauptlagers.[10]

Am Morgen des 12. April 1945 erfolgt gegen 05.00 Uhr in der Stadt die Sprengung von zwei Eisenbahnbrücken der Bahnstrecke nach Erfurt und der zwei Kleinbahnbrücken sowie der steinernen Mühlgrabenbrücke und der Unstrut-Straßenbrücke Richtung Reinsdorf. Dabei kommt es zu schweren Schäden an den Wohngebäuden im Mühlwerder, da die Mühlgrabenbrücke mit einem, auf die Fahrbahn aufgelegten, Sprengsatz gesprengt wird.[11] In der Stadt gehen die Scheiben zu Bruch.[12]

Als sich kurz darauf die amerikanischen Soldaten der Stadt nähern, sind die Sperren verlassen. Die Besatzungen der Sperren haben ihre Waffen weggeworfen und sich abgesetzt.[13] Der Kampfkommandant ist längst von seinem Gefechtstand in der Berufsschule verschwunden. Auch einige Arterner NSDAP-Funktionäre, welche noch am Morgen bewaffnet die Sperren kontrolliert hatten, sind nicht mehr zu sehen. Sie haben sich zu Hause versteckt.[14]

Doch als sich die Vorhut der, auf der Schönfelder Straße vorrückenden, Hauptkolonne des 19th Tk Bn, die aus dem 1st Plat. Co. D, 19th Tk Bn besteht, der Straßensperre auf den Gleisen der Kleinbahnlinie nähert, kracht ein Schuss. Ein amerikanischer M4A3 Sherman Panzer mit deutscher Besatzung feuert auf die Vorhut. Dabei wird der Tec4 Theodore J. Moder verwundet. Erst als die Panzer der nachfolgenden Co. B, 19th Tk Bn das Feuer mit 76mm Sprenggeschossen das Feuer erwidern, zieht er sich zurück.

Günter Kürschner, der eine der Sperren verteidigen sollte, berichtet: *„Wir konnten den Straßenlärm der Verbände der Amerikaner in der Morgendämmerung schon hören, sehen konnten wir sie noch nicht. Wir hatten mit Ferngläsern einen guten Einblick entlang der Straße Richtung Schönfeld. In diesem Augenblick hörten wir in unserem Rücken (aus Richtung Rathaus kommend) das Rollen von Panzerketten. Ehe wir den Gedanken einer schnellen, planmäßigen Flucht zu Ende denken konnten, stand der Panzer schon neben bzw. hinter uns. Ein amerikanischer Panzer (Typ*

Sherman) mit einer Hakenkreuzfahne auf dem Vorderteil festgebunden. Der Panzerkommandant, ein Unteroffizier, brüllte uns an, dass wir seine Weiterfahrt mit der Panzersperre behindern. Erst später wurde mir klar, dass der Panzer nicht in den aussichtslosen Kampf ziehen wollte, sondern dass er offensichtlich glaubte, sich in Richtung Sangerhausen absetzen zu können (was eigentlich auch völlig unsinnig war, aber was hatte damals schon noch einen Sinn, außer überleben zu wollen?). Ich zeigte mich als Ortskundiger bereit, ihm einen anderen Weg aus der Stadt heraus zu zeigen. Also zurück Richtung Innenstadt und über die Magdalenenstraße zum Goetheplatz und weiter über die Gartenstraße (das war natürlich ein Fehler, denn jetzt konnten die anrückenden Verbände der Amerikaner die Kreuzung Sangerhäuser Straße/ Gartenstraße schon einsehen, also setzte der Panzer zurück, drehte und verschwand). Zuvor hatte ich mich schon absetzen lassen und bin durch die Gärten zwischen Gartenstraße und Schweinegasse zurück zur Panzersperre. Die Sperre war inzwischen von den „Verteidigern" verlassen, die Waffen waren alle vor und in unserem Stützpunkt abgelegt. Das war damals ein kleines Eckhaus an der Einmündung der Schweinegasse.... Von den Solekästen am Eingang der damaligen Saline beobachteten wir dann die amerikanischen Spitzen – je drei schussbereite GI's an jeder Straßenseite, gefolgt von einem Jeep mit aufgebautem Maschinengewehr, die die Stadt gerade am Kaufhaus Schneider passierten, ohne dass ein Schuss gefallen war. Bei meinem eiligen Rückzug hatte ich schon ein paar weiße Fahnen gesehen..."

Der M4A3 Sherman Panzer, der sich als deutsche Kriegsbeute in einer Instandsetzungseinrichtung in der Stadt befand, fällt wenig später den Männern des 19th Tk Bn einsatzbereit in die Hände. In der Chronik der 9th US AD „Phantom Nine: The 9th Armored (Remagen) Division 1942–1945" heißt es hierzu: *„Bei dem einsatzbereitem Sherman, welcher in Artern entdeckt wurde, stellte sich heraus, dass er von der Co. C, 2nd Tk Bn, (der eigenen Division d.A.) während der Ardennenschlacht verloren wurde."*[15]

Ein zweiter deutscher Panzer, der nordwestlich von Artern versucht, dem amerikanischen Vorstoß in Richtung Kachstedt auszuweichen und dabei die anrollenden amerikanische Kolonne bei Schönfeld mit seinem Turm-MG unter Beschuss nimmt, wird von der Besatzung verlassen, nachdem er entdeckt wird und selber unter Beschuss gerät.[16]

In der Zwischenzeit wird die Sperre auf der Schönfelder Straße, die aus zwei Eisenbahnwaggons besteht, mit Hilfe eines herangeholten Bulldozers mühelos zur Seite geschoben.[17] Dann rollen die Panzer in die Stadt, wo es zu vereinzelten Schießereien kommt. Über vermeintliche Opfer ist nur wenig bekannt.

Oben: Gesprengte Unstrutbrücke in Artern
Unten: Beschädigungen im Mühlwerder durch die Brückensprengung
Fotos: Mit freundlicher Unterstützung durch A. Schmölling, ARATORA Artern

Oben: Einwohner von Artern beobachten den Einmarsch der amerikanischen Truppen
Unten: Amerikanische Soldaten reinigen ihre Sherman-Panzer im Mühlgraben in Artern
Fotos: Mit freundlicher Unterstützung durch A. Schmölling, ARATORA Artern

So berichtet Jürgen Kürschner aus Artern, dass er mit ansehen musste, wie ein verwundeter deutscher Soldat am Notlazarett im Verwaltungsgebäude der Brauerei auf einen der Jeeps geworfen und abtransportiert wurde.[18] Im Kriegstagebuch des 19th Tk Bn heißt es am 12. April 1945 lapidar, dass *„beträchtlicher Feindwiderstand ... in der Stadt Artern angetroffen"* wurde. Doch diese Aussage scheint leicht übertrieben und wohl dem alten Sprichwort „Viel Feind – Viel Ehr" geschuldet zu sein.

Ohne Aufenthalt rollt die Kolonne durch die Stadt weiter nach Osten. Dabei kommt ihnen die intakte Straßenbrücke über die Bahngleise der Reichsbahn am Bahnhof zu Gute, so dass die Kolonne nicht über das Gleisbett fahren muss.[19] Von Artern aus bewegen sie sich nach Kalbsrieth, wo sie auf eine geschlossene Straßensperre treffen, die erst beseitigt werden muss.[20] Dann geht es zur Straßenkreuzung nördlich von Schönewerda, wo sie auf den Tp. A, 89th CavRcnSq treffen und ihn ablösen. Während der Troop zur Fortsetzung der Flankensicherung erneut nach Norden schwenkt, fährt die Kolonne weiter über die sogenannte Kreuzchaussee, die gut ausgebaute alte Heerstraße, Richtung Querfurt. Die Straße ist der einzige direkte Weg durch die dichten Wälder des Ziegelrodaer Forstes, die jetzt vor der Kolonne liegen. Der Ziegelrodaer Forst bildet mit seinen steilen Anstiegen aus dem Unstruttal herauf, schlechten Wegen und den wenigen ausgebauten Straßen insbesondere zu dieser Jahreszeit ein ernst zu nehmendes natürliches Hindernis für die Panzer.[21]

Als sich die Kolonne, die weiter von den Panzern des 1st Plat. Co. D und der nachfolgenden Co. B, 19th Tk Bn, unter Führung von Capt. Arthur J. Bamford Jr. angeführt wird, der Grenze zum Querfurter Kreis am Waldrand westlich von Ziegelroda nähert, treffen sie auf Widerstand. In dem großen Waldgebiet, dass sich vom Allstedter Forst über den Ziegelrodaer Forst bis zur Unstrut bei Nebra erstreckt, befinden sich zu diesem Zeitpunkt vielerorts kleinere Gruppen von Wehrmachtsangehörigen, die sich auf der Flucht vor den amerikanischen Panzerspitzen befinden, und eine unbekannte Anzahl kampfentschlossener Hitlerjungen.[22] Vom Waldrand aus eröffnen sie mit Panzerfäusten das Feuer auf die Panzer.[23] Der Widerstand setzt sich in den Wäldern in Form von Heckenschützenfeuer fort. Während die Panzer mit HE-Granaten und ihren Turm-MG's um sich feuernd weiterrollen, sitzen die begleitenden Panzerinfanteristen ab und durchkämmen die Wälder beiderseits der Straße. Die Roßleber Bürger Richard Goedicke und Richard Füchsel, die sich Anbetracht des Gefechtslärms mit einem Pferdefuhrwerk und Rotkreuzflagge von Bottendorf in Richtung Wald begeben, um mögliche Verwundete zu bergen, werden von einem amerikanischen

Panzer gestoppt und von einem der Besatzungsmitglieder auf Deutsch aufgefordert, umzukehren. Man werde sich selbst um die Verwundeten kümmern.[24]

Nach der Überwindung einer Baumsperre am Waldrand vor Ziegelroda kommen die Panzer gegen 11.00 Uhr (B) in Sichtweite des Dorfes und geraten unter Beschuss. Ein einzelnes 8,8cm Flakgeschütz feuert am westlichen Dorfausgang von dem Platz vor der Gaststätte „Weißer Hirsch"[25] eine Granate auf die anrollenden Panzer ab. Im Dorf und in den angrenzenden Wäldern haben sich deutsche Soldaten mit einigen Kettenfahrzeugen verschanzt. Unter ihnen befinden sich Angehörige der Flak-Waffentechnische Schule (WTS) der Luftwaffe Halle/Saale, der Ln.S. Halle, der H.Na.S. Halle sowie des Div.Vbd. Feller. Eine Kolonne mit Pferdefuhrwerken, voll mit Verpflegung und Gerät, die ein bis zwei Tage zuvor Ziegelroda erreicht und auf der Loderslebener Straße gelagert hatte, war kurz vor den Amerikanern nach Osten weitergezogen. Unterstützung erhalten die Soldaten von einigen Hitlerjungen und Volkssturm. Der Bürgermeister und Ortsbauernführer von Ziegelroda, Weilepp, hatte mit Hilfe des örtlichen Volkssturms Verteidigungsvorbereitungen getroffen.[26] Sperren aus gefällten Bäumen im Wald auf der Straße nach Artern, nach Roßleben, im Mühltal am Waldrand nach Roßleben und auf dem Feldweg zur Wendelsteiner Burg sollen die amerikanischen Truppen aufhalten.[27] Ein Bunker, der im Mühltal gebaut wird, soll den Verteidigern als Deckung dienen. Man ist entschlossen, Ziegelroda zu verteidigen.[28.]

Noch im Fahren eröffnen die Panzer des 1st Plat. Co. D, 19th Tk Bn und der Co. B, 19th Tk Bn, das Feuer. Doch anstatt in das Dorf einzudringen, schwenken sie nach Norden, um es über die Stoppelfelder zwischen dem Dorf und der Mühle nördlich des Ortes zu umgehen.[29] Dabei bleibt der M-24 von Sgt. Makrohajsky im aufgeweichten lehmigen Boden in einem Schlammloch stecken und kann erst mit Hilfe eines Sherman-Panzers von Capt. Bamfort's Co. B geborgen werden. Als sie sich weiter auf den Waldrand nordöstlich des Dorfes zubewegen, erhalten die Panzer Beschuss aus dem Wald und aus Richtung des Forstamtes im Dorf, wo sich der Sitz der Ortskommandantur befindet,

Standort der zerstörten Scheune heute
Foto: Heinz Mattkay

sowie aus einzelnen Gehöften. Dabei wird Sgt. Edwin H. Starnes von der Co. D verwundet. Die Panzer werden gezwungen, zu halten, damit die aufgesessene Infanterie absitzen und hinter den Panzern und in eilig gegrabenen Deckungslöchern Schutz suchen kann.[30] Dann erwidern die Panzer das Feuer und zerstören die Scheune an der Landstraße.[31] Artillerieunterstützung wird angefordert.

Die Kolonne des HQ und der HQ Co., 19th Tk Bn, welche auf Grund des anfänglichen Widerstandes am Rand des Ziegelrodaer Forstes von der Kreuzchaussee auf die Straße Roßleben – Ziegelroda geschwenkt war, wird durch die im Wald vor Ziegelroda befindliche Sperre ebenfalls aufgehalten. Während die Sperre beseitigt wird, gehen die Panzer des Bn HQ, 19th Tk Bn und die Sturmgeschütze des AG Plat., HQ Co., in Stellungen und nehmen das Dorf und die Wälder östlich davon unter Beschuss. Bei dem Beschuss kommt es zu Zerstörungen im Ort. In der Nähe des Bäckerteiches geraten vermutlich durch die Explosion eines mit Munition beladenen Wehrmachtsfahrzeuges zwei Scheunen in Brand, mehrere Gebäude in der Umgebung gehen in Flammen auf.[32]

Aber die Situation bleibt weiterhin unklar. Meldungen über deutsche Truppen mit Geschützen und Selbstfahrlafetten in den umliegenden Wäldern und in der Ortschaft und vereinzelter Feindbeschuss aus dieser Richtung deuten auf eine größere Feindansammlung hin. In dieser Situation befiehlt Col. Harry W. Johnson dem unterstellten 3./38, Ziegelroda zu besetzen, während das CCB seinen Vormarsch nach Osten fortsetzen soll. Schließlich lautet General Leonards Befehl – Vorstoß zur Saale unter Umgehung von größeren Widerstandsnestern und Sicherung der dortigen Brückenübergänge. Als sich die Kolonne nördlich des Dorfes wieder in Bewegung setzt, um über die Loderslebener zur Querfurter Chaussee zurückzufahren, treffen die Panzer der Co. D erneut auf Widerstand aus den Wäldern. Um 15.45 Uhr (B) erhält der CP der 69th US InfDiv, welche hinter den Panzern folgt, vom Verbindungsoffizier zur 9th US AD, Lt. Philips, die Meldung: *„19th Tk Bn in Koordinate Waldrand östlich Ziegelroda. Ort umgangen. Trafen auf Scharfschützenfeuer aus den Wäldern. Ort nicht gesäubert.“* Am nördlichen Ortsrand an der Landgrafrodaer Straße gerät ein Panzer unter Artilleriebeschuss, doch zwei Granaten treffen das dahinter befindliche Haus des Gemeindesekretärs Köhler. Erst die dritte Granate trifft den Standort des Panzers, als dieser ihn gerade verlassen hat.[33] Jetzt nehmen die 105mm M-7 Selbstfahrhaubitzen des 16th AFA Bn unter dem Kommando von Maj. Dwight S. Hull die Wälder unter Beschuss. 150 Meter vor den ersten Panzern schlagen die Granaten in der Waldecke ein. Dann erlischt der Widerstand.

Soldatengrab im Wald bei Hermannseck
Foto: Heinz Mattkay

Nachdem das Artilleriefeuer aufhört, rücken die Panzer und Panzerinfanteristen vorsichtig entlang der Landstraße auf Hermannseck vor. Anfangs marschieren die Infanteristen noch beiderseits der Straße, doch nach einigen 100 Metern sitzen sie wieder auf den Panzern auf und der Vormarsch geht zügig weiter. Letzte deutsche Soldaten und Volkssturm fliehen im Schutz des Straßengrabens und durch die Wälder in Richtung Querfurt und Sangerhausen. Einzelne deutsche Fahrzeuge setzen sich in Richtung Barnstädt ab.[34] Und immer darüber amerikanische Tiefflieger, die den Vormarsch der Bodentruppen unterstützen. Die Pumpstation des Kaliwerkes Roßleben bei Hermannseck erhält einen Treffer und wird zerstört.[35] Ein deutscher Soldat findet bei Hermannseck den Tod und wird später an Ort und Stelle begraben.[36] Am Waldrand bei Hermannseck bleibt ein deutscher Panzer umgekippt im Straßengraben liegen, ein zweites gepanzertes Fahrzeug wird im Wald in der Nähe der Mittelbrücke aufgegeben.[37]

Im nahegelegenen Bahnhof Leimbacher Gasthof an der Bahnstrecke Querfurt – Vitzenburg, auf halber Strecke zwischen Ziegelroda und Querfurt, packt eine Gruppe von Stabsoffizieren unter Führung eines „älteren Generals" hastig ihre gerade ausgebreiteten Lagekarten zusammen und flieht. Die Gruppe war mit einigen Pkw und einem Beiwagenkrad erst kurz zuvor, gegen 12.00 Uhr, eingetroffen, und hatte ihre Fahrzeuge gegen Fliegersicht geschützt unter der östlichen Überdachung des Wartesaales abgestellt. Mit dem General im Seitenwagen des Krades fliehen sie hastig. Mit großer Wahrscheinlichkeit handelt es sich bei dem „älteren General" um den Kdr.d.Pz.Tr. im W.Kr. IX. General Feller, der am Vortag bereits bei Bachra zusehen musste, wie ein Teil seiner wenigen verbliebenen Panzer bei der Flucht aus Richtung Kölleda zerstört wurden und der sich jetzt versucht, in Richtung Harz in Sicherheit zu bringen.[38]

Oben und unten: Der Bahnhof Leimbacher Gasthof 1935 Fotos: Gerhard Heinrich

Ein, am Bahnhof stationiertes, Entladekommando aus Slowaken unter Führung eines deutschen Unteroffiziers, die zum Heimat-Festungspionierpark des Festungs-Pionierstabes Dänemark für den Bau dänischer Küstenbefestigungen gehören, hat sich bereits am Abend des Vortages abgesetzt. Das meiste Material und Werkzeug des Heimat-Festungspionierparks, das in den umliegenden Ortschaften und Wäldern lagerte, ist abtransportiert. Das verbliebene Material wird später, so wie in Ziegelroda, von den Bauern der Umgebung in „Sicherheit" gebracht und leistet wertvolle Aufbaudienste.[39]

Als sich als letztes deutsches Fahrzeug vor den amerikanischen Panzerspitzen eine schwere deutsche Zugmaschine mit einem 8,8cm Geschütz dem Bahnhof nähert, wird sie von Tieffliegern getroffen und gerät in Brand. Auf der Brücke über die Bahnstrecke kommt sie zum Stehen. Die Besatzung flieht im Schutz des Bahneinschnittes. Die Munition explodiert und das zerstörte Gespann blockiert die Brücke.[40] Dann erreichen sechs amerikanische Panzer links und rechts der Straße *„breit über den Acker fahrend"* das Bahnhofsgebäude und nehmen es frontal unter Beschuss. Auf Grund der ständigen durchkommenden deutschen Soldaten hatten die Bewohner nicht gewagt, weiße Fahnen aufzuhängen. Doch sie haben Glück und außer Schäden an der Einrichtung und dem persönlichen Hab und Gut kommen wie durch ein Wunder alle unverletzt davon.[41] *„Da es keinen Widerstand gab, wurde der direkte Beschuss eingestellt und die ‚Panzerspitzen' fuhren jeweils ca. 30 Meter nördlich und südlich des Bahnhofes, wo der Einschnitt in Dämme übergeht, über die Gleise. Die übrigen folgenden Fahrzeugkolonnen stauten sich auf der Brücke, bis ein Panzer mit Planierschild mit Leichtigkeit das brennende und immer noch explodierende Hindernis über die Brücke auf den südöstlich angrenzenden Acker schob... Noch nach Stunden explodierte Munition... In Leimbach dachte man: Der Bahnhof brennt."*[42]

Insgesamt zerstören die Panzer des 19th Tk Bn nach eigenen Angaben bei den Kämpfen in der Umgebung von Ziegelroda und im Ziegelrodaer Forst fünf Fahrzeuge und eine Selbstfahrlafette.[43]

Neun Jungmannen des Wehrertüchtigungslagers Klosterschule Roßleben, die als Stabshelfer in Ziegelroda zum Einsatz kommen sollten, können sich rechtzeitig absetzen und kehren durch die Wälder nach Roßleben zurück. Ein zehnter Stabshelfer, Graf Eulenburg, der sich in Ziegelroda der Wehrmacht anschließt, flieht mit dieser Gruppe in Richtung Halle und wird später von den Amerikanern erschossen.[44] In den Wäldern treffen die Roßleber Klosterschüler auf eine Gruppe von Napola-Schülern, die sich ebenfalls auf der Flucht vor den Amerikanern befinden. Doch diese setzen ihren Weg mit unbekanntem Ziel fort.[45]

Als die Infanteristen des 3./38 unter dem Kommando von Maj. Robert L. Utley mit dem 3rd Plat. Co. C, 612th TD Bn und dem 1st Plat. Co. C, 19th Tk Bn kurz darauf in Ziegelroda eindringen, ist der Widerstand erloschen. Die Besatzung der deutschen 8,8cm Flak unter dem Kommando von Lt. Paul Häcker, die nach dem ersten Schuss auf Grund des einsetzenden Gegenfeuers Deckung gesucht hatte, ohne noch einmal zu schießen, ergibt sich ohne weiteren Widerstand. Häcker war wenige Tage zuvor mit einer Gruppe junger Soldaten von der Flak-Waffentechnischen Schule Halle in Marsch gesetzt worden, um sich den amerikanischen Truppen mit einem 8,8cm Flakgeschütz entgegenzustellen. Entwaffnet liegen sie jetzt neben ihrem Geschütz.[46] Den meisten deutschen Soldaten gelingt die Flucht durch die Wälder. Mindestens einem der jungen Soldaten, dem 17-jährigen Luftwaffen-Fähnrich Kurt Nickel, gelingt es, sich mit Hilfe der Bevölkerung in Zivil im Ort zu verstecken, ohne erkannt zu werden.[47]

Vorsichtig verlassen jetzt auch die Insassen des Bunkers im Mühltal ihr Versteck. Haus für Haus wird von den Infanteristen mit dem Indianerkopf am Ärmel durchkämmt. In einer Scheune finden sie größere Mengen an Panzerfäusten, die jedoch keine weitere Beachtung finden.[48] Die Gefahr scheint vorbei. Die Gefangenen werden zusammengetrieben und durchsucht. Die Infanteristen säubern bis zum Abend den Ort und die umliegenden Wälder.[49]

Als Resultat des sinnlosen Widerstandes werden im Ort drei Wohnhäuser und acht Scheunen zerstört. Zwei Frauen und ein Kleinkind verlieren ihr Leben durch Artilleriebeschuss. In Ziegelroda und den umliegenden Wäldern sterben sieben deutsche Soldaten. Unter ihnen befindet sich auch Lt. Häcker, dessen Versuch, die amerikanischen Panzer mit dem 8.8cm Geschütz aufzuhalten, ihm zum Verhängnis wird. Obwohl er sich ergeben hat, wird er kurz nach seiner Gefangennahme, wohl aus Rache für den sinnlosen Widerstand, erschossen. Ob weitere der Gefallenen ebenfalls zur Geschützbedienung gehörten, ist unbekannt. Der Fahnenjunker-Unteroffizier Heinrich Brenner, der mit einem Oberschenkelschuss schwer verwundet wurde, stirbt wenige Tage später. Erst am 15. April 1945 werden die Toten gemeinsam in einem Sammelgrab auf dem Friedhof Ziegelroda beerdigt. Später kommt noch der Oblt. der Luftwaffe Ernst Grünhardt hinzu, der einige Tage durch die Wälder geirrt war und bei seiner Gefangennahme am 16. April 1945 neben dem ehemaligen Rittergut in Ziegelroda erschossen wurde. Ein Zeitzeuge berichtet: *„Die Beerdigung erfolgte unter großer Teilnahme der Bevölkerung. 82 Schüler aus Ziegelroda und ihr Lehrer... waren dabei. Es wurde ‚Morgenrot‘ und ‚Ich hatte einen Kameraden‘ gesungen.“*[50]

Mit freundlicher Genehmigung durch Dr. Walter Häcker

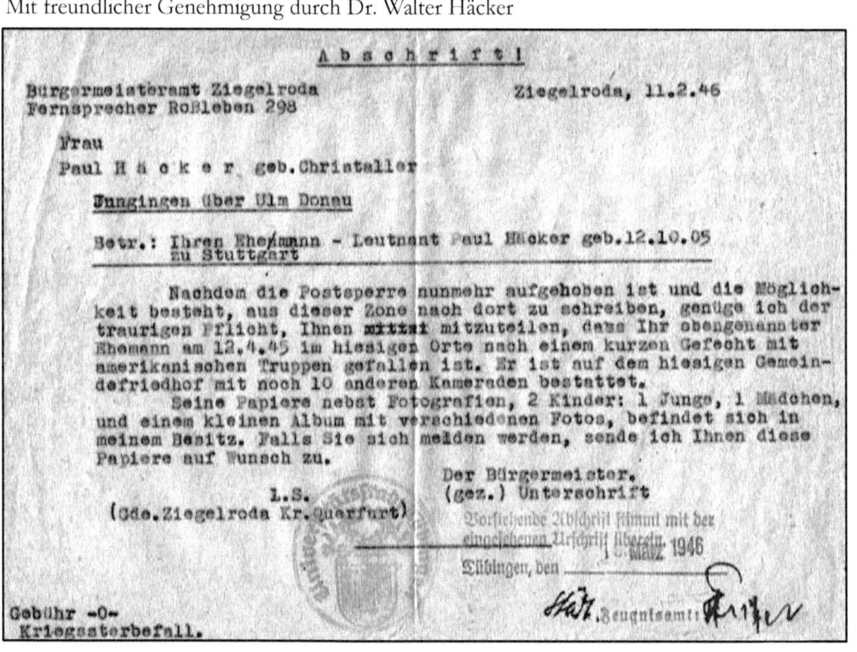

Abschrift!

Bürgermeisteramt Ziegelroda
Fernsprecher Roßleben 298

Ziegelroda, 11.2.46

Frau
Paul H ä c k e r geb. Christaller
Jungingen über Ulm Donau

Betr.: Ihren Ehemann - Leutnant Paul Häcker geb. 12.10.05 zu Stuttgart

Nachdem die Postsperre nunmehr aufgehoben ist und die Möglichkeit besteht, aus dieser Zone nach dort zu schreiben, genüge ich der traurigen Pflicht, Ihnen mittei mitzuteilen, dass Ihr obengenannter Ehemann am 12.4.45 im hiesigen Orte nach einem kurzen Gefecht mit amerikanischen Truppen gefallen ist. Er ist auf dem hiesigen Gemeindefriedhof mit noch 10 anderen Kameraden bestattet.

Seine Papiere nebst Fotografien, 2 Kinder: 1 Junge, 1 Mädchen, und einem kleinen Album mit verschiedenen Fotos, befindet sich in meinem Besitz. Falls Sie sich melden werden, sende ich Ihnen diese Papiere auf Wunsch zu.

Der Bürgermeister.
(gez.) Unterschrift

L.S.
(Gde. Ziegelroda Kr. Querfurt)

Vorstehende Abschrift stimmt mit der eingesehenen Urschrift überein.
Tübingen, den 18. März 1946
Städt. Zeugnisamt:

Gebühr -0-
Kriegssterbefall.

Inschriften auf dem Soldatengrab in Ziegelroda Fotos: Möller

Heute zeugt ein Soldatengrab mit den Namen von neun deutschen Soldaten auf dem Friedhof des Ortes von jenem Tag.[51] In Ziegelroda finden die Infanteristen den Leichnam eines amerikanischen Air Force Captains, dessen Maschine einige Tage zuvor bei einem Luftkampf abgeschossen wurde und zwischen dem Ort und dem Wald niedergegangen war. In den 50er Jahren erfolgt die Umbettung des Captains durch die amerikanische Kriegsgräberkommission.[52] Der deutsche Pilot Erich Mast, dessen Maschine am 8. April 1945 bei Ziegelroda abgeschossen wurde, findet erst im Jahr 2003 seine Grabstätte auf dem Ziegelrodaer Friedhof. Ein schlichtes Holzkreuz neben dem Gedenkstein erinnert an ihn.

In der Zwischenzeit erscheint gegen 14.00 Uhr die Vorhut des 19th Tk Bn, welche die Hauptkräfte des Bataillons bei Ziegelroda hinter sich gelassen hat, vor den Toren von Querfurt. Dort wartet man seit dem Morgen gebannt und ängstlich auf das Eintreffen des Feindes. Seit dem Vorabend hatten immer wieder Gruppen von Soldaten mit Pferdefuhrwerken, Autos und vereinzelte Panzer ohne Halt die Stadt passiert. Jetzt, wo der Geschützdonner immer näher kommt, verlassen letzte deutsche Soldaten die Stadt. Fünf Panzer, die vor dem Amtsgericht aufgefahren waren, um die Stadt zu verteidigen, setzen sich mit unbekanntem Ziel ab, als die ersten amerikanischen Panzer in der Schmoner Flur auftauchen und an der Stadt vorbei weiterrollen.[53]

Die Panzer gehören zur gepanzerten Gruppe des Div.Vbd. Feller, deren Reste sich seit dem Beginn des Großangriffs der amerikanischen Truppen aufgespalten, aber kämpfend, nach Osten zurück ziehen, wobei sie fast vollständig aufgerieben wurden. Vier der Panzer hatten am 11. April 1945 aus Richtung Artern kommend Kalbsrieth passiert, wo aus Furcht vor nachfolgenden Amerikanern die Panzersperre sofort geschlossen wurde. Der fünfte Panzer mit dem Panzerfahrer Uffz. Erich Scholz der Pz.Ausb.Abt. 1 Erfurt aus Mönchpfiffel, hatte nach einer Odyssee vom Kyffhäusergebirge über Kelbra am 11. April 1945 Mönchpfiffel erreicht und war am Morgen des 12. April 1945 unmittelbar vor den Spitzen der Amerikaner über Heygendorf – Kalbsrieth – Ziegelroda nach Querfurt gefahren. *„Am Ortseingang von Querfurt hatten die anderen Fahrzeuge unserer Kompanie bereits Stellung bezogen. Gegen 15.00 Uhr wurden von Spähern aus Richtung Nebra acht Panzer gemeldet. Später wurden es über zwölf. Danach kam der Befehl Stellung verlassen und Richtung Merseburg absetzen.“*[54]

Auch eine Gruppe von zirka 30 jungen Luftwaffen-Fähnrichen, die kurz zuvor in den vorbereiteten Panzerdeckungslöchern auf dem Feld vor dem Landratsamt und am Böschungsrand in Stellung gegangen war, verschwindet.[55]

In der Stadt, die weder zur „Festung“ noch zum „Festen Platz“ erklärt worden war, ist entgegen den Befehlen des NSDAP-Kreisleiter Börner niemand ernsthaft gewillt, zu kämpfen.[56] Der Großteil der Volkssturmleute und Hitlerjungen, die sich am Vortag am „Schwarzen Bären“ in Querfurt versammelt hatten, um zur Verteidigung in die Wälder östlich der Stadt abzurücken, dürfte sich nach Hause abgesetzt haben.[57] Die Jugendlichem im Wehrertüchtigungslagers „Zur Sonne“ und im Schützenhaus Querfurt, die am Vorabend mit Karabinern und Panzerfäusten ausgerüstet wurden und die Stadt verteidigen sollten, wurden noch in der Nacht von ihren Vorgesetzten nach Hause geschickt. Der damalige Angehörige des HJ-Wehrertüchtigungslagers Hans-Joachim Hantsche aus Querfurt, schreibt: *„W. (Bannführer Alfred W. d. A.) sagte: ‚Jungens, die Amerikaner sind nur wenige Kilometer vor Querfurt! Ich möchte euer junges Blut nicht mehr für einen unsinnigen Kampf opfern, macht euch heim zu Muttern und versteckt euch unter der Kittelschürze. Beeilt euch, die Fahrräder nehmt mit, die Karabiner und sonstige Waffen werden alle hier auf einen Haufen geschmissen.“* [58]

Misstrauisch beobachten die amerikanischen Soldaten in den ersten Fahrzeugen mit ihren Ferngläsern die gut sichtbare Burg und den Stadtrand. Als sich die Panzer vorsichtig der Stadt nähern, kommen ihnen einige beherzte Bürger mit weißen Fahnen entgegen. Erst Stunden später rollen die ersten Panzer in die Stadt. Paul-Heinrich Hentschel berichtet: *„Es dauerte dann aber doch noch einige Zeit, bis die ersten US-Soldaten leibhaftig sichtbar wurden. Sie kamen in Schützenkette quer durch die Gärten, in der rechten Hand Stahldraht-Sonden, die sie ab und zu in den Boden stießen."*[59] Ein amerikanischer Panzer fährt vor das Rathaus, wo aus der Bläserloge ein weißes Bettlaken hängt. Dort übergibt der amtierende Bürgermeister Dr. Paul Weiß die Stadt. Am Abend ist die Stadt kampflos besetzt.[60] In der Stadt finden die Amerikaner in der Schule ein Reservelazarett, das aus Erkelenz im Rheinland nach Querfurt verlegt worden war und auf der Burg Teile einer ausgelagerten Dienststelle aus Berlin.[61]

In der Zwischenzeit erreicht die Hauptkolonne des 19th Tk Bn die Kreuzung südlich von Leimbach. Hier erhält der CO 19th Tk Bn, Lt.Col. Karsteter, Meldungen, dass sich eine deutsche Kolonne Lastwagen und Panzer östlich von Querfurt bewegt. Sofort eröffnen die Panzer des 1st Plat. Co. D und der Co. B, 19th Tk Bn das Feuer. Es sind die Panzer der gepanzerten Gruppe des Div.Vbd. Feller, die sich aus Querfurt absetzen. Scholz berichtet: *„Ortsausgang Querfurt hinter der Bahnbrücke konnten wir die erste Erfahrung von der anrückenden amerikanischen Truppenstärke machen. Es waren über 30 Panzer mit der entsprechenden Panzerabwehr. Wir kamen mit unserem Panzer noch ungefähr 100 Meter bis hinter die Kreuzung Obhausen/Nemsdorf. Dort erhielten wir einen Flankenschuss und landeten im rechten Straßengraben."*[62] Nach amerikanischen Angaben wurden bei dem Beschuss der Kolonne mehrere Fahrzeuge zerstört.

Zur weiteren Absicherung der offenen rechten Flanke entsendet Karsteter einen Platoon Panzer der Co. A, 19th Tk Bn unter Lt. Pierson nach Südosten, der die Orte südlich der Hauptmarschstrecke sichern soll.

Einen kleinen Einblick in das, was sich dann südöstlich von Querfurt ereignet, erhalten wir aus der Chronik „850 Jahre Göhritz" von Rainer Lautenschläger. Als sich am späten Nachmittag die ersten amerikanischen Panzer dem kleinen Dorf Göhritz bei Barnstädt nähern, haben immer wieder deutsche Truppen aus westlicher und nördlicher Richtung das Dorf an der Straße Querfurt – Freyburg passiert. So erreicht auch eine deutsche Zugmaschine mit einem Geschütz das Dorf. Konrad Lautenschläger aus Göhritz berichtet: *„An dem Tag, als die Amerikaner kamen, kann ich mich auch noch erinnern. Als die Deutschen kamen, stellten die hinten am Schulrain, direkt an der Gartenmauer,..., eine Kanone auf. Da ist aber*

Karl Trömel hin und hat gesagt: ‚Haut ja ab, wir lassen unser Dorf nicht zerschießen!' Denn die Panzer kamen schon, nicht den Schmoner Weg, sondern die fuhren auf dem Feld entlang in einem Abstand von etwa 50 Metern...Da hatten die Soldaten die Kanone wieder angehängt und sind weiter gezogen. Ins Dorf kamen die Panzer aber nicht." [63]

Ein Lastwagen mit 30 deutschen Soldaten erreicht kurz vor den amerikanischen Truppen über den Grockstädter Weg Göhritz und hält beim Haus von Oskar Beyer. Während sich die Soldaten mit Wasser versorgen, rollen plötzlich fünf amerikanische Panzer aus Richtung Schmoner Weg - Grockstädter Holz querfeldein den Berg hinauf und halten in Sichtweite des Dorfes an.

Als die Panzer von Lt. Pierson's Plat. der Co. A, 19th Tk Bn ihre Rohre auf den Ort richten, gibt der Fahrer des Lastwagens Gas und flieht. Zwanzig Mann bleiben zurück.[64] Dreimal feuern die Panzer in die Luft, wobei eine Granate ohne zu explodieren im Teich landet.[65] Oskar Beyer überzeugt die zurückgebliebenen Soldaten, die von einem Feldwebel geführt werden, keinen Widerstand zu leisten und hängt die weiße Fahne zum Scheunenfenster hinaus.[66] In der Zwischenzeit hat auch Bürgermeister Richard Herfurth die weiße Fahne auf dem Kirchturm hissen lassen. Es ist jetzt 17.00 Uhr.[67] Während ein Panzer sichert, fährt ein zweiter Panzer langsam zum Dorfrand und nimmt am Haus einige der deutschen Soldaten gefangen, die hier ihre Waffen weggeworfen haben, dann fährt er wieder zurück. Die übrigen drei Panzer fahren querfeldein zum Stammweg, kurz vor dem Reinsdorfer Weg in Richtung Steigra. Hier gerät ihnen eine Fahrzeugkolonne vor die Rohre. Anneliese Koschmieder berichtet: *„...da stand der erste (amerikanische d.A.) Panzer und schoss auf den Volkssturm, der aus Halle war. Die fuhren auf der Steigraer Straße von Barnstädt nach Steigra zu. Da war Fahrzeug an Fahrzeug. Da schossen die Panzer und trafen eins. Der Volkssturm hielt auch in Steigra und dabei wurde eine Krankenschwester durch Tiefflieger erschossen."*[68] Pastor Probst beerdigt später vier deutsche Soldaten, welche in dem zerschossenen Fahrzeug getötet wurden. Es sind nicht die einzigen Opfer an diesem Tag. So wird zwischen Grockstädt/Schmon und Göhritz eine Vierlingsflak zerstört und ein deutscher Soldat getötet, der dann im naheliegenden Wäldchen beerdigt wird.[69] Anschließend schwenkt der Plat. Panzer nach Norden und fährt unter Umgehung von Göhritz und Barnstädt nach Nemsdorf.[70] Göhritz, wo sich noch immer kleine Gruppen deutscher Soldaten befinden, wird an diesem Tag noch nicht besetzt.

Unabhängig von den Geschehnissen südöstlich von Querfurt, setzt die Hauptkolonne der TF Karsteter, 19th Tk Bn, mit den leichten Panzern der Co. D, 19th Tk

Bn voraus, den Vormarsch fort, während Sicherungen vor Querfurt zurückbleiben, bis nachfolgende Kräfte des CCB die Stadt besetzen.[71] Die Kolonne bewegt sich über den Kuhberg querfeldein südlich an Querfurt vorbei und überquert die Bahnlinie Querfurt – Merseburg, nördlich von Nemsdorf.

In dem Buch "The 19th Tank Battalion – A History" heißt es hierzu: *„Kurz hinter den Wäldern, wo sich die Ereignisse (die Kämpfe um Ziegelroda d.A.) abspielten, erreichte das Bataillon flaches, baumloses Gelände. Hier ging der Marsch querfeldein weiter, da es als ratsam galt, soviel wie möglich kleine Orte und Dörfer zu umgehen. Als die Kolonne bis zum Abend ostwärts fuhr, traf sie auf kleine Gruppen von feindlichen Fahrzeugen und pferdegezogener Artillerie, welche versuchten zu fliehen. Es war einfach, sie mit Maschinengewehrfeuer außer Gefecht zu setzen. Alle verdächtig aussehenden Gebäude, Heustapel etc. wurden mit Leuchtspurgeschossen in Brand gesetzt, um festzustellen, ob sich feindliche Kräfte dort verborgen hatten. Die Rauchwolken entlang der Marschstrecke waren durch das flache Land viele Meilen weit zu sehen."*[72]

Bei dem Vormarsch im Raum südlich und südöstlich von Querfurt werden so nach unterschiedlichen Angaben der 9th US AD eine größere Anzahl deutscher Fahrzeuge zerstört. Das 19th Tk Bn meldet 15 Fahrzeuge, darunter einige Panzer, und 25 pferdegezogene Geschütze sowie insgesamt 200 Kriegsgefangene. In einem Bericht des HQ 9th US AD vom 3. September 1945 werden vierzehn Lastwagen, zwei Raupenfahrzeuge, ein Panzer sowie eine unbekannte Anzahl anderer Fahrzeuge genannt.

Nachdem der 1st Plat. Co. D an der Spitze der Vorauskräfte des 19th Tk Bn durch das ständige Feuern seine .30cal. MG-Munition aufgebraucht hat, übernimmt der 1st Plat. Co. B, 19th Tk Bn unter 2nd Lt. Herbert L. Casey die Führung der Kolonne, jetzt gefolgt vom 1st Plat. Co. D, 19th Tk Bn. Dieser wird nach dem Ausfall des Panzers des Plat.Leaders Lt. Krumm durch den CO der Co. D, 19th Tk Bn, Capt. Edgar A. Terrell Jr., persönlich geführt.

Fast ungehindert fahren sie weiter, überqueren die Straße Obhausen – Nemsdorf und rollen südlich von Weidenbach an dem erhöht gelegenen Wäldchen vorbei. Auf einer kleinen Anhöhe halten sie. *„Von hier aus sah man einen aus Obhausen ostwärts in Richtung Asendorf flüchtenden OT-Trupp. Eine dahin abgefeuerte Granate verfehlte ihr Ziel und schlug am Dorfende in Grunickes Scheune ein."*[73]

Als sie am heutigen Ortsteil von Obhausen, Neuweidenbach, vorbeirollen, finden sie den Feldflugplatz Schafstädt, der zwischen Schafstädt und Neuweidenbach, südlich der Straße Querfurt – Schafstädt, liegt. Doch außer einigen unbrauchbaren Flugzeugen findet sie nichts vor.[74] Der Feldflugplatz mit Kommandantur im nahegelegenen Obhausen war 1935 im Rahmen der Luftaufrüstung als Einsatzhafen II. Ordnung[75] entstanden und im September 1939 mit der Verlegung der I. Gruppe des Jagdgeschwaders 3 „Udet" von Brandis nach Schafstädt zum Einsatzhafen I. Ordnung hochgestuft worden. In Schafstädt erfolgte die Umrüstung auf das Jagdflugzeug Messerschmidt Bf 109. Bereits am 22. September 1939 erfolgte die Verlegung nach Merseburg. Eine ständige Nutzung durch Fliegerverbände erfolgte im Weiteren nicht. Die IV./JG 3, die den Platz ab dem 30. August 1944 zur Umgliederung nutzte, verließ ihn bereits am 19. November 1944.[76] Auch der Aufenthalt der I./JG 302 war nur von kurzer Dauer. Die I. Gruppe lag nur vom 1. bis 5. September 1944 auf dem Platz.[77] Am 8. April 1945 war der Platz dann durch B-17 Bomber der 8th USAAF, die das letzte Mal das Mineralölwerk Lützkendorf eingriffen, völlig zerstört worden.[78] Angesichts der anrollenden Panzer versuchen die letzten Soldaten des Flugplatz.Kdo. 10/IV, die seit dem Luftangriff am Rand von Neuweidenbach in Zelten campieren, mit einigen Fahrzeugen zu fliehen. Durch den sofort einsetzenden Beschuss geraten zwei Bauernhöfe in Brand, *„deren Wohnhäuser aber durch schnelles Eingreifen gerettet werden konnten"*.[79]

Dann geht es über Schafstädt nach Großgräfendorf. Als die Vorhut der TF Karsteter, 19th Tk Bn, die Straße Steuden – Schafstädt kreuzt, gerät sie unter schweres Abwehrfeuer deutscher Flakgeschütze.[80] Sie sind auf die Feuerstellungen der 21. Flak.Brig. des Oberst Gustav Nordmeyer, dessen Stab sich in Bad Lauchstädt befindet, und dessen Batterien entlang der Eisenbahnlinie Halle – Weißenfels die amerikanischen Truppen aufhalten sollen, aufgelaufen. Obwohl dem Alliierten Oberkommando die Stärke der deutschen Flakabwehr in diesem Gebiet bekannt war, hatte niemand die Männer der 9th US AD von der Gefahr unterrichtet. Die Aufklärungsberichte der eigenen Luftbeobachter erreichen die Panzerspitzen zu spät.

Das Sperrfeuer trifft als erstes die Co. B, 19th Tk Bn, die gefolgt vom 1st Plat. Co. D, 19th Tk Bn und 3rd Plat. Co. A, 656th TD Bn an der Spitze der Kolonne der TF Karsteter, 19th Tk Bn, des CCB über Großgräfendorf nordostwärts an Schotterey vorbei Richtung Holleben rollt.[81] Während die Kolonne versucht, dem Beschuss aus Richtung Schotterey in schneller Fahrt in Richtung Delitz am Berge zu entgehen, gerät sie auch westlich von Delitz frontal unter Flakbeschuss. Innerhalb weniger Minuten werden mehrere Fahrzeuge getroffen. Auch die begleitenden Infanteristen der Co. K, 3./38 erleiden Verluste.

Angesichts des Kreuzfeuers schwenkt die Task Force westlich der Bahnlinie Bad Lauchstädt – Delitz nach Nordosten und erreicht an Delitz vorbeifahrend den Geländeeinschnitt „In der Muhle“ zwischen Delitz und Holleben, wo die ungepanzerten Fahrzeuge ersten Schutz finden, während sich die Panzer am Rand der Senke formieren und versuchen die Stellungen der Geschütze auszumachen. Lt.Col. Karsteter ist klar, dass er in Anbetracht der feindlichen Geschütze in seiner Flanke und im Rücken den Angriff nicht fortsetzen kann, ohne diese zuvor auszuschalten. Daraufhin befiehlt er einen Schwenk nach Nordwesten zur Landstraße Teutschenthal – Schotterey, um entlang dieser Hauptachse Schotterey von Norden anzugreifen. Nach der zügigen Schwenkbewegung stehen die Spitzen der Kolonne wenig später zum zweiten Mal an diesem Tag an der Straße Teutschenthal – Schotterey. Dann beginnt der Angriff der Task Force auf die Stellung.

Als das 19th Tk Bn, die Co. A, 656th TD Bn und die Co. K, 38th InfRgt die Flakstellung bei Schotterey nach schweren Feuergefechten erobert haben, haben sie im Feuer der Flakgeschütze sieben mittlere und leichte Panzer, einen Panzerjäger, ein Halbkettenfahrzeug und vier 2½to Lastwagen verloren. Das Bataillon verzeichnet insgesamt 20 Mann an Verlusten. Doch Schotterey ist nur eine von vielen deutschen Flakstellungen der 21. Flakbrigade in diesem Gebiet.[82]

Das 3./38, das die Säuberung von Ziegelroda abgeschlossen hat, erhält den Auftrag, nach Nemsdorf zu gehen und von hier aus den Weg nach Schafstädt für den Rest der Kolonne freizumachen. Zusammen mit dem 3rd Plat. Co. C, 612th TD Bn und dem 1st Plat. Co. C, 19th Tk Bn erreicht das Bataillon über Nemsdorf Schafstädt und errichtet Feldposten. Wenig später trifft das 52nd AIB im Raum Schafstädt ein. Auch Lt. Pierson's Plat. von der Co. A, 19th Tk Bn trifft in Schotterey ein, nachdem dieser seinen Auftrag zur Flankensicherung der Strecke südlich der vom Bataillon genommenen Route beendet hat. Dabei hatte Pierson eine Gruppe deutsche Soldaten überrannt, die sich in Richtung Schotterey absetzen wollten.

Noch während der Stab des 19th Tk Bn bei Schotterey Pläne macht, um Bad Lauchstädt anzugreifen, erteilt der CG der 9th US AD, General Leonard, den Panzern den Befehl zum Rückzug und Sammeln im Raum Schafstädt. Bis 22.00 Uhr (B) hat sich das gesamte Bataillon nördlich von Schafstädt versammelt, wo die unterstellte Co. K, 3./38 bereits um 20.00 Uhr (B) Sicherung bezogen hat.

Der unterstellte Tp. A, 89th CavRcnSq unter 1st Lt. Dowe, erreicht um 21.30 Uhr (B) Schafstädt, wo die Aufklärer ihre Fahrzeuge betanken und sich auf die Fortsetzung des Flankenschutzes vorbereiten. Nach der Ablösung durch das 19th Tk Bn an der Straßenkreuzung östlich von Artern, bei Schönewerda, hat sich der Troop zur Fortsetzung seines Sicherungsauftrages an der linken Flanke des CCB und somit entlang der nördlichen Corpsflanke, wieder nach Norden bewegt und über Heygendorf und Schaafsdorf den Ort Mönchpfiffel erreicht. Hier schwenken die Aufklärer nach Osten und rücken durch den Allstedter Wald vor. Östlich von Mönchpfiffel werden sechs Kriegsgefangene gemacht. Als die Aufklärer in den Wäldern den Bereich des späteren Flugplatzes erreichen, werden nach ihren Angaben zwei Kraftfahrparks mit Pkw und einer mit Motorrädern sowie zwei Treibstofflager entdeckt, die der Waffen-SS gehört haben sollen.[83] In den Lagern befinden sich etwa 500 hauptsächlich zivile Fahrzeuge aller Art. Obwohl es keinen Widerstand gibt, kommt es zu Opfern. Bei der Explosion von Treibstofffässern werden nach amerikanischen Angaben drei Deutsche getötet. Der Plat.Sgt. des 1st Plat., Tp. E, 89th CavRcnSq, hatte mit dem schweren .50cal. MG seines M-3 Halbkettenfahrzeuges das Feuer auf eine Gruppe von Deutschen eröffnet, bevor diese die Hände heben konnten und dabei die unmittelbar dahinter stehenden Fässer getroffen.

Das Sterberegister der Gemeinde Landgrafroda verzeichnet jedoch nur einen Toten, den Oberschützen der Infanterie-Pionier-Ersatz-Kompanie 402, Kolberg, Hans Löhr, eingesetzt bei der Fahr.Ers.u.Ausb.Abt. 9 Fulda der Div. z.b.V. 409 Kassel des W.Kr. IX. Dort heißt es: *„Auf Anordnung der amerikanischen Militärkommandantur auf dem Friedhof zu Landgrafroda am 3. Mai 1945 = Tag des Begräbnisses.“, „Der Soldat hatte dort an der Brohme gestanden als Wachposten bei den SS-Personenkraftwagen und Krafträdern und ist gefallen durch Kopfschuss (Explosivgeschoss)“, „Ort und Stunde des Todes: Gefallen am 12. April 1945 im Landgrafrodaer Wald in unmittelbarer Nähe der Kreuzung Schaafsdorfer Trift – Brohme.“*[84]

Bei der Erkundung der umliegenden Wälder fallen zwei M-8 Halbkettenfahrzeuge mit aufmontierten 75mm Geschützen des 1st Plat., Tp. E, 89th CavRcnSq wegen technischer Probleme mit den Laufketten aus und können erst nach einer größeren Reparatur zu den Lagern zurückkehren. An der südlichen Waldecke, in der Nähe des späteren Flugfeldes, fällt den Männern des 1st Plat., Tp. E, 89th CavRcnSq und des 3rd Plat. Co. F, 89th CavRcnSq eine intakte, pferdegezogene Geschützbatterie mit vier 7,5cm Geschützen in die Hände. Die Bedienung ergibt sich ohne Widerstand.[85] Doch jetzt müssen die Aufklärer weiter nach Osten. Da sie nicht genug Männer haben, um eine Sicherung zurückzulassen, machen sie die vorgefundenen Fahrzeuge so gut es geht unbrauchbar und nehmen die Gefangenen mit. Auf allen Fahrzeugen sitzen jetzt deutsche Kriegsgefangene. Unter Umgehung von Lodersleben erreichen sie an der Einmündung der Landstraße aus Richtung Artern in die von Nebra kommende Reichstraße 250 nach Querfurt die Vormarschstrecke des CCB und folgen der Hauptkolonne nach Schafstädt.

Von dort aus soll im Schutz der Nacht der Angriff des CCB Richtung Südosten aufgenommen werden, um einen Brückenkopf über die Saale nördlich von Weißenfels zu erobern. Die 9th US AD braucht unbedingt die Übergangsstellen über die Saale. Kurz nach Mitternacht beginnt das CCB, diesmal mit den Panzerinfanteristen des 52nd AIB voraus, den Angriff in Richtung Mücheln.

Das CCA unter Führung von Col. Thomas L. Harrold, dass im Zentrum der 9th US AD angreift, setzt um 06.50 Uhr (B) den Vormarsch zur Saale bei Weißenfels fort. Um 07.05 Uhr (B) passiert die Co. A, 14th Tk Bn unter Führung von Capt. George P. Soumas mit einem aufgesessenen Plat. Panzerinfanteristen der Co. B, 60th AIB und einem Panzer mit Lautsprechern als Spitze der Kolonne der TF Engeman, 14th Tk Bn, die Ablauflinie an der Brücke von Sachsenburg, wo Aufklärer des unterstellten Tp. C, 89th CavRcnSq vier Mann zur Regulierung der Marschkolonne des CCA aufgestellt haben. Der Rest der Kolonne der TF Engeman folgt in der Reihenfolge Command Sect., ein Plat. der Co. B, 656th TD Bn, AG Plat., Mort Plat., HQ Co., Co. B, 14th Tk Bn, ein Plat. Co. A, 9th Armd Engr Bn, Svc Co. mit Train und ein Plat. Co. D, 14th Tk Bn (-).

Der Kolonne der TF Engeman, 14th Tk Bn, folgt unmittelbar die TF Collins, 60th AIB. In Heldrungen schließt sich ihnen das unterstellte 2./273 der 69th US InfDiv mit dem 2nd Plat., Co. C, 777th Tk Bn an, welches von Gorsleben aus durch den Wald nach Heldrungen marschiert war. Dieses Bataillon, das dem CCA der 9th US AD unterstellt wurde, begleitet den Vormarsch der Panzer und Panzerinfanteristen. Unterstützt wird das CCA vom 3rd AFA Bn unter Lt.Col. George Ruhlen.

Um 08.20 Uhr (B) werden Vorauskräfte des CCA bei Reinsdorf gemeldet. Außerhalb von Gehofen kommt die Kolonne zum ersten Mal zum Halten, weil im Ort keine weißen Fahnen zu sehen sind. Als die vorderen Elemente vorgehen, um den Ort zu säubern, kommt es zu einem kurzen Feuergefecht, nachdem eine Panzerfaust auf die Panzer abgeschossen wird.[86] Dabei wird ein deutscher Soldat getötet. Nachdem der Ort gesichert ist, passiert um 10.45 Uhr (B) die Hauptkolonne den Ort und besetzt um 11.00 Uhr (B) Donndorf kampflos[87] Hier kommt die Kolonne erneut zum Stehen. Die Aufklärung meldet die Brücken über die Unstrut bei Schönewerda und Bottendorf zerstört, was Col. Harrold zum ersten Mal an diesem Tag zwingt, die ursprüngliche Marschstrecke zu verlassen.[88] Die Vorauskräfte beginnen mit der Aufklärung einer neuen Strecke über Wiehe – Allerstedt – Memleben. Gegen 10.30 Uhr erreicht die Vorhut des CCA von Donndorf aus Wiehe und um 11.00 Uhr treffen die Hauptkräfte des CCA ein. Wiehe wird zum zweiten Mal an diesem Tag besetzt, denn zuvor hatte bereits eine Kolonne Infanterie der 69th US InfDiv aus Richtung Lossa kommend auf Lastwagen und Jeeps den Ort in Richtung Allerstedt passiert.[89]

Während das CCA nach kurzem Halt von Wiehe aus dem Weg der Infanteriekolonne nach Allerstedt folgt, nähern sich gegen Mittag die Aufklärer des 3rd Plat., Rcn Co., 656th TD Bn, verstärkt durch einige leichte Panzer des 1st Plat. Co. D, 2nd Tk Bn, aus Richtung Wiehe vorsichtig der thüringischen Bergarbeitergemeinde Roßleben an der Unstrut. Der Auftrag der Männer von 1st Lt. Lawrence R. Beard's Rcn Co., 656th TD Bn, ist an diesem Tag die Aufklärung der Straßen und Wege im Vormarschbereich des CCB.

In Roßleben mit seinem großen Kaliwerk und der ältesten thüringischen Schule, der Klosterschule, ist zu diesem Zeitpunkt der Krieg bereits angekommen.[90] Allgegenwärtig ist seit Tagen die Bedrohung durch amerikanische Tiefflieger, die mit dem Voranschreiten der Front nach Osten immer häufiger auch über Roßleben auftauchen und Jagd auf Eisenbahnzüge, Fahrzeuge und selbst einzelne Bauern, die auf den Feldern arbeiten, machen. So wird bei einem Angriff auf einen einzelnen Wehrmacht-Pkw zwischen Garnbach und Wiehe der 14-jährige Schüler Schemann, der seine Großeltern in Roßleben besuchen wollte, getötet. Bei dem Angriff auf den Roßleber Bahnhof und die Schachtbahn am 7. April 1945 wird Ernst-Karl Kathe getötet und am 9. April 1945 sterben bei einem Bombenangriff auf das Kaliwerk sechs deutsche und ein ukrainischer Bergarbeiter sowie der französische Kriegsgefangene Pierre Sauvage aus Paris.[91] Hinzu kommt, dass in den letzten Tagen immer wieder Kolonnen von Kriegsgefangenen und KZ-Häftlingen Roßleben aus Richtung Harz kommend durchziehen. Einige Opfer dieser als Evakuierungsmärsche bezeichneten „Todesmärsche" werden später als Unbekannte auch in Roßleben beigesetzt. Sie waren gegenüber der Klostermauer und hinter Memleben ermordet worden.[92] Die französischen Kriegsgefangenen, die sich in verschiedenen Betrieben der Stadt befinden, werden zur Sammelstelle Bad Sulza des Stalag IV-C in Marsch gesetzt.[93]

Unstrut-Warte

Erscheint wöchentlich dreimal: Dienstag, Donnerstag und Sonnabend. Bezugspreis für einen Monat: durch Boten zugestellt 1,40 RM., durch die Post bezogen 1,10 RM. Einzelnummer 10 Rpf. • Keine Ersatzansprüche bei Störungen infolge höherer Gewalt.

Roßleber Zeitung

Anzeigen werden entgegengenommen für die Gesamtausgabe oder eine der beiden Bezirksausgaben Roßleben bzw. Nebra. Zur Zeit gilt Anzeigenpreisliste Nr. 5. – Anzeigenannahme: Montag, Mittwoch und Freitag bis vormittag 10 Uhr. – Postscheckkonto: Leipzig

Druck und Verlag: Sauersche Buchdruckerei in Roßleben

Fernruf: Amt Roßleben 221 — Drahtanschrift: Zeitung Roßleben

Heimat-Zeitung für den Amtsbezirk Roßleben und das mittlere Unstruttal

Nummer 44 | Donnerstag, den 12. April 1945 | 51. Jahrgang

Aufschlußreicher Brief Eisenhowers an Roosevelt

Zunehmende Bestürzung unserer Feinde

nb. Die englische Nachrichtenagentur Reuter berichtet aus Washington über den Inhalt eines Briefes, den General

Erbitterte Kämpfe im Westen und Osten

Aus dem Führerhauptquartier, 10. April.

Das Oberkommando der Wehrmacht gibt bekannt:

Zwischen Drau und Wiener Wald zerschlugen unsere Truppen die Mehrzahl der feindlichen Angriffe. Um den Stadtkern

hindern so durch ihren aufopfernden Einsatz das weitere Vordringen der Amerikaner. Auch bei Schleusingen blieb dem Feind durch unsere Gegenangriffe größerer Bodengewinn versagt. Dagegen gelang es amerikanischen Panzerkräften zwischen Hildburghausen und dem Main weiter nach Südosten

Auszug aus der Roßleber Zeitung vom 12. April 1945 Sammlung Heimatverein Roßleben

Doch jetzt sind der Ort und seine Bevölkerung unmittelbar bedroht. Ungeachtet der Gefahr für den Ort hat man auch in Roßleben befehlsgemäß Vorbereitungen zur Verteidigung getroffen. Die alte Unstrutbrücke ist mit einer, in den Brückenbelag eingelassenen, Fliegerbombe zur Sprengung vorbereitet und Baumstämme sperren den Zugang zur Brücke. Außerdem befinden sich Panzersperren im Lehmgrund und vor der Bahnbrücke nach Bottendorf. Einige ältere Männer unter Führung des örtlichen Volkssturmführers und Direktors des Kaliwerkes, Maj. Winkelmann, sollen die Sperren sichern. Doch zum Glück denken weder Winkelmann noch seine Männer daran, den sinnlosen Befehl auszuführen. Schon am Morgen hat er sich an der Brücke postiert, um die Sprengung zu verhindern. Als ein deutscher Offizier von Ziegelroda kommend an der Brücke erscheint und die sofortige Sprengung fordert, eskaliert die Situation. Mit gezogenen Pistolen stehen sich beide, umringt von Volkssturm, Italienern und herbeigeeilten Einwohnern, gegenüber. Nur die Tatsache, dass sich Gertrud Koch zwischen beide stellt und bereits das Dröhnen der anrollenden Panzer zu hören ist, verhindert das Schlimmste. Der Offizier verlässt unverrichteter Dinge den Ort. Schnell packen alle Anwesenden an und räumen die Baumstämme beiseite. In diesem Moment erscheint auch schon der erste Panzer. Direktor Winkelmann geht ihnen entgegen und warnt die Besatzung in Englisch vor dem Sprengkörper auf der Brücke.[94] Daraufhin fahren die Panzer auf dem Unstrut-Damm auf und richten ihre Rohre auf die Stadt. Die Forderung ist eindeutig, entweder die Sperre wird beseitigt oder man wird die Stadt unter Beschuss nehmen. Der 73-jährige Rentner Karl Skibbe und der 47-jährige Fritz Hochkirch rollen die Bombe aus dem Brückenpflaster und bringen sie auf einer Schleppe, die sie aus dem Klostergut holen, in die nördlich von Roßleben befindliche Sandgrube, wo sie gesprengt wird.[95] Jetzt scheint die Gefahr für den Ort gebannt zu sein.

Auch die Jungmannen aus dem Wehrertüchtigungslager in der Klosterschule Roßleben versuchen nicht, wie an anderen Orten in Mitteldeutschland, gegen die Amerikaner zu kämpfen, sondern sichern die Klosterschule lediglich gegen Plünderungen.[96] Sie folgen damit bewusst oder unbewusst dem humanistischen Geist ihrer Einrichtung, aus deren ehemaligen Schülerschaft allein fünf aktive Widerstandskämpfer gegen den Nationalsozialismus und Verschwörer des 20. Juli 1944 entstammten. Es handelt sich hierbei um Peter Graf Yorck von Wartenburg, Ulrich-Wilhelm Graf Schwerin von Schwanenfeld, Heinrich Graf Lehndorff-Steinert und Nikolaus Christoph von Halem. Nicht zu vergessen ist ein Familienmitglied des Stiftungsträgers, der General Erwin von Witzleben, der wie die anderen dem Freisler'schen Volksgerichtshof zum Opfer fällt. Alle wurden zum Tode verurteilt und hingerichtet. Die enge Verbindung der Klosterschule zu den Verschwörern und die zu tiefst christliche Einstellung und Ablehnung des Nationalsozialismus durch den Rektor Kurt Sachse und den Erbadministrator Dr. Wolf-Dietrich von Witzleben verhinderten wahrscheinlich, dass aus der Klosterschule eine Napola wurde, wie später öfters fälschlich behauptet.[97] Das solches jedoch ursprünglich geplant war, ist meiner Meinung nach daran zu erkennen, dass die Schüler die Bezeichnung Jungmannen führten, die sonst nur für Schüler der Napolas verwendet wurde.

Als alles so aussieht, als ob man glimpflich davongekommen ist. kommt es doch noch zur Tragödie. Bei der Durchsuchung des Ortes durch die Männer der Rcn Co. 656th TD Bn reagiert ein deutscher Soldat nicht schnell genug auf die Aufforderung, die Hände zu erheben, und wird vor dem Grundstück Wendelsteiner Straße 3 aus kurzer Distanz erschossen. Dabei durchschlägt die Kugel seinen Körper und trifft den dahinter stehenden 10-jährigen Schüler Höhne aus Ziegelroda ebenfalls tödlich.[98]

Werte Frau Wegener!

Bei der Durchsicht alten Aktenmaterials von der Zeit vor dem Umbruch wurde festgestellt, daß Ihr Ehegatte, Otto Wegener, geboren am 28.9.00 in Wangelnstedt, zusammen mit einem Jungen, am 12.4.45 beim Einzug der amerikanischen Truppen von einem amerikanischen Soldaten erschossen worden ist.

Uns ist leider nicht bekannt, ob Sie bereits schon von irgendeiner anderen Stelle Nachricht über den Verbleib Ihres Gatten erhalten haben. Da jedoch damals beim Einmarsch der Truppen keine Postverbindung bestand und längere Zeit danach ebenfalls noch nicht, ist anzunehmen, daß die Benachrichtigung bis heute unterlassen wurde.

Ihr Ehegatte wurde als letztes Kriegsopfer von Roßleben auf dem hiesigen Gemeindefriedhof begraben.

Auszug aus einem Brief vom 26. Oktober 1948 Quelle: Heimatverein Roßleben

Insgesamt machen die Aufklärer der Panzerjäger an diesem Tag in Roßleben 31 Kriegsgefangene. Gegen 18.00 Uhr verlassen die Aufklärer mit den Panzern Roßleben und setzen die Aufklärung in Richtung Wendelstein fort, wo sie die Unstrutbrücke unterhalb der Burg zerstört vorfinden. Von Wendelstein aus geht es weiter nach Kleinwangen, wo ihnen eine Produktionsstätte für Flugzeugteile intakt in die Hände fällt.[99]

Die Kolonne des CCA, die am Mittag den Vormarsch von Wiehe in Richtung Nebra fortgesetzt hat, passiert mit Vorauskräften um 12.31 Uhr (B) Allerstedt, dann Wohlmirstedt und gegen 13.15 Uhr (B) Memleben. Auf Höhe Wangen zerstören die Panzer ein deutsches Flakgeschütz jenseits der Unstrut bei Kleinwangen. Das Geschütz, das vorher in Kleinwangen in Stellung gegangen war, hatte auf Befehl eines Hauptmanns noch versucht, zu fliehen, obwohl die Panzer bereits in Sichtweite waren. Fünf Soldaten werden getötet. Die Verwundeten werden nach Nebra ins Krankenhaus gebracht.[100] Ohne Aufenthalt rollt die Kolonne weiter. Vor den Panzern erreichen die Aufklärer des Tp. C, 89th CavRcnSq, unter Capt. Chambers Nebra.

Hier wartet die Bevölkerung bereits auf das Eintreffen der Amerikaner, denn Nebra soll nach den Willen der Machthaber verteidigt werden. Vom Steinbruch aus soll der Volkssturm mit Panzerfäusten die anrückenden Panzer aufhalten. Doch nichts dergleichen geschieht. Auch die Unstrutbrücke wird nicht gesprengt. Zwischen 13.00 und 14.00 Uhr rollt der erste M-8 Panzerspähwagen „Greyhound“ vor das Rathaus, wo der überraschte Bürgermeister Plate einen Nervenzusammenbruch erleidet. An seiner Stelle verhandelt der stellv. Bürgermeister May mit den Amerikanern. Während die Verhandlungen zur Übergabe der Stadt laufen, fahren die ersten Panzer über die Unstrutbrücke weiter in Richtung der Zuckerfabrik Vitzenburg, wo die weiße Fahne gehisst ist.[101] Als man in Nebra dann endlich den Entschluss gefasst hat, die Stadt zu übergeben, rollen bereits weitere Panzer auf der Wippacher Straße heran.[102] Gegen 14.35 Uhr (B) passiert die Hauptkolonne die Brücke und fährt über Reinsdorf weiter in Richtung Steigra – Gleina. Col. Harrold hat sich zum zweiten Mal an diesem Tag entschlossen, die Marschstrecke zu ändern, nachdem er Meldungen erhalten hatte, dass die Brücke bei Karsdorf beschädigt sein soll.[103]

Das unterstellte 2./273 schwenkt hinter der Kolonne der Panzer in Nebra nach Wetzendorf und fährt über die Unstrutbrücke in Karsdorf, die, wie sich herausstellt, doch nicht beschädigt ist, weiter nach Steigra, wo es sich wieder hinter den Panzern des CCA einreiht.[104]

Gegen 16.00 Uhr (B) erreicht die Kolonne des CCA Gleina, dass um 13.45 Uhr (B) vom 2./271 umgangen wurde. Das 271st InfRgt, das sich ursprünglich dem CCA ostwärts der Unstrut anschließen sollte, ist zu diesem Zeitpunkt auf Grund der Verzögerungen beim Vormarsch der Panzer mit zwei Bataillonen vor deren Spitzen geraten. Von Gleina aus geht der Vormarsch weiter nach Baumersroda. Der Ort, wo auf dem Wasserturm eine weiße Fahne weht, wird kampflos besetzt.[105]

Dann wird die Kolonne an der Kreuzung östlich von Baumersroda durch starkes Flakfeuer aus Richtung Schortau und Roßbach aufgehalten. Das CCA schwenkt daraufhin nach Südosten und erreicht die Straße von Freyburg nach Zeuchfeld, von wo aus der Vormarsch in östlicher Richtung fortgesetzt wird.

Der Wasserturm in Baumersroda Foto: Jürgen Möller, 2010

Durch Zeuchfeld und das, vom 1./271 eroberte, Pettstädt hindurch gehend, erreichen die Spitzen des 14th Tk Bn unter Lt.Col. Leonard E. Engeman über Storkau gegen 18.30 Uhr den Nordwestrand von Weißenfels und dringen in die Stadt ein. Dabei treffen sie auf Widerstand aus der Stadt und geraten unter Flakfeuer. Daraufhin ziehen sie sich auf eine Unterstützungslinie außerhalb der Stadt zurück, während sich die begleitende Infanterie vorsichtig in die Stadt vortastet. In der Zwischenzeit verlegt der Bn.CP des 14th Tk Bn nach Pettstädt zurück, um Pläne für die Fortsetzung des Angriffs am anderen Morgen zu machen. Am Abend ziehen sich alle Kräfte des CCA von der Stadt zurück. Der unterstellte Tp. C, 89th CavRcnSq bezieht um 20.15 Uhr (B) ein Marschbiwak im Versammlungsraum des CCA. Vorhuten des CCA stehen gegen 20.45 Uhr (B) bei Tagewerben. In der Nacht hat sich das gesamte CCA zurückgezogen und in der Umgebung von Pettstädt versammelt. Der CP des CCA eröffnet in Baumersroda. Hier erreicht Col. Harrold der Befehl des CG 9th US AD zur südlichen Umgehung von Weißenfels über die Saalebrücke nördlich von Naumburg am nächsten Tag.

Am Südflügel der 9th US AD hat das CCR hat unter dem Kommando von Lt.Col. Charlie Wesner am Morgen den Angriff mit zwei parallel vorgehenden Task Force aufgenommen. Die TF Deevers, 27th AIB, die den Vormarsch auf der Nordroute anführt, verlässt Rothenberga und schwenkt in Billroda nach Südosten, weil sich vor ihrer Front in Kahlwinkel – Bernsdorf Kräfte des 1./271 der 69th US InfDiv befinden. Um 08.00 Uhr erreicht die Vorhut mit vier bis fünf Panzern aus Richtung Steinbach kommend, die unverteidigte Stadt Bad Bibra, durch welche am vorhergehenden Abend letzte deutsche Truppen mit Radspähpanzern fluchtartig Richtung Osten gezogen waren. Obwohl bereits am Vorabend Gefechtslärm aus Richtung Schimmel zu hören war, ist man überrascht, als die Panzer vor das Rathaus rollen. Nicht einmal weiße Flaggen wurden gehisst.[106]

Das Rathaus von Bad Bibra
Foto: Jürgen Möller, 2006

Bis 08.50 Uhr ist Bad Bibra genommen und bis 10.00 Uhr vollständig besetzt. In der Stadt werden zwei deutsche Offiziere gefangen genommen, als sie mit ihrem Stabsfahrzeug überraschend auf die amerikanischen Truppen treffen.[107] Gemeinsam mit anderen Gefangenen werden sie vor dem Rathaus zusammengetrieben. Nach einer kurzen Befragung lässt man einige der in der Stadt befindlichen Verwundeten laufen, der Rest tritt den Weg in die Kriegsgefangenschaft an.[108]

Ein SS-Stab, der sich acht Tage zuvor im Rathaus der Stadt einquartiert hatte und aus SS-Leuten des nahegelegenen Außenkommandos Billroda, Schacht Burggraf, des KZ Buchenwald, des Arbeitserziehungslagers der SS, AEL „O“, in den Steinbrüchen bei Bad Bibra, und einigen NSDAP-Funktionären aus Bad Bibra bestand, hat die Stadt rechtzeitig verlassen. Das Außenkommando Schacht Burggraf, das eine Verlagerung der Gustloff-Werke Weimar war, bestand aus drei Teillagern, dem Lager Kahlwinkel, dem außerhalb von Kahlwinkel gelegenem Lager und dem Lager Billroda. Nach Forschungen der Gedenkstätte Buchenwald löst sich das Teillager Kahlwinkel bei der Annäherung der amerikanischen Truppen auf, die SS flieht. Die Häftlinge des außerhalb von Kahlwinkel befindlichen Lagers und das Lagers Billroda werden am 9./10. April 1945 im Fußmarsch in Richtung Buchenwald evakuiert, nachdem die ursprüngliche Planung, die Häftlinge am 2. April 1945 in den Schacht einfahren zu lassen und diesen zu sprengen, nicht verwirklicht wurde. Am 10. April 1945 treffen 536 Häftlinge in Buchenwald ein. 60 Häftlinge, die in der letzten Stärkemeldung verzeichnet waren, erreichen Buchenwald nicht. Ihr Verbleib ist unklar. Wahrscheinlich haben sie den Marsch nicht überlebt.[109]

Neben den Grausamkeiten an den Häftlingen der Konzentrationslager zeigt sich in diesen Tagen auch immer wieder die Brutalität des Regimes gegenüber der eigenen Bevölkerung. Einige Tage vor dem Einmarsch der Amerikaner lauern zwei Angehörige des oben genannten Stabes zwischen Saubach und Bad Bibra Deserteuren der Wehrmacht auf und überwältigen diese mit Waffengewalt. Dann schleppen sie die Männer nach Bad Bibra zum Rathaus. Ganz im Sinne der Weisung Hitlers: *„Wer nicht für sein Volk zu kämpfen bereit ist, sondern ihm in ernstester Stunde in den Rücken fällt, ist nicht wert, weiter zu leben und muss dem Henker verfallen.“*, wird kurzer Prozess gemacht.[110] Keine zwei Stunden später werden die Männer am Friedhof erschossen.[111]

GFM v. Rundstedt
Quelle: Bundesarchiv
Bild 183-S37772 CC-BY-SA

Während Bad Bibra gesäubert wird, umfährt die Hauptkolonne der TF Deevers, 27th AIB nach einem kurzen Halt bei Wallroda die Stadt, gefolgt von der Kolonne des HQ CCB.[112] Über Golzen nähern sie sich gegen 10.00 Uhr dem Städtchen Laucha an der Unstrut, einem ehemaligen Straßendorf an der Heerstraße Langensalza – Freyburg – Merseburg. Um 09.20 Uhr haben dort die Sirenen „Feindalarm“ ausgelöst. An der Sandgrube nahe der Siedlung halten die Panzer und feuern einige Warnschüsse ab. Dann rollen sie über die Bahn am Obertor durch die Hauptstraße zum Marktplatz. Am Rathaus und den Häusern wehen weiße Fahnen.[113] Der, sich kurz zuvor in der Stadt aufhaltende, ehemalige OB West, GFM Gerd von Rundstedt, der vom Führer nach dem Verlust der Rheinbrücke bei Remagen seines Postens enthoben worden war und sich in der Führerreserve befindet, setzt sich im letzten Moment Richtung Gleina ab.[114] Seine Flucht endet erst im Mai 1945 in Bad Tölz. Angehörige einer in der Schule untergebrachten deutschen Fuhrpark-Kolonne ergeben sich ohne Widerstand und werden entwaffnet. Zusammen mit anderen Kriegsgefangenen werden sie Richtung Golzen abgeführt. In der Zwischenzeit übergeben Bürgermeister Lißmann und die Ratsherren die Stadt.[115] Für Laucha scheint der Krieg zu Ende zu sein.

Flankenaufklärung besetzt in der Zwischenzeit Kirchscheidungen und Burgscheidungen, wo an der Fassade des Schlosses Burgscheidungen der Familie von der Schulenburg weithin sichtbar weiße Tücher hängen. Als Schutz vor möglichen Hinterhalten muss auf dem Kotflügel des ersten Jeeps ein junger deutscher Hauptfeldwebel mitfahren. Doch es passiert nichts.[116]

Nachdem auch die Hauptkräfte der Task Force mit dem CP des CCR Laucha erreicht haben, bewegt sich die Kolonne ohne Aufenthalt weiter nach Südosten. In seiner Lauchaer Chronik des Jahres 1945 schreibt Rektor Barkowski später: *„Kaum waren die Amerikaner wieder abgefahren und kein deutscher Soldat mehr in der Schule, so setzte ein Sturm auf diese ein. Alles wurde restlos ausgeplündert. Man nahm nicht nur Soldatensachen, sondern vergriff sich auch an dem Schuleigentum und an dem der Lehrerschaft. Einige Sachen, wie den Filmapparat ließen die Amerikaner mitgehen. Sie waren es auch, die das Geschirr der Schulküche demolierten. Aber die meisten Sachen wurden von den Zivilisten gestohlen.*" Ein sich immer und überall wiederholender Vorgang in den vom Feind eingenommen Städten und Orten in Deutschland. Die Bevölkerung will angesichts der ungewissen Zukunft Vorsorge treffen und sich mit allen Verwendbarem auf unbestimmte Zeit eindecken. Rücksicht wird dabei nicht genommen, auf nichts und niemand. Krieg bringt immer die schlimmsten Seiten der Menschen zum Vorschein, nicht nur bei den Soldaten.

Die TF Deevers, 27th AIB strebt in Richtung der Unstrutbrücke in Freyburg. Vor dem kleinen Dorf Balgstädt kommt es zu einem kurzen Stopp, nachdem die Panzer der Co. C, 2nd TK Bn, die den Vormarsch der Panzerinfanteristen unterstützen, an der Spitze der Kolonne auf vereinzeltes Gewehrfeuer treffen. Die folgende Schilderung der Ereignisse beruht auf dem Bericht von Günter Krebs aus Balgstädt, der bis März 1945 als Luftwaffenhelfer in der Flakstellung Kriechau bei Weißenfels Dienst geleistet hatte und im April 1945 zu Hause auf seine Einberufung zur Wehrmacht wartet.

In Balgstädt hatten am Vorabend gegen 20.00 Uhr die Kirchturmglocken das Anrücken des Feindes verkündet. Daraufhin hatten sich einige Dorfbewohner, unter ihnen auch Hitlerjungen, auf dem Dorfplatz versammelt, um zu beraten, was zu tun sei. Keiner der Erwachsenen will die kurz zuvor errichteten Panzersperren aus Baumstämmen und Steinen in der Lauchaer und Größnitzer Straße besetzen und den sinnlosen Kampf mit den Amerikanern aufnehmen, der zwangsläufig die Zerstörung des Dorfes zur Folge haben würde. Nur einer der Hitlerjungen aus dem Dorf will unbedingt kämpfen und fordert weitere Kameraden auf, mit ihm die Panzersperre in der Größnitzer Straße zu verteidigen. Wer nicht mitmacht, droht er, den wird er erschießen. Dann eilt er davon, um einen weiteren Kameraden zu holen, kehrt jedoch aus unbekannten Gründen nicht wieder zurück. Die Hitlerjungen, die seiner Aufforderung gefolgt waren und sich an der Panzersperre versammelt hatten, warten bis gegen Mitternacht und kehren dann über die „Lisse" nach Hause zurück. Am nächsten Tag versammeln sich erneut einige Dorfbewohner auf dem Dorfplatz, als auf einem Fahrrad der Freyburger Kaufmann Heinrich Dambon in Parteiuniform und mit einem Gewehr bewaffnet auftaucht. Im Schloss holt er sich aus dem Bestand der dort eingelagerten Waffen des Volkssturms eine Panzerfaust und fährt Richtung Freyburg weiter. Kurz darauf hören die Dorfbewohner aus Richtung Laucha eine Detonation. Dann tauchen die ersten amerikanischen Panzer aus Richtung Laucha auf und richten ihre Kanonen auf das Dorf. Dambon, der nur bis zum Dorfausgang gekommen war, eröffnet mit seinem Gewehr das Feuer auf die Panzer. Als Antwort schlagen die ersten Granaten im Dorf ein. Schnell hissen einige Bürger weiße Fahnen. Ein Bürger läuft den Amerikanern mit einer weißen Fahne entgegen. Doch Dambon schießt erneut von einer anderen Stelle auf die Panzer. Panzergranaten treffen das Haus, von wo aus die Schüsse fallen. Jetzt rennt Dambon durch die Bahnunterführung und geht mit der Panzerfaust am Bahndamm gegenüber dem Verwaltungsgebäude der alten Kalkbrennerei in Stellung. Doch bevor er zum Schuss kommt, verraten polnische Zwangsarbeiter den Amerikanern seinen Standort. Nachdem er der Aufforderung, sich zu ergeben, nicht nachkommt, wird er erschossen. Das Dorf bleibt von weiteren Schäden verschont.[117] Ohne weitere Vorfälle rollt die TF Deevers weiter nach Freyburg.

Parallel zur TF Deevers, 27th AIB beginnt um 07.00 Uhr (B) die TF Schantz, 2nd Tk Bn von Hardisleben aus den Vormarsch auf der Südroute des CCR. Als die Kolonne Pleismar erreicht, ist dort gerade die Gruppe Hitlerjungen dabei, ihre am Vortag getöteten Kameraden zu beerdigen. Kurt Göhle schreibt: *„Als die Jungen beim Grabmachen waren, kam eine große Anzahl Panzer. Sie stoppten ihre Fahrzeuge und fotografierten die Jungen. Danach sind sie auf unseren Dorfplatz gefahren, dort stand dann Panzer an Panzer.*[118]

Manfred Seifert berichtet: *„Die drei Gefallenen wurden im Morgengrauen des 12. April 1945 von ihren Kameraden auf dem Friedhof in Pleismar der Erde übergeben. Die amerikanischen Panzer erschienen dort am Vormittag und kontrollierten auch diesen Vorgang, um gegnerischen Widerstand auszuschließen. Die Jugendlichen aus Mühlhausen kehrten im Fußmarsch auf eigene Faust in kleinen Gruppen ohne weitere Verluste in ihre Heimatstadt zurück.“*[119]

Grabstelle in Pleismar
Fotos: Manfred Seifert

Die Co. B, 2nd Tk Bn erreicht an der Spitze der TF Schantz, gefolgt von der unterstellten Co. A, 27th AIB, Klosterhäseler, wo am Kirchturm die weiße Fahne weht.[120] Weiter geht es nach Burgheßler, dass gegen 09.00 Uhr (B) erreicht wird. Der damals 10-jährige Thilo Ziegler aus Burgheßler schreibt hierzu: *„Drohend näherte sich die Kolonne. Panzer, kleine Kettenfahrzeuge und Lastwagen rollen an uns vorbei. Winkend standen wir am Straßenrand. So etwas hatten wir noch nie gesehen. Stundenlang rollten die Fahrzeuge.“* Von Burgheßler aus bewegt sich die Hauptkolonne in Richtung Niedermöllern, während Teile über Hohndorf nach Südosten schwenken. An der Kreuzung bei Niedermöllern hält die Kolonne und wartet auf die Meldungen der Aufklärer. Die Aufklärer des Tp. B, 89th CavRcnSq, die bereits am Vortag Obermöllern erreicht haben, suchen noch immer nach Übergangsmöglichkeiten über die Saale bei Naumburg. Unmittelbar vor den Aufklärern wird um 11.15 Uhr (B) die Saalebrücke bei Almrich, westlich von Naumburg, gesprengt. Nach Bad Kösen entsandte Aufklärer melden, dass die dort befindliche Brücke durch Einheiten des XX. US Corps blockiert ist. Als auch die Saalebrücke zwischen Roßbach und Naumburg und die Unstrutbrücke zwischen Kleinjena und Großjena[121] zerstört gemeldet werden, entschließt sich der CO 2nd TK Bn, Maj. Oliver W. Schantz, der Nordkolonne des CCR zu folgen und die Brücke über die Unstrut in Freyburg zu nutzen. Mit Genehmigung des CO CCR, Lt.Col. Charlie Wesner, schwenkt die Kolonne nach Norden auf Freyburg. Ohne auf Widerstand zu treffen rollt die Kolonne nach Norden. Die wenigen deutschen Verteidiger in den Weinbergen haben ihre Stellungen beim Herannahen der Amerikaner verlassen.[122]

Die TF Shaughnessy, 3./273, die der TF Schantz folgt, und um 09.15 Uhr (B) Roldisleben verlassen hat, überquert um 10.40 Uhr (B) die Phasenlinie „VERMONT“, die von Querfurt über Nebra – Bad Bibra – Klosterhäseler nach Hassenhausen verläuft und passiert um 10.45 Uhr (B) Pleismar.[123] Um 12.45 Uhr (B) hält die Kolonne, nachdem die Brücke bei Almrich als zerstört gemeldet wird. Dann folgen die Infanteristen den Panzern nach Freyburg.

Als erstes erreicht die TF Deevers, 27th AIB die, von der Burg Neuenburg überragte, Winzerstadt Freyburg an der Unstrut, die trotz ihrer strategischen Lage an den Hauptstraßen nach Merseburg und Naumburg und dem wichtigen Übergang über die Unstrut unverteidigt vor den Panzerinfanteristen liegt. Schnell werden die Stadt und die unzerstörte Unstrutbrücke gesichert. Um 11.50 Uhr (B) meldet das Lt.Col. Wesner an General Reinhardt, dass sich die Kolonne auf der Straße Freyburg – Naumburg, östlich von Großjena befindet. In der Zwischenzeit stellen die Aufklärer des Tp. B, 89th CavRcnSq als Vorhut der Südkolonne in Freyburg den Kontakt zur Nordkolonne des CCR her. Gegen 12.45 Uhr (B) meldet die Vorhut der TF Deevers, die auf Eulau vorrückt, dass die Pfeiler der Eisenbahnbrücke der Strecke Naumburg – Weißenfels über die Saale zerstört sind. Durch Befragung erfahren sie, dass die einzige Verbindung über den Fluss eine Fähre zwischen Schellsitz und Felsenkeller ist.[124]

Lt.Col. Wesner, der sich inzwischen selbst an die Spitze seiner Truppen gesetzt hat, erreicht zeitgleich die Hennebrücke über die Saale nördlich von Naumburg. Die völlig überraschte deutsche Brückenwache, welche den Feind aus Richtung Naumburg erwartet hatte, ergibt sich ohne Widerstand. Zur Sprengung bleibt ihnen keine Zeit mehr. Mit Unterstützung des Führers der deutschen Brückenwache, eines Hauptmanns, durchtrennt der Fahrer von Lt.Col. Wesner, T/5 Sam Pernicci, die Leitungen, welche sechs Ladungsträger „Goliath-Zwergpanzer B-1-B“ miteinander verbinden.[125] Bei ihrer Zündung wäre die Struktur der Brücke für immer zerstört worden. Kurzerhand werden die Sprengpanzer in der Saale entsorgt und ein Plat. des 27th AIB sichert das andere Ufer. Dann rollen die ersten Fahrzeuge über den Fluss.[126]

Die Fähre bei Schellsitz 1952 (oben) und im Jahr 2006 (unten)
Fotos: oben Roland Schlag, unten Jürgen Möller, 2006

Sprengpanzer des Typs „Goliath" wurden in großen Mengen von den Infanteristen der 69th US InfDiv in der Pionierkaserne Weißenfels erbeutet
Foto: Edgar Parson,
Fighting 69th Infantry Div. Ass.

Einer der vier Sprengpanzer „Goliath", die am 19. März 1996 bei der Vorbereitung des Neubaus der Hennebrücke aus dem Flussbett der Saale geborgen wurden in der neuen Ausstellung des Militärhistorischen Museums Dresden
Foto: Jürgen Möller, 2012

Über Umwege hat das CCR sein Etappenziel, Naumburg an der Saale, erreicht. Vor den GI's liegt die Stadt mit den weit sichtbaren Türmen von St. Wenzel und des Naumburger Doms. Die nächsten Stunden werden über das Schicksal der Stadt entscheiden. Nichts deutet daraufhin, dass die Stadt sich ergeben will.

In Naumburg, das wie Bad Kösen und Naumburg weder zur „Festung" noch zum „Festen Platz" erklärt worden war, befinden sich zu diesem Zeitpunkt kaum noch Wehrmachtstruppen. Nachkommandos in den verlassenen Kasernen der Stadt, Genesende aus den Lazaretten, Volkssturm aus alten Männern und Hitlerjungen und eine kleine Besatzung der Standort.Kp. Naumburg bilden den kläglichen Rest der Besatzung. Und doch will die militärische Führung die Stadt verteidigen, anstatt sie kampflos zu übergeben.

Ansichtskarte von Naumburg aus den 30er Jahren — Sammlung Jürgen Möller

Und wer ist diese Führung? Das ist der Stadtkommandant und Kommandeur des Naumburger Volkssturms, Gen.Maj. Erich Scholz und an seiner Seite der Gen.Lt. Friedrich v. Scotti, deren Gefechtsstand sich vermutlich in einer der Naumburger Kasernen befand, sowie ein im Rathaus residierender junger, fanatischer Leutnant, der das direkte Kommando über das kleine Häufchen der Verteidiger übernommen hat.[127] Ritterkreuzträger Gen.Maj. Erich Scholz, der 1939 Kommandeur des Art.Rgt. 14, Naumburg war, hatte bis Ende März 1945 die Funktion des Höheren Artilleriekommandeurs 314 inne und befindet sich seitdem in der Führerreserve. Gleiches gilt für den Ritterkreuzträger Gen.Lt. Friedrich v. Scotti. Scotti, der in den Jahren von 1936 bis 1938 Regimentskommandeur des Art.Rgt. 14 war, hatte zuletzt mit der 6. Armee in Rumänien, Siebenbürgen und Ungarn gekämpft, und befindet sich wie Scholz seit Anfang April 1945 in Naumburg.[128]

Links Gen.Maj. Scholz, hier noch als Oberst beim Art.Rgt. 14 und rechts Gen.Maj. v. Scotti als Oberst im Art.Rgt. 14
Fotos aus dem Nachlass von Obstlt. Bertram v. Schmiterlöw, Archiv Rademacher, Naumburg

Nun zu den Vorgängen in der Stadt. Seitdem am Vortag erste Gerüchte vermelden, dass die Amerikaner bei Bad Kösen stehen und Panzeralarm ausgelöst wurde, wartet die Bevölkerung mit banger Vorahnung in den Kellern und Luftschutzräumen auf das Kommende.[129] Wird es zum Kampf kommen? Wird die Stadt erneut bombardiert oder gar beschossen? Werden sich die amerikanischen Truppen für die Gräueltaten der Nazis rächen? Hatte doch erst am Vortag eine Kolonne zerlumpter und ausgemergelter KZ-Häftlinge die Stadt in Richtung Weißenfels passiert und der Bevölkerung deren Elend vor Augen geführt.[130] Wen würde man dafür verantwortlich machen? Einzelne Detonationen erschrecken die Menschen. Erst werden Werkstätten im Heereszeugamt gesprengt, dann explodiert am Abend ein Munitionsdepot in einem Waldstück mit einem gewaltigen Knall und in der Nacht schreckt die Sprengung der Saalebrücken bei Roßbach die Menschen erneut auf.[131] Sie ist nicht die einzige Brücke, die auf Befehl von Scholz und Scotti in der Nacht vom 11./12. April 1945 in die Luft fliegt. Auch die Unstrutbrücke zwischen Kleinjena – Großjena und der Saalebrücke der Bahnstrecke Naumburg – Weißenfels werden gesprengt. Lediglich die Hennebrücke und die Brücke bei Almrich, die beide zur Sprengung vorbereitet sind, werden als letzte Rückzugsmöglichkeit für fliehende deutsche Truppen jenseits der Saale und als Fluchtmöglichkeit aus Naumburg heraus offengehalten.[132]

Auf Befehl des oben genannten Leutnants werden am Morgen des 12. April 1945 die letzten, noch in der Stadt befindlichen, Soldaten, sowie der Volkssturm aufgefordert, sich an den Sammelpunkten zu melden.[133] Bereits Anfang April hatten alle in Naumburg und der Umgebung befindlichen Wehrmachtsurlauber und Genesende durch das Wehrmeldeamt Naumburg den Gestellungsbefehl zur Meldung in der Hindenburg-Kaserne erhalten, wo man die „Kriegsverwendungsfähigen" zu einer Alarmeinheit zusammengefasst hatte. Gemeinsam mit dem Volkssturm hatten sie ab dem 3. April 1945 mit dem Bau von Panzersperren an der Schweinsbrücke in der Kösener Straße und an der Jenaer Straße begonnen.[134]

Jetzt sollen auch die Letzten bewaffnet werden. Hierfür waren am Abend des 11. April 1945 unter Aufsicht des Leutnants an der „Erholung" an der Vogelwiese, Waffen und Munition abgeladen worden. Der 13-jährige Ulrich Schlegelberger berichtet: *„Es dauerte nicht lange und vor der ‚Erholung' hielten zwei Lkw. Das Tor zum Garten wurde geöffnet, und die LKWs kippten einen riesigen Berg Munition ab. Der Garten war übersät mit Infanteriemunition, Panzerfäusten, Gewehren 98k, MG's, aber auch russische MPi's mit runden Trommelmagazinen. Ein Leutnant der Wehrmacht blieb bei dem Berg auf einem Schemel sitzend dabei… Die Munition stammte wohl aus der Muna bei Janisroda – Boblas."* [135]

Während die wenigen, sich meldenden, Verwundeten aus der Wehrmacht entlassen werden, ergeht an die anderen der Befehl, sich den Verteidigern der Stadt anzuschließen. Bei denen handelt es sich in der Masse um Kriegsveteranen aus dem 1. Weltkrieg und blutjunge Hitlerjungen, die jetzt mit der Armbinde „Deutscher Volkssturm" als Kombattanten gekennzeichnet werden.[136] Ein, unter ihnen befindlicher, ehemaliger Offizier und Veteran des I. Weltkrieg wird beauftragt, mit einer Gruppe Jugendlicher am Bismarckturm auf dem Burgscheitel Stellung zu beziehen, um den Vormarsch der amerikanischen Truppen aus Richtung Bad Kösen zu stören. Der Leutnant verlegt anschließend seinen Gefechtsstand in die Gaststätte „Linde" im Ortsteil Almrich, während der „Goldene Adler" zum Quartier für die Verteidiger wird.[137] In Almrich hat bereits die Gruppe Jungmänner der N.P.E.A. Schulpforta, welche am Vortag unter Leitung eines Majors hierhergekommen war, Stellung am Ortsausgang Richtung Schulpforte bezogen.[138] Niemand erwartet den Feind aus Richtung Osten.

Über das, was sich in der Zwischenzeit in der Stadt noch abgespielt haben soll, ist ein Bericht des Naumburger Kaufmanns und Waffenmeisters a.D. Wilhelm Grüneberg überliefert, der am Morgen zwischen 09.00 und 10.00 Uhr am Theaterplatz auf den Naumburger Oberbürgermeister Bruno Radwitz trifft. Er schreibt: „*... stand ich auf dem Theaterplatz dem Manne gegenüber und stieß die Frage heraus: ‚Was soll nun werden Herr Oberbürgermeister?‘ ‚Die Stadt wird verteidigt!‘ erwiderte er. Mir war es, als bekäme ich einen Schlag vor den Kopf. Meine Augen wurden feucht, und nach einigen Augenblicken der Fassungslosigkeit hatte ich mich gefestigt und stellte die Gegenfrage: ‚Wo ist die Verteidigung? Von wem soll die Stadt verteidigt werden? Der Amerikaner muss gleich kommen!‘ ‚Dort um die Ecke steht die Verteidigung, ein Feldwebel, ein Unteroffizier und sechs Mann‘, war die Antwort. Ich war so bestürzt, dass ich fast schrie: ‚Um Himmels willen, Herr Oberbürgermeister! Was soll das heißen?‘ Er antwortete: ‚Der Befehl ist gegeben, die Stadt zu verteidigen, der Befehl wird ausgeführt und wenn die 50 000 Einwohner der Stadt zugrunde gehen!‘ Auf meine Frage, wer den Befehl erteilt hätte, erhielt ich zur Antwort: ‚Den Befehl gab der Stadtkommandant Oberst Scholz zusammen mit General Scotti. Beide sitzen in einem bombensicheren Unterstand in der Erholung. Rücksicht kann auf die Einwohner der Stadt nunmehr nicht genommen werden.‘ Von ungeheurer Sorge getrieben, ging ich dorthin, wo nach Angaben des Oberbürgermeisters die Verteidigung sein musste. Ich traf den Führer dieser Streitmacht mit einem Karabiner und den Unteroffizier mit der geladenen Panzerfaust am Straßenrand und die sechs Mann im danebenliegenden Hof. Ich sagte zu dem Feldwebel: ‚Es ist umsonst, das Opfer ihres und ihrer Kameraden Leben, dazu das der Stadt mit 50 000 Menschen. Eine Verteidigung durch euch acht Mann ist eine Herausforderung. Sichert die Waffen! Es ist vorbei!‘ Da sah er mich mitleidsvoll an und antwortete: ‚Wir haben den Befehl, die Panzer anzugreifen!‘... Wieder standen der OB und ich allein. Da kam plötzlich aus der Grochlitzer Straße des Oberbürgermeisters DKW und wollte vorüber. ‚Da ist ja mein Wagen!‘ schrie der OB und hielt ihn an. Die Insassen waren der Feldwebel und der Unteroffizier. Während ich mich noch darüber wunderte, flitzte ein amerikanischer Schnellwagen heran, die Maschinengewehre auf uns gerichtet. ‚Hands up‘ wurde geschrien. Wir streckten alle die Arme in die Luft.‘*“[139]

Ein M-8 „Greyhound“ Radspähpanzer des Tp. B, 89th CavRcnSq, dessen Männer als Vorhut des CCR als Erste Naumburg erreicht haben, hat über die Hallesche Straße, Marienring und Jakobstraße kommend das Stadtzentrum erreicht. Kurz darauf rasseln Panzerketten über das Pflaster und vorsichtig sichernd rollt ein amerikanischer Panzer auf den Markt. Von hier fährt er weiter zur „Reichskrone“, dann zur „Alten Post“, wo er wendet, zurück zum Markt und anschließend zur Vogelwiese. Dort ist die Befehlsstelle der örtlichen Luftschutzleitung im Keller der „Erholung“ verlassen. Die beiden diensttuenden Luftwaffenoffiziere haben sich in der Nacht abgesetzt. Kein Schuss fällt. Das Stadtzentrum ist in kurzer Zeit kampflos besetzt.[140] Überall hängen jetzt weiße Bettlaken und Lumpen.[141] Der Zeitzeuge Hubert Bjarsch schreibt in seinem Buch „Ein Überlebender, unverschämt“: „*Wir hörten Geräusche von Motoren und Panzerketten, aber keine Schüsse. Die Amerikaner schossen nicht, sie fuhren nur.*“

Während auf dem Marktplatz die formale „Übergabe" der Stadt erfolgt – zu Übergeben hat der überraschte Oberbürgermeister nichts mehr – rollen die Panzer über die Weimarer und Kösener Straße in den Westteil der Stadt.[142]

Dort sieht die Lage ganz anders aus. Nachdem sich gegen 11.15 Uhr (B) amerikanische Truppen der Saalebrücke in Almrich nähern, erteilt der Leutnant den Befehl zur Sprengung der Brücke. Mit einer gewaltigen Explosion brechen die Strombögen der knapp 50 Jahre alten Brücke in sich zusammen.[143] Als Antwort belegt das, dem CCR unterstellte, 73rd AFA Bn unter dem Kommando von Lt.Col. John J. MacFarland den Ortsteil mit vereinzelten Artilleriegranaten. Als eine Granate auf dem Gelände der Gaststätte „Bär" einschlägt, hisst der einheimische Bäckermeister Spott die weiße Fahne. Wutentbrannt wird er daraufhin durch den Leutnant mit standrechtlicher Erschießung bedroht und kann nur knapp durch einen beherzten Sprung über eine nahegelegene Mauer entkommen.[144] Am Nachmittag machen Infanteristen der TF Shaughnessy, 3./273 die mit Unterstützung der unterstellten Panzer des 3rd Plat. Co. C, 777th Tk Bn aus Richtung Naumburg in Almrich eindringen, dem Treiben ein Ende.[145] Als sich die Panzer mit einigen zum Schutz aufgesessenen deutschen Kriegsgefangenen den Stellungen der Jungmannen am Ortsausgang nähern, fliehen diese mit dem Major in Richtung der Hubertus- und Lüttich-Kaserne im Südwesten der Stadt. Nach einer Woche Flucht in Richtung Südosten entlässt sie der Major.[146]

Die Gruppe von Jungmannen der N.P.E.A. Naumburg, die in Roßbach Stellung bezogen und durch die Brückensprengung ihren Rückzugsweg verloren hatte, beschließt in der Nacht zum 13. April 1945 die Auflösung und die Jungmannen setzen sich nach Hause ab. Der Volkssturm, der anfangs bei ihnen gelegen hatte, hat sich längst abgesetzt.[147] Jungmannen der N.P.E.A. Wartheland, die im *„Buchenwäldchen an der Straße nach Jena in Stellung gegangen"* sind, werden erst am nächsten Tag vom Amerikaner überrascht und gefangengenommen.[148]

Am Bismarckturm schickt der ehemalige Weltkriegsoffizier die ihm unterstellten Jugendlichen beim Heranrücken der amerikanischen Truppen nach Hause.[149] Ohne weiteren Widerstand wird Almrich besetzt. Der Rest der deutschen Besatzung gerät in Gefangenschaft und findet sich gemeinsam mit anderen Soldaten, Volkssturmmännern und Zivilisten erst einmal im Naumburger Gefängnis wieder, wo eine Kriegsgefangenensammelstelle eingerichtet wird, bevor auf Grund der großen Anzahl an Kriegsgefangenen das Heeresverpflegungsamt und die angrenzende Hindenburg- und Bismarck-Kaserne als Kriegsgefangenenlager genutzt werden.[150]

Die alten Naumburger Kadettenanstalt – heute Außenstelle des Bundessprachenamtes
Foto: Jürgen Möller, 2006

Das Gelände der N.P.E.A. Naumburg wird durch einen Stoßtrupp amerikanische Soldaten gestürmt, ohne dass er auf Widerstand trifft. Die Anstalt ist verlassen.[151] Deren Jungmannen des Jahrganges 1928, die am Vorabend nach ihrer Flucht aus Bad Kösen in der Anstalt eingetroffen waren, hatten sich in der vorangegangenen Nacht unter der Führung des 20-jährigen Leutnants, der sie schon bei Bad Kösen geführt hatte, in die Bismarck-Kaserne begeben, von wo aus sie am Morgen in Richtung Leipzig abgerückt waren. In Leipzig wurden sie in der sogenannten „11er-Kaserne" in Leipzig-Gohlis in Wehrmachtsuniformen eingekleidet und dem Motorisierten Jagdkommando „Schütte-Felsche" der Inf-Div „Ulrich von Hutten" des XX. AK der 12. Armee Wenck zugeteilt. Ironie des Schicksals – Wenck, jetzt Adolf Hitlers letzte Hoffnung, war selber Absolvent der „Naumburger Kadette".[152]

Während der Jahrgang 1930, der bisher als Reserve in der Napola verblieben war, nach Hause geschickt wurde, war der Jahrgang 1929 ausgerüstet mit Panzerfäusten, Karabinern und einigen leichten MG in der Nacht nach Droyßig abmarschiert.[153] Die letzten verbliebenen Lehrer haben die Anstalt längst verlassen.

Damit endet die aus militärischer Sicht unspektakuläre Besetzung der Stadt. Der Stadt bleibt nach den Bombenangriffen ein weiteres Blutvergießen erspart. Eine spätere Aussage, wonach *„couragierte Bewohner, als auch der Bürgermeister"* *„einsatzbereite Verbände"* gehindert hätten, ihre Waffen einzusetzen, kann Anbetracht der bekannten Informationen so nicht richtig sein. Es gab keine *„Verbände"*, geschweige denn *„einsatzbereite Verbände"* der Wehrmacht in der Stadt und das war letztendlich ihr Glück.[154]

In den verlassenen Wehrmachtslagern und Kasernen der Stadt spielen sich inzwischen geradezu unwürdige Szenen ab. Die Bevölkerung plündert und raubt alles, dessen sie habhaft werden kann. In einem Bericht des Headquarters 9th US AD, Public Relation Section, vom 3. September 1945 heißt es hierzu: *„Die Eroberung Naumburgs war aus mehreren Gründen bemerkenswert. [Naumburg] war ein Nährboden des Nationalsozialismus und von Parteiaktivitäten. [Naumburg] war Heimat einer großen deutschen Garnison. Die Bevölkerung von Naumburg reagierte heftig auf ihre Befreiung von der Vorherrschaft der Partei und Wehrmacht. Sie hatten plötzlich eine Chance, Nahrung und andere Dinge zu erhalten, die ihnen wegen der Partei- und Armeeforderungen lange versagt worden waren. Naumburger Zivilisten stürmten ein Lagerhaus mit Armeenahrung und -bekleidung. Sie rannten durch die Straßen, zogen kleine Wagen und schleiften Säcke mit Esswaren hinter sich her. Sie brachen in Geschäfte ein und zeigten so die allgemeine Wut wegen ihrer langen Entbehrungen. Die Zivilisten tobten sich in der Zwischenzeit aus, nachdem die Einheiten der Ninth Armored [9th US AD] als erste durchgezogen waren und bevor die nachrückenden Kräfte ankamen. Und sogar, nachdem amerikanische militärische Wachen aufgestellt worden waren, schlichen sie in den Straßen herum wie hungrige Tiere, die nach irgendetwas suchten, was geplündert werden konnte"* [155]

Doch weder um das, noch um die befreiten Zwangsarbeiter und Kriegsgefangenen, unter ihnen britische Soldaten, die sich seit der Evakuierung der britischen Truppen im Juni 1940 aus Dünkirchen (Dunkerque/Frankreich) in deutscher Kriegsgefangenschaft befinden und internierte Ungarn, die vier Monate vorher bei den Kämpfen in Budapest gefangen genommen worden waren, können sich die Männer des CCR in diesem Moment kümmern. Sie müssen weiter nach Osten, Richtung Weiße Elster, ihrem nächsten Ziel. Unbehindert von den Vorgängen westlich von Naumburg passiert die TF Schantz, 2nd Tk Bn, jetzt an der Spitze des CCR, zügig Naumburg.

In Wethau finden die Aufklärer die Brücke zu Sprengung vorbereitet, aber ungesichert, vor. Der Volkssturm aus Weißenfels, der am Vormittag auf Befehl des NSDAP-Kreisleiters von Weißenfels, Pape, ohne Waffen nach Wethau entsandt wurde, um dort den 1. Verteidigungsring der Stadt Weißenfels zu besetzen, hat sich unterwegs aufgelöst und war nach Hause gegangen.[156] Zügig entschärfen die Pioniere einige Sprengpanzer und die Panzer rücken weiter über Stössen nach Teuchern vor, das sie gegen 18.05 Uhr (B) erreichen.

Die Panzerinfanteristen der TF Deevers, 27th AIB, passieren Naumburg nach einem kurzen Halt und durchkämmen anschließend die Wälder entlang des Ostufers der Saale. Dabei werden zwei deutsche Soldaten im Kroppenthal getötet. Sie finden in Schönburg ihre Ruhestätte.[157] Über Schönburg und Possenhain vorgehend erreichen die Panzerinfanteristen die Ortschaft Plennschütz, südwestlich von Weißenfels. Nach einem kurzen Feuergefecht am Ortseingang rollen die Panzer weiter durch Plennschütz und Plotha.[158] Der Ort Prittitz wird nach kurzer Verhandlung besetzt. Dann bewegt sich die Kolonne Richtung Reichsautobahn 9 und auf Obernessa zu.

Nach der Säuberung von Naumburg und der Übergabe der Verantwortung an das nachfolgende RCT 272 folgt die TF Shaughnessy, 3./273, dem CCR. Als letztes folgt die Kompanie der TF Shaughnessy, die seit dem Übergang über die Saale als Brückensicherung an der Hennebrücke verblieben war.

Die Spitzen des CCR haben bereits um 16.30 Uhr (B) Obernessa erreicht und den Kontakt zur 86th CavRcnSq der 6th US AD hergestellt. Das CCR erhält den Befehl der Division, eine Task Force von Süden her nach Weißenfels zu entsenden, um die dort geplante Überquerung der Saale durch das CCA zu unterstützen. Die TF Shaughnessy, 3./273, soll sich bereit halten, um diese Task Force im Anschluss als Brückensicherung in Weißenfels abzulösen. Maj. Deevers, der den Auftrag erhält, stellt eine Task Force aus der Co. B, 27th AIB und einen Plat. Panzer zusammen, welche sich daraufhin Richtung Weißenfels bewegt. Nachdem die Task Force in Weißenfels auf Widerstand trifft, zieht sie sich aus der Stadt zurück. Über Funk erfährt der Task Force Commander, dass in der Zwischenzeit die Brücken in der Stadt gesprengt wurden und sich die Task Force bei Unternessa – Dippelsdorf mit dem CCR vereinigen soll. Zwischen 21.30 Uhr und 22.20 Uhr (B) beginnt das CCR, welches bereits am späten Nachmittag den Befehl zur Fortsetzung des Angriffs Richtung Weiße Elster während der Nacht erhalten hat, den weiteren Vorstoß nach Osten.

Die 69th US InfDiv beginnt den Vormarsch am Morgen mit dem RCT 271 an der Nord- und dem RCT 272 an der Südflanke, gefolgt vom RCT 273 (- 2 Bn) in der Reserve. Die Infanteristen sollen den Panzern des CCA und CCR der 9th US

AD im Mittelabschnitt und an der Südflanke des V. US Corps folgen, umgangene Widerstandsnester beseitigen und das besetzte Gebiet sichern. Im G-3 Journal des 271st InfRgt ist am Morgen vermerkt: *„G-3 Befehl des Tages. 1. Hinter der 9th AD folgen so schnell ihr könnt. 2. Seid bereit alle Orte in eurem Sektor und einige Waldgebiete wenn möglich zu säubern“* Doch auf Grund der Lageentwicklung kommt an diesem Tag einiges anders als geplant.

Das RCT 271 unter Führung von Col. Henry B. Margeson soll, wie an den Tagen zuvor, den Panzern mit dem 1st Bn an der Nord- und dem 2nd Bn an der Südflanke des Regiments sowie dem 3rd Bn in der Regtl.Res. folgen. Unterstützung erhält das Regiment durch das 879th FA Bn und einen Plat. Pioniere der Co. A, 269th Engr C Bn. Das Ziel für das 2nd und 3rd Bn ist die Phasenlinie „OREGON“ entlang der Saale im Abschnitt Weißenfels.

Hierzu formiert sich am Morgen das 1./271 unter Lt.Col. John G. Dunlop Jr., mit den Panzerjägern der Co. A, 661st TD Bn und den Panzern der Co. A, 777th Tk Bn sowie dem 879th FA Bn im Raum Billroda – Bernsdorf – Kahlwinkel, nachdem um 00.40 Uhr (B) der folgende Befehl des RCT eintrifft: *„Sagen sie dem CO, mithalten mit den Panzern, Leipzig umgehen, nicht vor die Panzerspitzen gehen. Fortsetzen bis zur Elbe. Red (1./271 d.A.) rollt hinter den Panzern.“* Das Bataillon soll sich nach dem Übergang über die Unstrut der Kolonne des aus Richtung Nebra erwarteten CCA anschließen und den Panzern über die Saale bei Weißenfels folgen.[159] Doch vorerst muss das Bataillon warten, während die Nordkolonne des CCR auf Bad Bibra vorrückt. Gegen 11.30 Uhr (B) folgen die Infanteristen endlich der Kolonne und überqueren gegen Mittag die Unstrutbrücke in Laucha in Richtung Dorndorf.[160]

Dann bewegen sich die Infanteristen den Hang des Unstruttals hinauf auf Gleina zu und nähern sich dem Flugplatz auf dem Dorndorfer Plateau. Der Flugplatz, der seit 1932 als Segelübungsplatz und ab 1937 als Reichssegelflugschule zur Ausbildung des fliegerischen Nachwuchses der Luftwaffe genutzt wurde, dient zuletzt als Feld- und Notlandeflugplatz. Dort scheint ein Teil der Besatzung entschlossen zu sein, Widerstand zu leisten, doch die Infanteristen umgehen Gleina gegen 13.45 Uhr (B) in Richtung Baumersroda.[161]

Um 13.30 Uhr ertönen Explosionen über dem Unstruttal. Die Besatzung des Flugplatzes hat Teile der Flugplatzanlagen und das dazugehörige Lager im Lohholz, einem am Nordhang des Unstruttals gelegenen Waldstück, gesprengt.[162]

In der Chronik von Rektor Barkowski heißt es: *„Um ½ 2 Uhr wurden die ängstlichen Gemüter erneut erschreckt. Vom Flugplatz her ertönen oftmals hintereinander heftige Detonationen. Der ganze Platz war in eine Rauchwolke gehüllt. Flughallen und das Verwaltungsgebäude brannten."* Zwei Einträge im S-3 Journal des 271st InfRgt bestätigen das. Um 14.15 Uhr (B) gibt der Div.CP 69th US InfDiv an den CP 271 durch: *„Meldung, Flugplatz 2 km westlich Gleina – die Deutschen haben einen Flugplatz in Brand gesetzt."* Um 14.25 Uhr (B) bestätigt der CP 271st InfRgt dem Div.CP: *„Flugplatz 2 km westlich Gleina – Einrichtungen brennen."*

Soldaten der 69th US InfDiv besichtigen ein deutsches Jagdflugzeug vom Typ FW 190 auf dem Flugplatz Laucha-Dorndorf Foto: Kooles, Co. H, 271st InfRgt, 69th US InfDiv

An dieser Stelle geschieht genau das, was gemäß den Befehlen des V. US Corps nicht passieren soll. Das 1./271 setzt sich vor die Kolonne des CCA der 9th US AD, welche in diesem Abschnitt den Angriff des V. US Corps anführen sollte. Die Panzer des CCA waren am Morgen durch zwei gesprengte Brücken nordwestlich von Wiehe aufgehalten worden. Nach einem anfänglich ungehinderten Vorstoß treffen die Spitzen des 1./271 mit der Co. A, 661st TD Bn gegen 15.45 Uhr (B) vor Leiha auf starkes Artilleriefeuer. Die Batterien der Großkampfstellung Nr. 129 westlich von Schortau eröffnen mit ihren 8,8cm und 12,8cm Geschützen das Feuer auf die Angreifer und bringen sie zum Halten. Erneute Angriffe bleiben zwischen 15.45 Uhr und 16.40 Uhr (B) im starken deutschen Flakartilleriefeuer liegen.

Gen.Maj. Quesada, USAAF
Fotos: USAAF via NARA

Was jetzt folgt, wird sich in die Erinnerung der Bewohner des kleinen Städtchens Laucha einprägen. Jagdbomber von Maj.Gen. Elwood „Pete" Quesada's IX. Tactical Air Command der 9th USAAF, die den Vormarsch der 1st US Army unterstützen, verwechseln wahrscheinlich Leiha mit Laucha und greifen um 16.20 Uhr (B) die Stadt an obwohl sich dort längst eigene Truppen befinden.[163]

Dort hatte man nach dem Einmarsch der amerikanischen Truppen bereits einen Teil der weißen Fahnen eingeholt, als die Jagdbomber über der Stadt auftauchen. Über die Geschehnisse gibt erneut die Chronik von Rektor Barkowski Auskunft: *„Am Obertor stand noch ein amerikanischer Panzer. Da erschienen um 15.20 Uhr plötzlich sechs feindliche Flieger. Sie überflogen unseren Ort sehr niedrig und warfen etwa 12 Bomben, dazu hämmerten die Maschinengewehre. Es entstand eine große Verwirrung. Jeder rannte, wenn irgend möglich, seinem Hause zu oder suchte sonst wo Schutz. Die ganze obere Hauptstraße war in eine dicke Staubwolke gehüllt. Der Panzer, der zwischen Schöppe und Heise gestanden hatte, brannte. Da schoss ein Amerikaner Leuchtkugeln ab. Sofort flogen die Flugzeuge fort."* Im Resultat dieses Angriffs werden in Laucha elf Einwohner, die meisten Frauen und Kinder, darunter auch ein Säugling, getötet und eine Anzahl von Häusern schwer beschädigt. Mit freiwilliger Hilfe von italienischen Zwangsarbeitern aus der Zuckerfabrik bergen die Einwohner die Überlebenden.[164]

Während nicht bekannt ist, ob es Opfer unter der Panzerbesatzung gab, so zeugen die Unterlagen der 69th US InfDiv dennoch von der Aufregung, die dieses Ereignis ausgelöst hat. War es doch nicht zum ersten Mal zum Beschuss durch eigene Truppen gekommen. Insbesondere durch den schnellen Vormarsch ist es für die unterstützenden Fliegerkräfte immer schwieriger, zwischen Freund und Feind zu unterscheiden. Erkennbare Frontlinien gibt es kaum. *„Friendly fire – eigenes Feuer"* ist bis heute für jeden amerikanischen Soldaten im Einsatz ein gefürchteter Begriff. Um die Ursachen für die Geschehnisse in Laucha aufzuklären, setzt reger Nachrichtenverkehr ein. Um 22.20 Uhr (B) registriert der Div.CP: *„Von Gen. Reinhardt an Col. Conran: Gen. Reinhardt fragt nach, ob der Bombenangriff auf Laucha überprüft wurde und an das Corps gemeldet wurde.*

Col. Conran erklärt, dass er es sofort überprüft. Maßnahmen wurden von GLO und G-2 getroffen." Um 22.55 Uhr (B) geht auf dem CP des 271st InfRgt die Anfrage ein: „*Von CG 69 – Beantworten sie folgende Fragen betreffs der Bombardierung von Laucha sofort über Funk. Zwei- oder einmotorige Flugzeuge – Größe des Kraters, Splitter- oder Sprengkrater und Größe der Splitter. Lt. McMurtry wird sich darum kümmern.*" Über die Antwort liegen keine Unterlagen vor.[165] Parallel hierzu ergeht um 22.00 Uhr (B) an alle Verbände der 69th US InfDiv den Befehl: „*Wenn Verbindungsflugzeuge der Division über den Einheiten der 69th Div. sind, dann soll das führende Fahrzeug der Kolonne ein senkrecht zur Achse des Fahrzeuges angebrachtes Zeichen auslegen, wenn das Flugzeug über der Kolonne ist.*" Fliegerzeichen sollen wie bereits in den Tagen der Kämpfe in der Normandie eine Verwechselung verhindern.

Trotz des vorliegenden Funkverkehrs wird es später in der Chronik des V. US Corps und der 9th US AD heißen, dass die Stadt angegriffen wurde, weil die weißen Fahnen nach dem Durchzug der ersten amerikanischen Truppen eingeholt wurden und der Bürgermeister somit nach dem Angriff noch einmal „kapitulieren" musste.[166] Von einem versehentlichen Angriff, der auch eigene Truppen traf, wird jedoch nichts erwähnt. Auch so lassen sich Fehler korrigieren.

Während die Jagdbomber ihre Bomben irrtümlich auf Laucha abladen, setzen sich die Kämpfe bei Leiha fort. Nach Verlusten bei der Infanterie gelingt es zwar unter Einsatz der unterstellten Panzer der Co. A, 777th Tk Bn, welche fünf Gefangene machen, eine am Branderoder Weg zwischen Schortau und dem Schortauer Hügel gelegene Batterie mit sechs 8,8cm und drei 2cm Flakgeschützen auszuschalten und einige Gefangene zu machen, der Widerstand kann jedoch nicht beseitigt werden. Die anderen Batterien der Großkampfbatterie feuern mit ihren leichten und schweren Flakgeschützen weiter auf die Angreifer.

Das Bataillon zieht sich letztendlich zurück und marschiert über Gröst – Branderoda – Zeuchfeld zum westlichen Rand von Pettstädt, wo es gegen 18.30 Uhr (B) zu einem Feuergefecht mit eingegrabenem Volkssturm und Wehrmacht kommt. Dabei wird eine Anzahl an deutschen Tankfahrzeugen mit Anhängern zerstört. Um 19.25 Uhr (B) meldet das 661st TD Bn, dass die Co. A, 661st TD Bn mit dem 1./271 Pettstädt gesäubert hat. 51 Mann und zehn Offiziere ergeben sich, die Panzersoldaten machen zwölf Gefangene. Dann bezieht das Bataillon ein Biwak für die Nacht.

Die Aufklärer des 1st Rcn Plat. des 661st TD Bn der 69th US InfDiv, die den Vormarsch begleiten, geraten gegen 18.00 Uhr (B) bei der Umgehung von Schortau in der Nähe von Almsdorf[167] unter Beschuss und drei Mann werden getötet, als ihr M-8 Radpanzer von einer Flakgranate getroffen wird. Dem überlebenden Pfc. Henry G. David gelingt es unter Lebensgefahr das getroffene Fahrzeug in Deckung zu fahren, wofür er später mit dem Bronze Star für Tapferkeit ausgezeichnet wird.[168] Als sich der Platoon um 20.00 Uhr (B) im Raum Pettstädt versammelt, hat er acht Gefangene gemacht.

Das 2./271 mit dem Beinamen „Deuces Wild" („Fähig, alles zu tun")[169] unter dem Kommando von Lt.Col. Aloysius E. McCormick, dass den Auftrag hat, hinter den Panzern auf Weißenfels vorzudringen, beginnt an diesem Tag um 06.45 Uhr (B) den Marsch aus dem Raum Altenbeichlingen – Beichlingen aufgesessen auf Lastwagen. Als die Kolonne mit einer Gefechtsaufklärung voraus Beichlingen in Richtung Burgwenden verlässt, wird sie durch unpassierbare Wege aufgehalten. Schnell wird eine andere Route gewählt und keine zehn Minuten später bewegt sich die Kolonne über Battgendorf nach Großmonra. Nachdem die Kolonne um 08.10 Uhr (B) Großmonra erreicht hat, schwenkt sie zurück auf die alte Vormarschroute nach Burgwenden. Dabei wird sie gegen 08.55 Uhr (B) nördlich von Großmonra durch eigene Panzer aufgehalten. Im Abschnitt Battgendorf – Backleben – Großmonra haben sich seit dem Vorabend Teile des RCT 272 und die TFZ der 69th US InfDiv versammelt. Wahrscheinlich gegen 10.00 Uhr (B) erreicht die Kolonne Burgwenden und fährt durch die Wälder der Finne nach Lossa und weiter über Bernsdorf nach Bad Bibra, wo das Bataillon um 13.30 Uhr (B) einen halben Kilometer südlich der Stadt gemeldet wird. Von Bad Bibra geht es nach Freyburg, wo die Unstrut überquert wird. Über Pödelist – Markröhlitz – Uichteritz vorgehend, erreichen die Infanteristen um 16.45 Uhr (B) Markwerben. Dort wartet die Bevölkerung in den Kellern auf das Anrücken der amerikanischen Panzer. Doch nicht Panzer, sondern Lastwagen mit aufgegessener Infanterie bewegen sich in einer langen Kolonne in den Ort. Ohne einen Schuss wird der Ort besetzt. Erst als die Kolonne den Stadtrand von Weißenfels erreicht, trifft sie auf Widerstand und hält.[170] Die Infanteristen sitzen ab und dringen in die Stadt ein. Um 19.30 Uhr (B) entfaltet der CP in der Weißenfelser Papiermühle und bis 20.30 Uhr (B) ist der Westteil der Stadt besetzt.

Das 3./271 unter dem Kommando von Lt.Col. William D. Salladin, das die Regtl.Res. bildet und den Auftrag hat, nördlich an Weißenfels zur Saale bei Großkorbetha vorzustoßen, verlässt um 07.45 Uhr (B) Hemleben. Äußerste

Vorsicht scheint geboten zu sein, da immer wieder deutsche Truppen im Bereich der Schmücke gemeldet werden. Der Befehl des CO RCT 271, Col. Margeson, ist eindeutig: *„Schaltet den Feind aus, den ihr antrefft, oder nehmt ihn gefangen, ohne die Hauptkolonne anzuhalten."* Gegen 08.45 Uhr (B) passiert das Bataillon Schillingstedt, wo sich der Regtl.CP des RCT 271 befindet und um 09.20 Uhr (B) erhält das Bataillon die Meldung, dass das 2./271 vor ihrer Front aufgehalten wird. Über Altenbeichlingen und Beichlingen rollt die Kolonne jetzt nach Nordosten durch die Wälder zur Straße Lossa – Wiehe. Dabei macht das Bataillon eine Anzahl Kriegsgefangener.

In Begleitung eines gefangenen Wehrmachtsoffiziers erreicht die Kolonne um 10.03 Uhr (B) Wiehe, wo weiße Fahnen wehen.[171] Ohne einen Schuss wird der Ort besetzt.[172] Einwohner hatten rechtzeitig jugendliche Volkssturmmänner am Friedhof entwaffnet und die Waffen in der Lehmgrube an der Schieferspitze entsorgt.[173] Der Tod des Jugendlichen aus Roßleben, der bei einem amerikanischen Tieffliegerangriff am Hainborn getötet wurde, ist genug. Zu den befürchteten Kampfhandlungen kommt es nicht.[174] Noch wenige Tage vorher hatte der Bürgermeister von Wiehe die kommissarische Leiterin des verlassenen RAD-Lagers für die weibliche Jugend 1/62, Hechendorf bei Wiehe, Liesbeth Peschel, angewiesen, für diesen Fall Übernachtungsmöglichkeiten im Keller zu schaffen. Diese hatte bereits am Ostersonnabend die Arbeitsmaiden entgegen dem Befehl des Stabes der Bezirksleitung Halle des RAD nach Hause geschickt.[175] Am Schloss werden die Amerikaner von polnischen Zwangsarbeitern freudig begrüßt.[176]

Ohne langen Aufenthalt rollen sie weiter in Richtung Allerstedt. Das 3./271 hat sich als Erstes von zwei Bataillonen Infanterie, wenn auch nur für kurze Zeit, vor den Stoßkeil der Panzer des CCA gesetzt. Gegen 11.00 Uhr (B) befindet sich das Bataillon südöstlich von Wiehe und zwischen 11.00 und 12.00 Uhr passiert die Kolonne Allerstedt. Am Ortseingang war Bürgermeister Stutzbach und Werner Seidel mit einer weißen Fahne dem Führungsjeep entgegengegangen und hatte die Besatzung informiert, dass das Dorf keinen Widerstand leistet.[177] Als Nächstes erreicht die Kolonne Wohlmirstedt. Dort hatten zwar Hitlerjungen unter Leitung des NSDAP-Ortsgruppenleiters Stiller am Vortag eine Panzersperre am Toten Mann an der Straße Richtung Bernsdorf errichtet, doch jetzt wehen weiße Fahnen im Ort. Als die Kolonne in Richtung Bucha weiterfährt, prägt sich auch hier den Einwohnern ein, dass ein deutscher Offizier in einem der Fahrzeuge sitzt. Über Bucha erreicht die Kolonne um 12.35 Uhr (B) Altenroda, wo sie den Befehl zum Halten erhält. Erst müssen die Panzer der 9th US AD ihren

Abschnitt erreichen. Als am Abend klar wird, dass der deutsche Widerstand und zerstörte Brücken den Angriff der Panzer gestoppt haben, richtet man sich für die Nacht ein und bezieht Sicherungsstellungen.

Während die Bataillone des RCT 271 nach Osten vorrücken, sichert der I&R Plat., HQ Co. 271 den Ort Lossa und die Luftwaffenmunitionsanstalt. Dabei gehen die Männer äußerst vorsichtig vor, denn man vermutet, dass sich im Ort SS-Angehörige versteckt halten, die seit dem Vortag in den Wäldern bei Bachra Widerstand geleistet hatten.[178] Doch alles bleibt ruhig. Die ständige Besatzung der Muna, die hauptsächlich aus Zivilisten und einer Landesschützeneinheit als Wachmannschaft besteht, übergibt unter Führung des Kommandanten der Muna, Obstlt. Lochmann, das Lager mit seinem gefährlichen Inhalt.[179] Trotz des Abtransportes von Teilen des Giftgasvorrates mit der Eisenbahn in Richtung Mockrehna befinden sich noch immer große Mengen an Kampfstoffen in der Muna.[180] Fehlender Transportraum, ständige Luftgefahr und der schnelle Vorstoß der Amerikaner haben den vollständigen Abtransport der neuen Nervenkampfstoffe verhindert. Daneben befinden sich noch große Mengen an anderen Kampfstoffen im Lager, die bereits im 1. Weltkrieg Angst und Schrecken verbreitet hatten, wie z.B. Lost.[181] Was die Männer des 271st InfRgt in der Muna 1 und 2 vorfinden und was von Seiten der Division in den ersten Tagen nach der Besetzung geschieht, geben die G-3/S-3 Unterlagen der 69th US InfDiv in Ausschnitten wieder.

Der Kriegstagebuchschreiber des 271st InfRgt notiert am 12. April 1945:
12.23 Uhr (B): *CO 271 an Leitenden MP Offizier 69th US InfDiv:„Kommen sie nach Lossa mit Transportraum. Haben 89 PW“*
12.55 Uhr (B) – *Von CO 271 „Übermitteln sie dem höheren Kommando, 3600 250 Kilo Bomben mit Gas in Lossa. Einige sind in den Wäldern bei Lossa und einige auf Fahrzeugen. Außerdem Gas lose in dem Gebiet.“*
13.55 Uhr (B) – *„Der I&R Plat. des RCT meldet 13.40 Uhr 70 PW in Lossa.“*
Das G-3 Journal der 69th US InfDiv verzeichnet um 14.55 Uhr (B): *„271st InfRgt meldet Chem. Kampfstofflager in Lossa, CWS Officer soll Lager südöstlich in den Wälder kontrollieren.“*

Die Bestätigung dieser Angaben finden sich in einem Funkspruch des RCT 271 an den Divisionsstab vom 14. April, 13.55 Uhr (B): *„Gaslager, vom dem bereits berichtet wurde, in Lossa auf der Karte Q 5, Koordinate 5697. Gas ist Typ Nervengas. Gefährlich für Leben und Lunge. Ungefähr 3600 250 Kilo Bomben. Kriegsgefangener Major und sein Assistent wurden zu ihrem Hauptquartier [der 69th InfDiv d.A.] gebracht.“*

Stolz heißt es im After Action Record der 69th US InfDiv für den Monat April 1945: „*An diesem Tag (12. April d.A.) zeichnete sich die Division und insbesondere das CT 271 selbst aus, indem sie 1/3 des feindlichen Vorrates an Giftgas in zwei Lagerhäusern, eines in Lossa und das andere in den Wäldern direkt südöstlich des Ortes eroberten.*“

Die Besatzung der Muna wird unmittelbar nach der Besetzung zum Bahndamm Richtung Rothenberga geführt, wo sie sich entkleiden muss und gefilzt wird. Dann erhalten sie belgische Uniformen aus dem nahegelegenen Billroda und werden in eine Scheune eingesperrt.[182] Obwohl die Besetzung des Ortes ohne Vorkommnisse verlaufen war, werden die Bewohner an diesem Tag doch noch mit den schrecklichen Seiten des Krieges konfrontiert. Einige deutsche Soldaten, die bei den Kämpfen in den angrenzenden Wäldern getötet wurden, werden vor dem Kriegerdenkmal am Friedhof zur Abschreckung ausgelegt, bevor sie beerdigt werden dürfen.[183]

Am Abend des 12. April 1945 wird um 21.30 Uhr (B) die Sicherung des Lagers durch den von Kölleda kommenden 69th MP Plat. unter Lt.Col. Elinsmore übernommen. Am 14. April 1945 erfolgt der Abtransport der Besatzung mit fünf Bussen über Wiehe in Richtung Donndorf.[184] Ziel des Transportes ist mit großer Wahrscheinlichkeit das Kriegsgefangenendurchgangslager Heiligenstadt. Nur einige Spezialisten werden zurückgehalten, um Auskunft über die Vorgänge in der Muna zu geben.

Fahrzeuge mit deutschen Kriegsgefangenen am 12. April 1945 in Wiehe
Foto: Fighting 69th Infantry Division Ass.

Ein Bus der Co. C, 273rd InfRgt, 69th US InfDiv
Foto: Fighting 69th Infantry Division Ass.

Der Abtransport von erbeutetem Kampfstoff ist in den ersten Tagen nach der Besetzung noch kein Thema. Die Sicherungen der 69th US InfDiv verlassen bereits nach kurzer Zeit Lossa, um den vorrückenden Einheiten zu folgen. Diese Aufgaben übernehmen nachfolgende Einheiten und Spezialisten der US Army.[185] Erst später erfolgt unter Leitung der sowjetischen Truppen der Versuch der Beseitigung der verbliebenen Bestände durch die Verbringung im Schacht Lossa, in den bei Lossa und Roßleben befindlichen Gewässern sowie die endgültige Versenkung in der Ostsee.[186] Doch das ist ein weiteres, sicher interessantes Kapitel, dessen Betrachtung aber über den Rahmen dieser Dokumentation hinausgehen würde.

Col. Walter D. Buie
Foto: Fighting 69th Infantry Division Ass.

Südlich des Abschnittes des RCT 271 beginnt das RCT 272, das unter der Führung von Col. Walter D. Buie steht, mit zwei parallel vorgehenden Bataillonen im Rücken des CCR der 9th US AD mit dem Vormarsch in Richtung Naumburg. Das 1./272 soll auf der Nordroute zügig den Panzern des CCR folgen, während das 3./272 auf der Südroute entlang der rechten Flanke des V. US Corps vorrücken soll. Das 2./272 soll als Regtl.Res. dem 3./272 folgen.

Das 1./272 startet unter Führung von Lt.Col. Allen D. Raymond um 07.45 Uhr (B) mit der unterstellten Co. B, 661st TD Bn und der Co. B, 777th Tk Bn in Großneuhausen und fährt nach Roldisleben, von wo aus es nach Hardisleben schwenkt, dass gegen 09.30 Uhr (B) erreicht wird. Über Hardisleben und Teutleben erreicht es gegen 10.00 Uhr (B) Herrengosserstedt und schwenkt nach Norden auf die Nordroute des RCT. Dabei kommt es immer wieder zu Verzögerungen, da sich die Südkolonne des CCR vor den Infanteristen bewegt. Gegen 12.00 Uhr (B) kommen die Infanteristen in Klosterhäseler zum Stehen. Vor ihnen stauen sich die Kolonnen der TF Schantz und Shaughnessy des CCR auf Grund der Brückensprengungen bei Almrich und Roßbach, westlich von Naumburg. Gegen 11.47 Uhr (B) melden hintere Teile der Kolonne des 1./272 bei Essleben feindliches Gewehrfeuer. Panzerjäger der Co. B, 661st TD Bn, die über Steinbach vorrücken, werden gegen 12.45 Uhr (B) südlich des Ortes für zwei Stunden an einer Panzersperre aufgehalten und fahren dann nach Pleismar. Gegen 14.45 Uhr (B) rückt die Kolonne, immer wieder aufgehalten durch Teile des CCR, geschlossen über Obermöllern vor, wo sie 15.30 Uhr (B) gemeldet wird und erreicht um 16.37 Uhr (B) Pomnitz. Gegen 17.00 Uhr (B) marschiert das Bataillon durch die Weinberge westlich der Saale bei Naumburg nach Norden und überquert um 17.32 Uhr (B) die Unstrut bei Freyburg. Mit den unterstellten Panzern und Panzerjägern voraus erreichen die Infanteristen über die Hennebrücke von Norden kommend Naumburg.

Militärpolizei der 69th US InfDiv bewacht deutsche Kriegsgefangene bei Bad Kösen
Foto: Fighting 69th Infantry Division Ass.

Infanteristen des RCT 272
am Ortausgang Bad Kösen
Richtung Schulpforte
Foto: 69th Infantry Div Ass.

An gleicher Stelle heute
Foto: Jürgen Möller, 2004

Fernmelder des
RCT 272
bei Bad Kösen
Foto: 69th
Inf. Div. Ass.

Das 3./272 unter Führung von Lt.Col. Edward J. Thompson verlässt gegen Mittag mit dem 880th FA Bn Ostramondra und marschiert über Rothenberga, Hardisleben, Essleben nach Herrengosserstedt, wo um 13.10 Uhr (B) Kontakt mit Teilen der 76th US InfDiv des XX. US Corps der 3rd US Army hergestellt wird. Weiter geht es über Burgholzhausen nach Eckartsberga, wo man um 13.50 Uhr (B) erneut auf Soldaten der 76th US InfDiv trifft. Über Gernstedt, Taugwitz und Hassenhausen erreicht es gegen 14.30 Uhr (B) Bad Kösen. Hier ist der Übergang über die Saale noch immer von der 6th US AD blockiert. Während die Kampfverbände bereits am Morgen mit dem Vormarsch in Richtung Heiligenkreuz begonnen haben, überqueren noch immer Teile des Div.Trains der 6th US AD den Fluss. Durch diese Teile hindurch gehend passieren die Aufklärer von Lt. Wallace J. Moliss I&R Plat., HQ Co. 272nd InfRgt, als Vorhut des RCT 272 die Stadt in Richtung Schulpforte.

Östlich der Stadt geraten sie auf der Straße zur Windlücke unterhalb des Käppelbergs, nahe dem Feldweg am Waldrand, unter Beschuss. Eine kleine Gruppe von Wehrmachtsangehörigen, Volkssturm und drei Jungmannen der N.P.E.A. Schulpforta, die am Vorabend der Befehl zum Rückzug nicht erreicht hatte, haben das Feuer auf die sich nähernden Fahrzeuge eröffnet.[187] Bereits am frühen Morgen hatte sich ein Jeep aus Richtung Bad Kösen ihren Stellungen genähert, aber die Gefahr erkannt und rechtzeitig gewendet.[188] In der Zeit, wo die Besatzung von Pfc. Bert Jaffe's Aufklärungsjeep vor dem MG- und Gewehrfeuer im Straßengraben Deckung sucht, wendet der Rest der Patrouille und rast aus dem Schussfeld. Im Schutz des Straßengrabens gelingt Cpl. Don Rogers, Pfc. Joe Casey, Bert Jaffe und Joe Picone die Flucht. Pfc. George Brewer bleibt beim Fahrzeug zurück. Über die Geschehnisse liegt folgender Bericht vor: *„Ein Wehrmachtsangehöriger befahl Hiese (Jungmann der N.P.E.A. Schulpforta d.A.) das Fahrzeug zu zerstören. Dieser ging mit dem Mann auf offener Straße zu dem Wagen, hörte wimmern, nahm einen jungen Amerikaner gefangen, schoss seine Panzerfaust auf das Fahrzeug ab und kehrte mit Begleiter und Gefangenen zur Windlücke zurück.“* [189]

Während zwei Mann des I&R Plat. Unterstützung holen, alarmiert ein Artilleriebeobachtungsflugzeug um 16.05 Uhr (B) das 880th FA Bn von Lt.Col. George W. Landis, das den Vormarsch des RCT 272 unterstützt. Nachdem die Btry. A und B bereits ihre Feuerstellungen bei Gernstedt für den Weitermarsch verlassen haben und auf der Straße nach Poppel aufgefahren sind, kehrt die Btry. C innerhalb von fünf Minuten in die Feuerstellung zurück und eröffnet geleitet von dem Artilleriebeobachter das Feuer auf die Wälder an der Windlücke.

Blick auf die Straße Schulpforte – Bad Kösen, die unterhalb des Käppelbergs in Richtung Bad Kösen führt. Auf diesem Straßenabschnitt wurde am 12. April 1945 der amerikanische Jeep zerstört.

Foto: Jürgen Möller, 2006

Zerstörter Jeep des I&R Plat. 272nd US InfRgt
Fotos: Fighting 69th Infantry Div. Ass.

Jetzt treffen auch, alarmiert durch die Aufklärer, die ersten Kräfte des 3./272 ein, die erst nach 15.25 Uhr (B) die Brücke überqueren konnten. Als die schweren Maschinengewehre und Granatwerfer der Co. M, 3/272 in Stellung gehen und das Feuer eröffnen, rückt ein zur Hilfe gerufener Plat. Panzer der, in der Nähe befindlichen, 3rd CavRcnSq auf die Windlücke vor. Die Männer der zur 3rd CavGp gehörenden 3rd CavRcnSq schirmen an diesem Tag die Flanke der 3rd US Army nach Norden ab. Panzer- und Artilleriegranaten schlagen auf den bewaldeten Höhen und auf dem Gelände des Zisterzienserklosters Pforta ein. Das Haus auf dem Käppelberg wird durch eine Panzergranate schwer beschädigt, in Schulpforte wird der Erker des Portals, das Mühlengebäude und die Krankenanstalt getroffen, doch niemand kommt zu Schaden.[190] Die Bewohner und in der Anstalt befindliche Evakuierte warten im Luftschutzkeller auf das Ende des Beschusses.

Haupteingang des Klosters Schulpforta
Foto: Jürgen Möller, 2006

Da in den Pausen zwischen den Einschlägen der Granaten immer wieder einige fanatische deutsche Verteidiger das Feuer erwidern, zieht sich der Beschuss über zwei Stunden hin.[191] In der Zwischenzeit stauen sich die Fahrzeuge auf der Straße. Um 18.00 Uhr (B) kommt über Funk der Befehl für die Artilleristen *„Feuer halt"*. Jetzt haben sich in Bad Kösen auch die Infanteristen für den Angriff versammelt und die Co. I, 3./272 beginnt mit dem Vorrücken auf die Sperre an der Windlücke. Noch einmal wird Feuerunterstützung der Artillerie angefordert. Um 19.05 Uhr (B) schweigen die Geschütze der Btry. C. Die letzten Verteidiger haben ihre Stellungen längst verlassen und sind geflohen. Einige von ihnen fallen in den nächsten Tagen den Amerikanern in die Hände und landen, ebenso wie der Jungmann Hiese, in den Rheinwiesenlagern.[192] Pioniere des A&P Plat., 3./272 sprengen unter Führung von Tec 5 Hutchison innerhalb kurzer Zeit die Panzersperre hinter der Windlücke. In der Napola erwartet der stellvertretende Anstaltsleiter, Studienrat Göldner, die Amerikaner, welche sich nach der Beseitigung der Sperre der Anstalt nähern. Göldner schreibt: *„Als der Artilleriebeschuss für eine längere Zeit aussetzte, ging ich zum Torgebäude, um die Amerikaner zu erwarten. Nach einiger Zeit kamen sie auch von der Windlücke mit Marschsicherung herab; zu beiden Seiten der Straße schwerbewaffnete Schützenketten, in der Mitte die Panzer. Vor dem Pfortenportal wurde haltgemacht. Ein Offizier und zwei Mann kamen auf mich zu, und da keiner von ihnen deutsch sprach, bemühte ich mich, den Soldaten mit meinem brüchigen Schulenglisch klar zu machen, dass sich in Pforte kein deutscher Soldat verborgen hielt, sondern nur unbeteiligte Zivilbevölkerung...“*

Nach kurzen Verhandlungen zwischen dem Offizier und Studienrat Göldner versammelt sich das 3./272 zwischen Schulpforte und Almrich und reorganisiert sich.[193] Das Bataillon meldet nach den Kämpfen 65 deutsche Kriegsgefangene. Bei Almrich finden die Männer von Capt. McFarland's HQ Co. 272 auch Pfc. Brewer unversehrt vor, der nach seiner Gefangennahme dorthin gebracht wurde. Der Vorausabteilung des 880th FA Bn unter Capt. Tindel, die mit den Infanteristen vorrückt, gelingt ein besonderer Fang. Den amerikanischen Artilleristen fällt bei Almrich Gen.Maj. Erich Scholz, der „Verteidiger von Naumburg“ in die Hände. Auf Befragung äußert er, dass er sich zur Genesung in Naumburg befindet und den Auftrag hatte, die Stadt mit 160 Mann zu verteidigen. Um 20.35 Uhr (B) meldet das RCT 272 an den Div.CP: *„Straßensperre östlich RP 109 (Bad Kösen d.A.) zerstört. 3rd Bn setzt fort.“*

Das 2./272 unter Führung von Lt.Col. Wayne G. Springer, das in Großmonra verblieben war, marschiert gegen 15.25 Uhr (B) gefolgt vom Regtl.CP des RCT 272 über Bachra, Rothenberga südwärts nach Hardisleben, dann über Essleben, Herrengosserstedt, Burgholzhausen, Eckartsberga, Gernstedt, Taugwitz nach Hassenhausen. Hier wird die Kolonne für längere Zeit in der Nähe des Flugplatzes Punschrau aufgehalten. Vor ihnen staut sich das 3./272, das auf den Übergang über die Saalebrücke in Bad Kösen wartet. Erst am Abend wird die Brücke überquert und das Bataillon geht in Schulpforte durch das haltende 3./272 hindurch nach Naumburg. Gegen 23.00 Uhr (B) trifft die Coll. Co. B, 369th Med Bn unter Capt. James W. William, die das RCT 272 begleitet, in Naumburg ein und bezieht in einem Hotel der Stadt Unterkunft für die Nacht.

Für die Einheiten des RCT 272 ist der Halt nur von kurzer Dauer. Das 1./272 verlässt bereits gegen 18.37 Uhr (B) Naumburg. Gegen 18.45 Uhr (B) passieren seine Spitzen Schönburg und dann versammelt sich das Bataillon bei Prittitz. Noch in der Nacht folgt das 1./272 mit der Co. B, 777th Tk Bn dem CCR der 9th US AD über Teuchern und bezieht ein Biwak an der Autobahn bei Obernessa –

Dippelsdorf. Das 2./272 erhält nach Mitternacht den Befehl zum Verlassen von Naumburg und marschiert mit dem Regtl.CP von Naumburg aus über Schönburg, Possenhain nach Prittitz, wo es sich versammelt. Um 22.30 Uhr (B) erreicht das unterstellte 880th FA Bn die Außenränder von Naumburg und quartiert sich in den dortigen Häusern ein.

Das RCT 273 unter dem Kommando von Col. Charles M. Adams Jr. verlegt als Div.Res. von Schlotheim nach Günstedt und weiter nach Saubach, wo sich auch der 1st Plat. und das HQ Co. C, 777th Tk Bn sowie die Co. C, 661st TD Bn (- 2 Plat.) bis 20.30 Uhr (B) versammeln. Das 881st FA Bn, das dem 273rd InfRgt zur Unterstützung zugeteilt wurde, geht in die Nähe von Bernsdorf.

Die Task Force Zweibel verlässt um 19.00 Uhr (B) ihren Versammlungsraum östlich von Kölleda und fährt nach Steinbach, von wo aus es weiter nach Markröhlitz in den Bereich des RCT 271 geht. Um 24.00 Uhr (B) haben sich die Einheiten der TFZ im Raum Markröhlitz versammelt, wo der Task Force die Co. A, 86th Cml Mort Bn unterstellt wird.

Das in Büschel befindliche 724th FA Bn der DivArty der 69th US InfDiv betreibt am Morgen östlich des Ortes Aufklärung, ohne auf Widerstand zu treffen. Am Nachmittag machen die Artilleristen im Burgwender Wald 21 Kriegsgefangene. Dann erhält das Bataillon mit den schweren 155mm Haubitzen den Befehl zum Abmarsch. Als das Nachkommando unter Capt. Dennis die Hinweisschilder in diesem Gebiet einsammelt, ergeben sich ihnen noch einmal 23 Mann. Gegen 18.00 Uhr (B) hält das Bataillon einen Kilometer östlich von Golzen auf der Straße Kirchscheidungen – Laucha, als vier deutsche Jagdflugzeuge die Kolonne angreifen. Sofort eröffnen die 40mm M1-Bofors-Flak der Btry. D, 461st AAA (AW) Bn und die .50cal MG der Artilleristen das Feuer. Zwei abgeworfene Bomben landen in 300 Meter Entfernung von den Fahrzeugen im freien Gelände in der Nähe der Baracken der Zuckerfabrik und auf einer Wiese ohne Schaden anzurichten.[194]

Deutsche Me 109 Jagdflugzeuge greifen im sogenannten „Dämmerungseinsatz" die amerikanischen Truppen im gesamten Frontabschnitt zwischen der Weißen Elster bis zur Saale an, ohne jedoch größere Erfolge zu erzielen. Das 461st AAA (AW) Bn der 69th US InfDiv registriert an diesem Tag den Angriff von insgesamt dreizehn deutschen Flugzeugen, wobei nach eigenen Angaben eines mit großer Sicherheit, vier wahrscheinlich und zwei möglicherweise zerstört werden. Ein deutsches Jagdflugzeug stürzt bei Lengefeld, südlich von Bad Kösen, ab.[195]

105mm Haubitzen M2A2 der DivArty der 69th US InfDiv in Feuerstellung, darüber ein Artilleriebeobachtungsflugzeug der DivArty vom Typ Piper L-4 Grasshopper
Foto: Al Kormas, Bulletin Fighting 69th Infantry Division Ass.

Um 22.00 Uhr (B) endet der Marsch des 724th FA Bn in Uichteritz und die Artilleristen gehen südwestlich des Ortes in Stellung. Das vom Corps unterstellte schwere 955th FA Bn verlegt nach Bad Kösen. Auch die übrigen selbstständigen Einheiten der 69th US InfDiv rücken am Abend nach. Der Bn.CP, 661st TD Bn erreicht mit der HQ Co. und der Rcn Co. Kölleda, wo um 18.07 Uhr (B) der Befehl eintrifft, schnellstmöglich nach Naumburg zu verlegen, da Weißenfels noch nicht eingenommen ist. Über Freyburg erreicht der Bn.CP Naumburg. Der Div.CP der 69th US InfDiv verbleibt in Kölleda und der Tac CP erreicht um 21.15 Uhr (B) Markwerben.

Die 2nd US InfDiv unter Führung von Maj.Gen. Walter Melville Robertson folgt am Vormittag aus dem Raum Sondershausen den Panzern des CCB der 9th US AD an der Nordflanke des V. US Corps.

Das RCT 23 von Col. Jay B. Loveless verlässt am frühen Morgen den Raum Sondershausen und bewegt sich gegen vereinzelten Widerstand an der Linken der Division über Bendeleben, Bad Frankenhausen, Esperstedt, Ringleben, Artern geschlossen hinter den Elementen des CCB, 9th US AD. Das 1./23 von Maj. Morris B. Montgomery erreicht an der Spitze des RCT gegen 15.00 Uhr (B), aufgesessen auf den Panzern und Panzerjägern der Co. B, 741st Tk Bn und des 1st Plat. Co. B, 612th TD Bn, Esperstedt und geht über Schönfeld nach Artern, das gegen 17.15 Uhr (B) passiert wird. Um 22.00 Uhr (B) erreicht es die Umgebung der Straßenkreuzung südlich von Obhausen. Vorauskräfte des 1st Bn fühlen mit dem 1st Plat. Co. B, 612th TD Bn bis Schafstädt vor und nehmen dort gegen 19.30 Uhr (B) Kontakt mit den Einheiten des CCB auf. Das 2./23 unter Führung von Lt.Col. William A. Smith folgt dem 1./23 und fährt mit der Co. C, 741st Tk Bn und dem 2nd Plat. Co. B, 612th TD Bn nach Obhausen-Petri, wo Vorauskräfte mit dem 2nd Plat. Co. B, 612th TD Bn um 18.45 Uhr eintreffen. Die Hauptkräfte des 2./23 versammeln sich bis 22.00 Uhr (B). Das 3./23 unter Maj. Martin E. Coopersmith erreicht mit dem 3rd Plat. Co. B, 612th TD Bn als Regtl.Res. um 20.30 Uhr (B) Querfurt. Auf dem Marsch werden die Panzerjäger mit Panzerfäusten beschossen, ohne getroffen zu werden. Der Regtl.CP des 23rd InfRgt geht ebenfalls nach Querfurt, wo die HQ Co. unter Capt. Maximillion A. Drueke um 21.45 Uhr (B) Quartier für die Nacht bezieht.

Das RCT 9 setzt unter dem Kommando von Col. P. D. Ginder an der Rechten der Division am Nachmittag den Vormarsch hinter den Elementen der 9th US AD fort und kommt nur langsam voran. Über Stunden sind die Straßen, auf welchen die Bewegung erfolgen soll, verstopft durch die Trains der 9th US AD und bei Einbruch der Dunkelheit hält das Regiment in einem Feldbiwak in der Nähe von Günserode. Erst als die Kolonnen der 9th US AD weg sind, beginnt das RCT mit einem Nachtmarsch über Sachsenburg, Heldrungen, Reinsdorf, Wangen, Nebra und erreicht die befohlenen Räume in der Morgendämmerung des 13. April 1945. Das 1./9 beginnt um 18.00 Uhr (B) den motorisierten Marsch nach Jüdendorf, wo es sich zur Verteidigung einrichtet. Die Co. A geht mit dem gleichen Auftrag in Katzendorf in Stellung. Das 2./9 erreicht Schnellroda um 06.00 Uhr (B) des 13. April 1945. Das 3./9 trifft mit den 2nd Plat. Co. A, 741st Tk Bn gegen 04.00 Uhr (B) im Versammlungsraum Albersroda ein. Hier kommt am Morgen des 13. April 1945 auch der Regtl.CP des 9th InfRgt und der Co.CP der unterstellten Co. A, 612th TD Bn an.

Das RCT 38 unter Col. Francis H. Boos, das sich in der Div.Res. der 2nd US InfDiv befindet, beginnt am Nachmittag mit der Verlegung in den neuen Sammelraum Sondershausen, wo es am Abend eintrifft. Der Div.CP der 2nd US InfDiv, der am Vormittag nach Sondershausen verlegt hat, geht weiter nach Bad Frankenhausen und verbleibt dort über Nacht.

Für die deutschen Truppen im mitteldeutschen Raum verschlechtert sich die Lage seit dem Beginn der amerikanischen Großoffensive am 10./11. April 1945 mit rasanter Geschwindigkeit. Der Angriff der amerikanischen Verbände reißt eine riesige Lücke in die ohnehin dünne, brüchige deutsche Abwehrfront zwischen Harz und Thüringer Wald. Während die Restkräfte der 11. Armee zu den Südharz-Rändern abgedrängt werden und am 15. April 1945 endgültig eingeschlossen sind, fliehen die Reste der im Raum Erfurt – Weimar zersprengten 7. Armee vor den nachdrückenden amerikanischen Panzerverbänden nach Osten. Lediglich größere Wasserhindernisse, welche von der Wehrmachtsführung zu Verteidigungslinien erklärt wurden, und zerstörte Brücken bremsen den Vormarsch der Alliierten kurzzeitig.

Das XC. AK der 7. Armee, bei dem sich die letzten Kräfte in der Nacht zum 12. April 1945 über die Saale zurückgezogen haben, wird durch den amerikanischen Angriff hinter die Weiße Elster zurückgedrückt, ohne dass es gelingt, eine Frontlinie aufzubauen. Mit ihnen weichen auch die Kräfte der Saale-Verteidigung aus, die in das XC. AK eingegliedert werden. Am Abend stehen die Besatzungen von Weißenfels und Zeitz im Kampf mit den amerikanischen Spitzen. Die Kräfte das stellv. Gen.Kdo. IV. AK des W.Kr. Dresden unter dem Kommando von Gen.d.Pz.Tr. Walter Krüger, die an der Weißen Elster zwischen Zeitz und Gera und an der Muldelinie stehen, vermischen sich mit den Verbänden der 7. Armee. Der OB West kann sich an diesem Tag mit seinem Befehlszug kurz vor Eintreffen der amerikanischen Truppen von Jena nach Hirschau i.d. Oberpfalz absetzen. Im Abschnitt der neu aufzustellenden 12. Armee geht die Formierung der neuen Verbände auf Grund von fehlendem Treibstoff und Transportraum sowie Mangel an Waffen und Munition nur mühsam voran. Die Armeegrenze zwischen der 7. und 12. Armee verläuft jetzt von nördlich Weißenfels bis Zwenkau. Im Rücken der 7. und 12. Armee nähert sich von Osten her die Front der aus Schlesien zurückweichenden 4. PzArmee unter dem Oberbefehl von Gen. Fritz-Herbert Gräser der H.Gr. Mitte.

An diesem Tag erfährt die Welt aus dem Radio, dass der amerikanische Präsident Franklin Delano Roosevelt verstorben ist. Während die amerikanische Generalität und die Alliierten bestürzt auf diese Nachricht reagieren, löst sie bei Hitler und seiner Gefolgschaft Euphorie aus. Doch die Hoffnung, dass der Tod Roosevelts die westlichen Alliierten im weiteren Vorgehen bremsen und dem deutschen Oberkommando eine Atempause für die Stabilisierung der Westfront schaffen würde, erfüllt sich nicht.

* * *

[1] ARATORA Heft 11/2001.

[2] Gem. ARATORA um 06.00 Uhr.

[3] Gem. Dr. Kürschner.

[4] Gem. ARATORA u. Amtsblatt Artern 4/95 und 5/95.

[5] Bericht von Klaus Schmölling, ARATORA Heft 1/1991, nennt mittags. Dr. Jürgen Kürschner gibt 12.00 Uhr an. Ursula Künzer nennt im ARATORA Heft 6/1996 als Uhrzeit 17.00 Uhr. Gem. Kürschner kam es durch zwei Bomben zu Schäden im Gleisbereich. *„Gleis zerstört und das gesamte Gleis so hochgehoben, dass es auf der anderen Seite des Gebäudes wieder herunter kam.“*.

[6] ARATORA Heft 1/1991.

[7] ARATORA Heft 12/2002.

[8] ARATORA Heft 5/1995, Bericht Willie Bleisteiner „Zur Geschichte der Geyerfirma“.

[9] „Notizen zum Thema: Vor 50 Jahren – Das Kriegsende in Tanne/Harz“ v. Otto Hesse und Carl Heinz Hühne.

[10] ARATORA Heft 11/2001 – gem. Ziegler wurde das AL Adorf am 06.04.45 aufgelöst.

[11] Amtsblatt Artern 04/95.

[12] Gem. Dr. Jürgen Kürschner, Artern.

[13] Durch Dr. Jürgen Kürschner wurde die Aussage korrigiert, dass an der Sperre Wehrmachtsangehörige in Gefangenschaft gingen. Sie sollen sich zu diesem Zeitpunkt bereits abgesetzt haben.

[14] Ebenda.

[15] Gem. der History der Co. D soll der Panzer an der Waggonsperre auf die amerikanischen Panzer gefeuert haben. Daraufhin sollen die nachfolgenden mittleren Panzer der Co. B das Feuer erwidert haben, woraufhin er wegfuhr.

[16] Gem. Dr. Jürgen Kürschner stand der verlassene Panzer dort und auf ihm lag eine größere Menge an Patronenhülsen.

[17] Aus „Phantom Nine“. Während dort die Bezeichnung „Bulldozer“, also „Panzerplanierraupe“ verwendet wird, gibt Kürschner an, dass es sich um einen Sherman-Panzer mit Räumschild handelte. Die History der Co. D spricht jedoch auch von einem „Bulldozer“.

[18] Gem. Dr. Jürgen Kürschner kam es zwischen 05.30 und 06.00 Uhr in den Stadt zu Schießereien, wo ist nicht bekannt. Die History der Co. D, 19th Tk Bn spricht von Beschuss durch Panzerfaustschützen und Infanterie.

[19] Gem. Dr. Jürgen Kürschner. Gemäß Ziegler sollte sie für den Rückzug der Wehrmacht intakt bleiben.

[20] Bericht von Erich Scholz. Panzerfahrer, in der Thüringer Allgemeinen v. 15.04.2005. Nach seiner Aussage war die Straße nach Artern in Kalbsrieth gesperrt. Die Sperre war am 11. April 1945 geschlossen worden.

[21] Gem. Mattkay, Ziegelroda.

[22] Später werden diese häufig als Werwölfe bezeichnet, was so nicht zutrifft. Es hat sich wahrscheinlich um Napola-Schüler und Hitlerjungen aus Wehrertüchtigungslagern der

Umgebung gehandelt. Jungmannen der Klosterschule Roßleben befanden sich ebenfalls bei Ziegelroda. Siehe hierzu auch Hantsche, Querfurt.

[23] Gem. dem Bericht von Otto Skibbe aus Roßleben sollen aufgeputschte Hitlerjungen zwischen Kreuzchaussee und Wald mehrere Panzer abgeschossen haben. In den amerikanischen Unterlagen werden jedoch keine Panzerverluste gemeldet. Anscheinend blieben die Panzerfaustattacken ohne Erfolg.

[24] Gem. Otto Skibbe. Über getötete Hitlerjungen gibt es keine belegten Angaben.

[25] Gasthaus Herbst, Querfurter Str. 11.

[26] Aussage zum Ortsgruppenleiter gem. Schilling, Ziegelroda. Die weiteren Angaben gem. Mattkay. Es wird auch von einem Volkssturmführer gesprochen, der wahrscheinlich identisch ist mit dem Ortsbauernführer.

[27] Gem. Skibbe und Mattkay

[28] Gem. Mattkay.

[29] Gem. „Phantom Nine". Aussagen zur Umgehungsstrecke gem. Mattkay und Schilling. Die Wege waren lehmig und jahreszeitlich bedingt in keinem guten Zustand.

[30] Zeitzeugenbefragung durch Gerhard Heinrich, Sangerhausen. Bericht liegt vor. History Co. D, 19th Tk Bn. Zeitzeugen bestätigen, dass aus dem Wald nordöstlich von Ziegelroda auf die Amerikaner geschossen wurde, darunter war auch Artillerie- oder Panzerbeschuss.

[31] Gem. Mattkay

[32] Ebenda. Der Bäckerteich wurde später verfüllt und existiert heute nicht mehr.

[33] Gem. Zeitzeugenbefragung durch Gerhard Heinrich.

[34] Gem. Unterlagen zu Göhritz/Barnstädt – Sammlung Lautenschläger.

[35] Gem. Skibbe.

[36] Grabkreuz im Wald bei Hermannseck.

[37] Gem. Mattkay. Es handelte sich bei den beiden Wracks, die noch nach dem Krieg dort lagen, vermutlich um einen älteren Pz III oder IV und ein schwer zerstörtes Panzerfahrgestell – möglicherweise von einem kleinen Pz I oder II, vielleicht aber auch von einer Selbstfahrlafette. Ob die Fahrzeuge durch Panzer-, Artilleriefeuer oder Jabo-Beschuss zerstört oder einfach aufgegeben und gesprengt wurden, ist nicht bekannt. Inwieweit ein Zusammenhang zwischen ihnen und einem 500 Meter entfernten Soldatengrab im Wald besteht, ist nicht nachgewiesen.

[38] Bericht Gerhard Heinrich, dessen Familie von 1933–1988 im Bahnhof wohnte, nach den Erzählungen seiner Mutter. Da die Mutter zum damaligen Zeitpunkt noch jung war, kann die Aussage „älterer General" für einen fast 50igjährigen ohne weiteres zutreffen. Über den weiteren Fluchtweg kann nur spekuliert werden. Da Feller zu Hitzfeld in den Harz wollte, liegt nahe, dass die Flucht über Lodersleben weiter durch den Wald Richtung Landgrafroda führte, wo er am nächsten Tag umkommt. Auch woher Feller kam, bevor er Leimbach erreichte, ist unklar. Möglicherweise hatte er sich nach seiner Flucht aus Bachra in den Wäldern der Schrecke oder des Ziegelrodaer Forstes versteckt. Der Hinweis auf den Aufenthalt von Feller in Bachra stammt aus der Sammlung v. Kubatz, wo ein Panzergeneral mit seinem Stab in Bachra genannt wird.

[39] Bericht Heinrich. Gem. Mattkay befanden sich in Ziegelroda Werkzeuglager der Wehrmacht, die von der Bevölkerung ausgeräumt wurden.

[40] Bericht Gerhard Heinrich nach den Erzählungen seiner Mutter und Kindheitserinnerungen.

[41] Bericht Heinrich, nach den Erzählungen seiner Mutter.

[42] Ebenda

[43] Bericht der PR Section 9th US AD.

[44] Gem. Hantsche.

[45] Gem. Hantsche auf Grundlage des Berichts des damaligen Klosterschülers Menzel. Von welcher N.P.E.A. die Schüler waren, ist nicht überliefert.

[46] Gem. Schilling. Angaben zu Häcker aus den Unterlagen der Familie.

[47] Gem. Zeitzeugenbefragung durch Gerhard Heinrich. Bericht liegt vor.

[48] Gem. Schilling.

[49] Gem. Zeitzeugenbefragung durch Gerhard Heinrich gingen fünf deutsche Soldaten in Gefangenschaft. Bericht liegt vor.

[50] Zitat Zeitzeugenbericht. Zeitzeugenbefragung durch Gerhard Heinrich.

[51] Die hier genannten Angaben entsprechen dem Gräbernachweis des zuständigen Evangelischen Kirchenamts Reinsdorf. Otto Skibbe berichtet von sieben getöteten Personen. Skibbe hat mit den sieben Toten wahrscheinlich jene Soldaten gemeint, welche am 12. April 45 getötet wurden. Mit Brenner und Grünhardt sind es dann neun tote Soldaten. In einem Schreiben des Bürgermeisters von Ziegelroda an die Witwe von Paul Häcker vom 11.02.46 heißt es „mit noch zehn Kameraden bestattet“. Im Archiv Querfurt befinden sich nur Angaben zu den zivilen Toten – zwei Erwachsene und ein Kind, geb. 1941.

[52] Der Pilot soll gem. Mattkay mit Fallschirm abgesprungen sein. Die genaue Todesursache ist unklar.

[53] Bericht des Lehrers und Stadtarchivars Ernst Ihle in „Querfurter Chronik des 20. Jahrhunderts“ v. Joachim Hartmann, 2003. Siehe auch Chronik „1100 Jahre Querfurt“. Der Zeitzeuge Johannes Beck spricht von „möglicherweise drei Panzern“. Ein Verwandter von Beck, Jahrgang 1930, bestätigt, dass am oberen Querfurter Stadteingang „mehrere deutsche Panzer und gepanzerte Fahrzeuge aufgefahren“ waren, die sich absetzten, als die Amerikaner an der Stadt vorbeifuhren.

[54] Bericht Erich Scholz in der Thüringer Allgemeinen v. 15.04.2005.

[55] Gem. Beck.

[56] Bericht des Lehrers und Stadtarchivars Ernst Ihle in „Querfurter Chronik des 20. Jahrhunderts“ v. Joachim Hartmann, 2003. Siehe auch Chronik „1100 Jahre Querfurt“.

[57] Gem. „Ziegelroda unter amerikanischer Besatzung“ erfolgte dort die Versammlung des Volkssturms.

[58] Gem. Buch Hantsche, S. 18.

[59] Zitat Hentschel aus Querfurter Stadtanzeiger 15, 2005. Die Stahldraht-Sonden waren Minensuchnadeln.

[60] Bericht des Lehrers und Stadtarchivars Ernst Ihle in „Querfurter Chronik des 20. Jahrhunderts“ v. Joachim Hartmann, 2003. Siehe auch Chronik „1100 Jahre Querfurt“. Zur Übergabe gibt es verschiedene Aussagen. Während einige davon sprechen, dass der Bürgermeister mit einem PKW Opel P 4 und Chauffeur den Amerikanern in Richtung Ziegelroda entgegenfuhr, spricht Joachim Hartmann von zwei Gruppen Querfurter Bürger, die in Richtung Ziegelroda und im Quernetal Richtung Lodersleben ohne den Bürgermeister den Amerikanern entgegen gingen. Beck berichtet, dass er einen Pkw Opel P 4 mit Parlamentären gesehen hat.

[61] Gem. Gespräch Möller – Beck v. 22.03.2008. Um welche Dienststelle es sich handelte ist unklar. Sowohl das Lazarett, als auch die Angehörigen der Dienststelle sollen gem. Beck Ende Juni 1945 mit den Amerikanern abgerückt sein.

[62] Bericht Erich Scholz in der TA v. 15.04.2005. Möglicherweise handelt es sich hier um den, von Johannes Beck angegebenen, zerstörten deutschen Spähpanzer an der Eisenbahnbahnbrücke, die östlich von Querfurt die Landstraße Querfurt – Merseburg überspannt. Scholz setzt sich mit seiner Besatzung nach Mönchpfiffel ab, wo er am kommenden Tag in Kriegsgefangenschaft gerät.

[63] Aus „850 Jahre Göhritz“ von Rainer Lautenschläger.

[64] Bericht von Anneliese Koschmieder, Sammlung Lauterschläger.

[65] Bericht Frieda Kahmann, Sammlung Lauterschläger.

[66] Gem. Koschmieder.

[67] Bericht Pastor Probst, Sammlung Lauterschläger.

[68] In der History des 19th Tk Bn wird geschrieben, dass sie eine feindliche Kolonne zerstört haben, die sich zur Verstärkung nach Schotterey bewegt hat.

[69] Sammlung Rainer Lautenschläger.

[70] Chronik von Göhritz.

[71] In keinem der AAR der Einheiten des CCB wird am 12.04.45 die Stadt Querfurt genannt. Dennoch wurde sie vom CCB besetzt. Das belegt, dass die Besetzung der Stadt unspektakulär und ohne Besonderheiten, wie z.B. Widerstand, erfolgte. Allerdings erfolgte die Besetzung erst gegen Abend und nicht sofort. Damit kommt sowohl das 52nd AIB, das den Panzern des 19th Tk Bn direkt folgte und das 38th InfRgt als erste Besatzung in Frage. Beck gibt an, sich an ein „Indianerkopf“-Abzeichen zu erinnern, welches auf das 38th InfRgt hindeutet.

[72] Bei dieser Art des Feuerns handelt es sich um die sogenannte „Feuer-Aufklärung“. Damit wird versucht, versteckte Gegner zu einer Feuererwiderung zu bewegen, damit diese so ihre Stellungen verraten.

[73] Gem. Beck. Bericht stammt von Willy P. aus Weidenbach, damals in Obhausen.

[74] Gem. “Phantom Nine” und Werner Anton in „Die angloamerikanischen Bombenangriffe während des 2. Weltkrieges auf Ziele im Raum Merseburg und die deutschen Abwehrmaßnahmen“, Schkopau, Mai 2002. Dort wird von Segelflugzeugen gesprochen, die sich dort befunden haben sollen. Gem. Beck gibt aber der Zeitzeuge Willy P. damals in Obhausen, an, dass sich keine Segelflugzeuge dort befanden.

75 „Als Einsatzhafen wurde ein Flugplatz bezeichnet, dessen Gelände vom Reichsfiskus angekauft worden war und der über bestimmte bauliche Anlagen verfügte. Kennzeichen eines solchen E-Hafens war das Vorhandensein eines sogenannten Luftwaffengutes." schreibt Jürgen Zapf in seinem Buch „Flugplätze der Luftwaffe 1934–1945 und was davon übrig blieb". Sie wurden bis anfangs des Krieges in E-Häfen I. und II. Ordnung unterschieden, dann nur als E-Häfen und ab etwa 1943 als Flugplätze bezeichnet.

76 Gem. Tessin. Siehe auch Merseburger Beiträge 1/2002, Heinz Rehmann, S. 14.

77 Gem. Tessin.

78 Die Chronik der USAAF nennt den Einsatz von 73 Bombern, was mit Sicherheit zu viel sein dürfte.

79 Gem. Beck. Bericht stammt von Willy P. aus Weidenbach, damals in Obhausen.

80 Gem. 19th Tk Bn, S. 36 „in der Nähe der Orte Steuden und Schafstädt".

81 Die Angaben zu den Standorten der Flakstellungen beruhen auf der Auswertung der Bücher „Verbände und Truppen der deutschen Wehrmacht und der Waffen-SS" von Tessin; „Flak" von Koch, „Gruppenfeuer und Salventakt" von Nicolaisen; „Feuerglocke" von Dülk; den Berichten von Pacyna, Rox, Kilian und weiteren beteiligten Zeitzeugen; umfangreichen Recherchen von Rose, Berlin, und Czepluch, Halle/S., den Berichten von Ortschronisten der Region sowie der Auswertung der Unterlagen der amerikanischen Verbände.

82 Diese Thematik wird ausführlich im Buch „Flak im Endkampf Leuna 1945" behandelt.

83 Der AAR der 38th CavRcnSq bestätigt am 13. April 45 die drei Lager.

84 Gem. den Recherchen von Gerhard Heinrich.

85 Der 1st Plat., Tp. E, 89th CavRcnSq nennt drei 75mm Geschütze mit Personal.

86 Sammlung Kubatz.

87 Kubatz nennt 10.00 Uhr als Zeitpunkt der Besetzung von Donndorf.

88 Tagebuch Frau Bast, Sammlung Sommerburg. In Bottendorf war die Brücke an der Mühle zerstört.

89 Siehe hierzu die Ausführungen zum 3./271 auf den folgenden Seiten.

90 Gem. den Webseiten der Klosterschule Roßleben von Giesela Burghardt.

91 Gem. Otto Skibbe starben am 9. April 1945 sechs Bergarbeiter (darunter Ernst Kathe), der Ukrainer Johann Tezky und der Franzose Souwage. Gemäß der ABM-Ausarbeitung 2117/98 starb Kathe bereits am 7. April 1945 und am 9. April 1945 sechs deutsche Bergarbeiter, der Bergarbeiter polnische Johann Tycky aus dem Kr. Dobromil und der Franzose Sauvage. Johann Tycky stammte aus der Wojewodschaft Wolhynien, die 1921 zwischen Polen und der Ukraine aufgeteilt wurde. Im Kreis Dobromil gab es einen großen Anteil an deutschstämmiger Bevölkerung, von denen 1915 zirka 240 000 ausgesiedelt wurden. Daher die verschiedenen Angaben zur Nationalität.

92 Ebenda.

93 Tagebuchaufzeichnungen, Sammlung Sommerburg. Die Zeitzeugin möchte nicht genannt werden, die Unterlagen liegen beim Autor vor. Gemäß dem Tagebuch wird als Zeitpunkt der 10. April 1945 angegeben, der Abmarsch erfolgte aber wahrscheinlich früher.

[94] Ebenda.
[95] Gem. Skibbe.
[96] Gem. Hantsche. Gespräche mit Menzel.
[97] Webseiten der Klosterschule Roßleben von Giesela Burghardt.
[98] Gem. Skibbe und dem Tagebuch von Fr. Bast.
[99] Im AAR des 656th TD Bn heißt es „Airplane Factory" – Flugzeugfabrik.
[100] Gem. dem Archiv der Stadt Nebra und ARATORA Heft 2000. Das Geschütz soll gem. ARATORA auch einmal geschossen haben. Im Tagebuch eines Angehörigen der H.Flak.Abt. (mot.) 279 aus dem Bestand von Jürgen Nägler, Wohlmirstedt, finden sich Hinweise, dass sich diese Abteilung auch durch diesen Raum bewegt haben könnte.
[101] Nicht zu verwechseln mit dem Ort Zuckerfabrik Vitzenburg zwischen Memleben und Bucha.
[102] Archiv Nebra, Hartmann.
[103] Bericht PR Sect. 9th US AD. Woher diese Meldung kam, ist nicht bekannt. Die Brücke war intakt und wurde kurz darauf genutzt.
[104] Auch der Heimatforscher Tomaszewski, Burgscheidungen, gibt an, dass die Brücke nicht zerstört war.
[105] Chronik von Baumersroda auf www.baumersroda.de.
[106] Gem. Zeitzeugenbericht Karl Hörich, Bad Bibra.
[107] Gem. „Phantom Nine".
[108] Gem. Hörich, der sich auf Grund einer Verwundung in Bad Bibra befand, wurden sie befragt, ob sie an den Kämpfen in der Normandie teilgenommen hatten.
[109] Buchenwaldheft Nr. 16, Evakuierungsmärsche der AL des KZ Buchenwald.
[110] „Die Wehrmachtsjustiz 1933–1945" S. 412.
[111] Gem. Hörich rief einer von ihnen vor der Erschießung, dass er aus Weißenfels wäre.
[112] Gem. Hörich kamen die Truppen von Saubach und um 09.00 Uhr kam motorisierte Infanterie aus Richtung Nebra.
[113] Gem. der „Chronik von 1945" von Rektor Barkowski, Laucha, Archiv Stadt Laucha.
[114] Zeitzeugenbericht Stadtarchiv Laucha.
[115] Gem. der „Chronik von 1945" von Rektor Barkowski.
[116] „Nachkriegszeit und geteiltes Deutschland" auf www.rittergut-kirchscheidungen.de.
[117] Bericht von Günter Krebs, damals Balgstädt, im Naumburger Tageblatt v. 18.05.2005.
[118] Aus Naumburger Tagblatt v. 04.04.05. Im LVZ Sonderheft 1995 wird als Zeitpunkt des Eintreffens zwischen 09.00 und 10.00 Uhr angegeben.
[119] Zeitzeugenbericht Manfred Seifert.
[120] Bericht Thilo Ziegler, damals Burgheßler.
[121] Aus der Liberal-demokratischen Zeitung Naumburg v. 12.04.85 – Archiv Museum Naumburg.
[122] „…wir atmen alle auf…" Ein Brieftagebuch herausgegeben v. Martin Onnasch, Naumburg, 1995.
[123] Gem. dem AAR 273rd InfRgt.

[124] Die ersten amerikanischen Truppen erreichten gem. Roland Schlag, dessen Großvater Albin Schlag von 1930–1970 der Fährmann war, nicht vor dem 13. April 1945 Schellsitz mit zwei Jeeps, also stammt die Information entweder von der Bevölkerung oder von Kriegsgefangenen.

[125] Gem. unbestätigten Erzählungen soll der Direktor der Hennen-Brauerei, Georg Puruker, die Kabel durchschnitten haben, um die Sprengung zu verhindern. Da die 9th US AD angibt, dass ein deutscher Hauptmann der überrumpelten Brückenwache bei der Entschärfung helfen musste, ist es möglich, dass besagter Puruker, der möglicherweise Hauptmann der Reserve war, das Kommando an der Brücke hatte. Betreffs der Anzahl der Sprengpanzer wird im AAR des 27th AIB von „Sieben Mistviechern" gesprochen.

[126] Nachdem in den 50er Jahren bereits Wrackteile aus der Saale geborgen wurden, werden 1996 bei Abrissarbeiten zum Neubau der Hennebrücke vier der Sprengpanzer in zwei Meter Tiefe in der Saale gefunden. Mitarbeiter der Kampfmittelräumungsfirma Franz Lutomsky haben die ferngelenkten Ladungsträger geborgen und an das Militärgeschichtliche Museum der Bundeswehr in Dresden übergeben. Aus Naumburger Tageblatt v. 20.03.06, „Hitlers letzte ‚Wunderwaffen' lagen unter der Hennebrücke auf Grund" v. Hans-Dieter Speck. Besagte Ladungsträger gehören jedoch mit Sicherheit nicht zu den „Wunderwaffen".

[127] Entgegen dem Bericht von Grüneberg befand sich gem. Dr. med. Schlegelberger, der im April 1945 als 13jähriger in der „Erholung" an der Vogelwiese wohnte, im Gebäude kein Gefechtsstand des Kampfkommandanten. Im Keller befanden sich jedoch gem. Schlegelberger zwei Luftwaffenoffiziere, die Meldungen über die Luftlage weitergaben. Dabei muss es sich um die örtliche Luftschutzleitung gehandelt haben. Das führte wohl zu der Annahme, dass sich dort ein Gefechtsstand befand. Das Gebäude „Zur Erholung" in der Karl-Seyferth-Str., am Südende der Vogelwiese, wurde 1807 vom Naumburger Erholungsverein erbaut und diente nach Kriegsende als „Haus der Offiziere der Sowjetarmee".

[128] Aus der Divisionsgeschichte der 227. InfDiv.

[129] Bericht von Wilhelm Grüneberg, Waffenmeister a.D. und Kaufmann aus Naumburg, Stadtarchiv Naumburg.

[130] Bericht Dr. Helmut Gatzen, veröffentlicht auf den Internetseiten des Museum Naumburg. Siehe auch Bericht v. Waltraud Bender, Naumburger Tageblatt.

[131] „Überlebender unverschämt" v. H. Bjarsch; siehe auch Brieftagebuch von Onnasch.

[132] Ein junger Stabsmelder des K.Kdt. Weißenfels wurde mit einem Leichtmotorrad von Weißenfels nach Roßbach an der Saale entsandt, um den Befehl zur Sprengung der dortigen Brücke zu übermitteln. Roßbach gehörte zum Landkreis Weißenfels. Bei Pödelist wird er jedoch an einer Panzersperre von einigen 60 bis 80-jährigen Volkssturmmännern aufgehalten und nach Weißenfels zurückgeschickt. Der Sprengbefehl muss also vom Kommandeur des Volkssturms aus Naumburg gekommen sein.

[133] Artikel „Menschen, Schicksale, Erinnerungen" im Naumburger Tageblatt v. 08.04.95.

[134] Artikel „1945 – Ende und Anfang/Erinnerungen" von Walter Wirth, ehemaliger Stadtarchivar in Naumburg in der MZ v. 30.03.1995.

[135] Ob sich dort die einzige Waffenausgabestelle befand, ist unklar. Nach Aussagen von Dr. Schlegelberger lag der Haufen am Morgen des 12. April noch immer dort, während der Leutnant verschwunden war. Größere Mengen an Waffen- und Munitionsreste wurden im Sommer bei den Abrissarbeiten der „Erholung" gefunden. Die Aussage im Artikel „Menschen, Schicksale, Erinnerungen" im Naumburger Tagblatt v. 08.04.95, dass die Waffenausgabe in der N.P.E.A. Naumburg erfolgte, scheint jedoch falsch zu sein, da sich in den Berichten der Jungmannen der N.P.E.A. keine Hinweise finden, die von einer Waffenverteilung am Morgen des 12. April 1945 sprechen.

[136] Gem. dem Naumburger Tageblatt v. 08.04.95 „Menschen, Schicksale, Erinnerungen" erfolgte die Kennzeichnung der Verwundeten mit einer weißen Armbinde. Das kann so jedoch so nicht richtig sein, da es keine offizielle Kennzeichnung für Verwundete gab. Es ist davon auszugehen, dass man den Volkssturm mit einer weißen Armbinde und der Aufschrift „Deutscher Volkssturm" oder „Volkssturm der Wehrmacht" als Kombattanten kenntlich gemacht hat. Von diesen Armbinden gab es mehrere Ausführungen.

[137] Artikel „Menschen, Schicksale, Erinnerungen" im Naumburger Tagblatt v. 08.04.95. Siehe auch Artikel „1945 – Ende und Anfang/Erinnerungen" von Walter Wirth in der MZ v. 30.03.1995.

[138] Gem. Dr. Justus Weihe.

[139] In dem veröffentlichten Brieftagebuch heißt es, dass der Oberbürgermeister die Verteidigung verhindert haben soll. Es gibt jedoch keine Anzeichen hierfür. Siehe auch Bericht Grüneberg.

[140] Gem. Grüneberg. Ein anderer Zeitzeuge bestätigt das. Gem. Bjarsch fiel kein Schuss. Aussagen zur „Erholung" v. Dr. med. Schlegelberger.

[141] Gem. Dr. Helmut Gatzen, Gütersloh, auf der Webseite des Museum Naumburg.

[142] Artikel „1945 – Ende und Anfang/Erinnerungen" von Walter Wirth in der MZ v. 30.03.1995.

[143] Angaben zur Brücke stammen von Rainer Nette. Er nennt den Nachmittag des 11.04. 45 als Zeitpunkt der Sprengung. Die Amerikaner melden, dass die Brücke am 12.04.45 vor ihren Augen gesprengt wurde.

[144] Artikel „Menschen, Schicksale, Erinnerungen" im Naumburger Tageblatt.

[145] Ebenda.

[146] Gem. Dr. Weihe.

[147] „Erinnerungen an die NAPOLA Naumburg" v. Becker, S. 96.

[148] „Erinnerungen an die NAPOLA Naumburg" v. Becker, S. 104. Möglicherweise besteht ein Zusammenhang mit der erwähnten Panzersperre auf der Jenaer Straße.

[149] „Menschen, Schicksale, Erinnerungen" im Naumburger Tagblatt.

[150] Ebenda.

[151] „Erinnerungen an die NAPOLA Naumburg" v. Walter Becker, S. 91.

[152] Artikel v. Lothar Penndorf, Gen.Maj. der NVA, a.D. zu 100 Jahre „Naumburger Kadette“ im Burgenland Journal v. 25.03.00. Auch Gen.d.Pz.Tr. Hasso von Manteuffel war Absolvent der Naumburger Kadette.

[153] Ebenda.

[154] Es besteht ein gravierender Widerspruch zwischen der Aussage zum Oberbürgermeister im Brieftagebuch von Onnasch und dem Bericht von Grüneberg.

[155] Ähnliche Berichte zu Plünderungen finden sich auch im Naumburger Tageblatt v. 08.04.95.

[156] Gem. Irrgang.

[157] Gem. Berichten sollen sich die Zwei ergeben haben und wurden dann erschossen. Über den genauen Hergang gibt es keine Informationen.

[158] Gem. Trommer, Stössen.

[159] Die vorliegenden Unterlagen deuten darauf hin, dass das Bataillon dem CCA über die Saale hinaus folgen sollte. Das 2nd und 3rd Bn hatte eindeutig die Stadt Weißenfels als Ziel.

[160] Gemäß einem Bericht in der Freiheit Nr. 86 vom 12.04.85 sollen einige der Wehrmachstangehörigen auf ihrer Flucht versucht haben, die Brücke über die Unstrut zu sprengen. Die Sprengung soll lediglich ein Loch in die Mitte der Brücke verursacht haben, welches später schnell repariert wurde. Andere, wie z.B. Tomaszewski, bezweifeln, ob es überhaupt zu einem Sprengversuch kam.

[161] Siehe hierzu Bericht Kurt Könnicke in der Freiheit Nr. 84 v. 10.04.85.

[162] Internetseite der Stadt Laucha und Könnicke.

[163] Diese Vermutung bezieht sich auf den Artikel v. Karin Grassmann in der MDZ v. 12.04.95. Der Ablauf der Geschehnisse spricht für diese Vermutung.

[164] Gem. Chronik Barkowski.

[165] Diese Anfrage diente der Feststellung, ob es sich um Jagdbomber des Typs „Thunderbolt“ oder „Lightning“ gehandelt hat. Im IX. TAC waren die verschiedenen Staffeln einheitlich entweder mit dem einen oder dem anderen Typ ausgestattet, so dass es dadurch möglich war, festzustellen, durch wen und warum der Angriff erfolgte.

[166] „V. Corps in ETO“, siehe auch “The 9th Armd Div in Exploitation of REMAGEN Bridgehead”.

[167] Seit 1948 OT von Gröst, das seit 2006 zu Mücheln gehört.

[168] AAR 661st TD Bn.

[169] Begriff aus einem amerikanischen Kartenspiel.

[170] Unveröffentlichtes Manuskript v. Manfred Knauth, Markwerben.

[171] Der deutsche Offizier wurde sowohl von Zeitzeugen in Wiehe als auch in Wohlmirstedt gesehen. Um wen es sich gehandelt hat und wo er gefangengenommen wurde, ist unbekannt.

[172] Gem. Peschel, Querfurter Heimatblätter 4/1994. Siehe hierzu auch Sammlung Kubatz.

[173] Gem. Kubatz handelt es sich um Willi Schmidtke und Otto Pomplitz.

[174] Gem. Sammlung Kubatz.

[175] Gem. Peschel.

[176] Sammlung Kubatz.

[177] Ebenda.

[178] Röder wurde von den sichernden Infanteristen in den Keller geschickt, um dort nach deutschen Soldaten zu suchen.

[179] Dittmar nennt als Kdt. einen Oberst, Gläser und Röder nennen Obstlt. Lochmann, den letzten offiziellen Kdt. der Muna, die Amerikaner sprechen von einem Major. Alle Zeitzeugen sagen einheitlich aus, dass die ständige Besatzung der Muna hauptsächlich aus Zivilisten und Wache bestand. Das deckt sich mit anderen ähnlichen Einrichtungen. Ein Bild des Vaters von Herrn J. Nägler aus Wohlmirstedt, der Wachmann in Lossa war, zeigt eine SA-ähnliche Uniform, die häufig auch von den Lds.Schtz.Btl. getragen wurde. Die Wache war gem. Röder lediglich mit Seitengewehren bewaffnet. Aussagen von Dittmar und Pomplitz, dass sich Angehörige eines Lw.Bau.Btl. oder einer Lw.Trsp.Kp. in der Muna befanden, bestreitet Röder, dessen Vater in der Muna arbeitete.

[180] Gem. Hoppe, Bürgermeister von Lossa, war das Ziel Mockrehna nördlich von Leipzig.

[181] Gem. Untersuchung Staude. Aussagen, dass in der Muna 2 kein Giftgas lagerte, scheinen falsch zu sein, da die Unterlagen der US Army Auslagerungen von Giftgas aus diesem Bereich verzeichnen. In der Muna 2 lagern außerdem Flugzeugteile aus der LZA Kölleda und anderes Material.

[182] Gem. Röder.

[183] Gem. Manfred Spielberg, damals neun Jahre alt. Er spricht von drei bis vier Toten. Einem von ihnen soll der Kopf fast abgerissen worden sein.

[184] Gem. Röder und Kubatz.

[185] Hierbei erfolgt nur der Abtransport der neuentwickelten Kampfstoffe wie z.B. Tabun.

[186] „Zeitbomben auf der Finne", Artikel v. 22.09.95.

[187] Bericht Studienrat Göldner, Archiv Giesecke, Bad Kösen.

[188] Unterlagen Archiv Giesecke.

[189] Gem. Dr. Fichtner, basierend auf persönliche Gespräche mit Prof. Dr. Hiese. Siehe auch Dr. Weihe.

[190] Zeitungsartikel v. Dr. Fichtner

[191] Bericht Göldner Der Beschuss dauerte gem. Göldner zwei Stunden.

[192] Gem. Dr. Weihe.

[193] Bericht Göldner nennt Verhandlungen mit amerikanischen Offizieren.

[194] Chronik Barkowski und History des 724th FA Bn. Siehe auch „Nachkriegszeit und geteiltes Deutschland" auf www.rittergut-kirchscheidungen.de.

[195] Gem. Giesecke. Wie das Flugzeug abgeschossen wurde, ist unbekannt.

V. Der amerikanische Vormarsch südlich von Naumburg

Am **Donnerstag,** dem **12. April 1945** erreicht der Vorstoß der 6th US AD unter Maj.Gen. Robert W. Grow und der nachfolgenden 76th US InfDiv unter Maj.Gen. William R. Schmidt weit vor den parallel angreifenden Verbänden der 4th US AD des XX. US Corps im Süden und der 9th US AD des V. US Corps im Norden die Weiße Elster im Raum Zeitz.

Die 6th US AD beginnt an diesem Tag den Vorstoß aus den Brückenköpfen bei Bad Kösen, Kleinheringen und Camburg mit zwei parallel angreifenden Combat Commands voraus, gefolgt vom Reserve Command. An der Südflanke greift das CCA unter dem Kommando von Col. Albert E. Harris aus dem Raum Camburg an, während das CCB unter Col. Harry F. Manson an der Nordflanke den Angriff aus den Brückenköpfen bei Bad Kösen und Kleinheringen beginnt. Das CCR unter Lt.Col. Embry D. Lagrew folgt diesen Kräften aus dem Brückenkopf Camburg.

Das CT 15, 15th Tk Bn, des CCA beginnt gegen 07.00 Uhr (B) seinen Vorstoß aus dem Brückenkopf Camburg und rückt über Stieglitz – Molau – Aue vor. Um 09.55 Uhr (B) passieren die Vorauskräfte des CT 15 Casekirchen und die Hauptkolonne erreicht über Utenbach den Ort Cauerwitz, der bis 10.20 Uhr (B) gesäubert ist.[1] Dann führt der Weg über die Höhe zwischen Haardorf und Pauscha, wo erste amerikanische Aufklärungskräfte bereits gegen 10.00 Uhr gesichtet wurden. Eine Straßensperre aus einem, mit Kies beladenen, Wagen wird bei Haardorf einfach umfahren. Von Haardorf aus entsendet das CT 15 einen Parlamentär nach Osterfeld, welcher dort auf den Bürgermeister Pollmächer trifft. Trotz dessen Bereitschaft die Stadt zu übergeben, kehrt der Parlamentär ohne Resultat zurück, da der verantwortliche deutsche Offizier eine kampflose Übergabe der Stadt ablehnt.[2] Flankenkräfte des CT 15 schwenken bei Utenbach nach Osten und gehen am Ortseingang von Kaynsberg vorbei in Richtung Goldschau, wo sich versprengte deutsche Soldaten in den Wäldern befinden.[3] In Goldschau, das bereits vorher mit Brandmunition beschossen wurde, wehen weiße Fahnen. Doch ohne weiter nach Osten vorzudringen, ziehen sich die amerikanischen Truppen wieder aus dem Ort zurück und schließen sich der Hauptkolonne an.[4]

In Haardorf setzt sich die Kolonne erneut in Bewegung und rückt über Waldau zur Reichsautobahn 9 München – Berlin bei Roda vor. Nach der Überschreitung der Autobahn erreicht das CT 15 über Hassel den Ort Droyßig, wo es auf den

Verteidigungsgürtel von Zeitz stößt. Batterien der, zur 14. Flak.Div. gehörenden, Flak.UGr. Zeitz eröffnen das Feuer auf die anrückenden Panzer. Am Abend steht das CT 15 bei Droyßig und Weißenborn.

Neben den Flaksoldaten haben im Raum Droyßig – Kretzschau – Grana auch junge Soldaten der Garnison Zeitz, Hitlerjungen und Angehörige des Volkssturmes Verteidigungsstellungen bezogen. Die G-2 Berichte der 3rd US Army nennen später Angehörige der Uffz.Schule Zeitz, Luftwaffensoldaten der 2. Fliegerdivision Dresden, das Volkssturm.Btl. 281, Leipzig, Volkssturm aus Flöha und Jugendliche aus Zeitz und der N.P.E.A. Naumburg.[5]

Bei den nachfolgenden Kämpfen im Raum Droyßig finden zwei Jungmannen der N.P.E.A. Naumburg den Tod, die Masse der Verteidiger flieht oder gerät in Kriegsgefangenenschaft.[6] Unter den Kriegsgefangenen befinden sich eine große Anzahl Hitlerjungen. Durch ein CIC-Team werden an diesem Tag alleine 40 in der Umgebung des Ortes gefangengenommene Hitlerjungen vernommen. Es dürfte sich bei ihnen mit Masse um die Napola-Schüler des Jahrganges 1929 aus Naumburg gehandelt haben, die in der Nacht zuvor nach Droyßig gekommen waren. Nur wenigen der Jungmannen gelingt die Flucht nach Osten. Einer der Erzieher, der Hauptzugführer Müller, wird später östlich der Weißen Elster gefangengenommen und von den Amerikanern standrechtlich erschossen.[7] Nach Überlieferungen sollen die Amerikaner gesagt haben: *„Wir haben nichts gegen euch Kinder, wir haben etwas gegen eure Lehrer, die euch befahlen, auf unsere Panzer zu schießen.“*[8] Am 22. April 1945 kommt es dann in Droyßig noch einmal zu einer Tragödie. Bei der Verladung von eingesammeltem Kriegsmaterial verlieren fünf Jungmannen und ein Erzieher, die man im Mädcheninternat Droyßig interniert hatte, durch die Explosion von Munition ihr Leben. Der Älteste ist gerade 16 Jahre alt.[9] Erst im Mai werden die Übrigen nach Hause entlassen.[10]

Das CT 9, 9th AIB, unter Maj. Gillman E. Morse fährt am Morgen an der rechten Flanke des CCA von Camburg aus über Rodameuschel nach Frauenprießnitz. Hier hatte erst am Morgen General Petersen mit dem Stab des XC. AK den Ort auf seiner Flucht vor den angreifenden amerikanischen Truppen verlassen und war über Walpernhain und Breitenbach nach Lohma geflohen.[11] Über Thierschneck und Grabsdorf erreicht das CT 9 gegen 11.00 Uhr (B) Schkölen, wo aus den Fenstern weiße Fahnen hängen.[12] Gegen 12.25 Uhr (B) trifft das CT 9 bei Zschorgula auf leichten Widerstand und die Panzer und Panzerjäger der Co. C, 15th Tk Bn und des 603rd TD Bn schießen die Stadt in Brand. Beim Weitermarsch wird die Kolonne um 13.20 Uhr (B) durch eine stark verteidigte Straßensperre bei Böhlitz zum Halten gebracht. Es kommt zu einem kurzen Gefecht und die Hauptkräfte umgehen den Ort befehlsgemäß im Süden, während Artillerie den Ort unter Feuer nimmt. Um 14.00 Uhr (B) steht die Kolonne erneut, da quer liegende Bäume die Straße versperren. Nachdem dieses Hindernis mühelos aus dem Weg geräumt ist, stoppt eine zu schwache Brücke über den Leinewehbach östlich von Böhlitz den Vormarsch des CT 9 nach Kleinhelmersdorf endgültig. Daraufhin zieht sich die Vorhut zurück und bewegt sich südwärts nach Großhelmersdorf.[13]

In Großhelmersdorf erhält das CT 9 den Befehl, die Trennungslinie zur südlich angreifenden 4th US AD zu missachten und auf direktem Weg nach Osten vorzugehen. So fährt die Kolonne über Rudelsdorf – Lindau – Stolzenhain – Weißenborn nach Wetterzeube, wo die Panzerinfanteristen die Brücken über den Floßgraben und die Weiße Elster zwischen Wetterzeube und Kossweda erobern und einen Brückenkopf errichten. Als sich die unterstellten Panzer der Brücke über die Weiße Elster nähern, gibt es eine Explosion. Eine versteckte Zeitzünderbombe zerstört die Brücke. Patrouillen werden entlang des Flusses nach Süden entsandt, um eine andere intakte Brücke zu finden. Südlich von Wetterzeube stellen die Patrouillen den Kontakt zur 4th US AD her, finden aber keine andere Übergangstelle in ihrem Abschnitt.

An der Nordflanke der 6th US AD beginnt das CT 44, 44th AIB des CCB, unterstützt durch das 128th AFA Bn, gegen 10.40 Uhr (B) den Angriff aus dem Raum Bad Kösen über Kukulau – Löbschütz, südlich an Naumburg vorbei nach Osten. Nach der Überwindung einer Straßensperre in Heiligenkreuz um 11.25 Uhr (B) marschiert das CT 44 durch Janisroda – Boblas und geht 13.45 Uhr (B) durch Punkewitz. Vor Mertendorf wird das Flüsschen Wethau überquert, nachdem die Pioniere des 3rd Sq., 3rd Plat., Co. A, 25th Armd Engr Bn eine 250kg Bombe von der Brücke entfernt haben.

Die Brücke in Mertendorf Foto: Jürgen Möller, 2006

Über Stössen – Kostplatz – Krauschwitz – Krössuln geht es weiter und das CT 44 erreicht, ohne auf Widerstand zu treffen, Teuchern. Bei Nödlitz kommt die Kolonne zum Halten, da die weit vorausgehenden Aufklärungskräfte des CT 44 hart nördlich von Zeitz nur gesprengte Brücken über die Weiße Elster vorfinden und dabei unter starken Beschuss durch deutsche Flakbatterien geraten.

In Absprache zwischen General Grow und General Leonard erhält das CCB und das 86th CC die Genehmigung zur Überquerung der Weißen Elster in der Zone des V. US Corps. Daraufhin schwenkt das CT 44 nach Norden und erreicht die Weiße Elster bei Pegau, wo dem CT eine intakte Brücke in die Hände fällt. Sofort wird mit der Überquerung des Flusses begonnen und ein Brückenkopf errichtet. Noch in der Nacht bereitet sich das CT 44 darauf vor, den Vormarsch am folgenden Morgen wieder aufzunehmen.

Entlang der Nordflanke des CT 44 setzen im Tagesverlauf die Aufklärer des 86th CC unter Kommando von Lt.Col. Harry C. Brindle den Auftrag zum Schutz der Divisions- und Corpsflanke fort und erreichen über Straßen, die von DP's verstopft sind, Obernessa, wo sie um 16.30 Uhr (B) Kontakt zu den vorderen Teilen des CCR der 9th US AD herstellen. Dann gehen die Aufklärer nach Pegau und sichern in Zusammenarbeit mit dem CT 44 die Brücke über die Weiße Elster.

Bürgermeister Fritz Schmidt
Foto: Manfred Schmidt

Das CT 69, 69th Tk Bn, rückt an der rechten Flanke des CCB von Kleinheringen aus teils querfeldein über Prießnitz und Meyhen auf Beuditz vor, wo es gegen 11.20 Uhr (B) an einer Panzersperre am Ortseingang auf Gewehr- und Panzerfaustfeuer trifft. Bei dem Gefecht werden sechs deutsche Soldaten getötet. Im Ort bricht Feuer aus.[14] Ohne Halt fährt die Kolonne weiter nach Löbitz. Dabei kommt es zu einer Schießerei mit versprengten deutschen Soldaten, bei der eine Feldscheune und eine Stallung in Brand geschossen werden.[15] Dann stehen die Amerikaner gegen 12.00 Uhr (B) vor Löbitz. Dass es nicht erneut zu Schießereien und Zerstörungen kommt, verdankt der Ort dem Löbitzer Bürgermeister Fritz Schmidt, dem es mit Hilfe eines Oberfeldwebels gelingt, eine, im Ort befindliche Flakeinheit zur Aufgabe zu überreden.

Die Einheit, die ihre zwei 2cm Vierlingsflak westlich des Ortes in Stellung gebracht hatte, war erst am Morgen mit der Bahn von Zeitz-Tröglitz kommend in Osterfeld eingetroffen und entladen worden. Die zumeist blutjungen Flaksoldaten ergeben sich widerstandlos. Eine Gruppe von etwa 30 Infanteristen, die im Rittergut lagern, unternehmen Dank dem Zuspruch des Rittergutsbesitzers Voigt, der im 1. Weltkrieg Hauptmann war, keine Anstalten, sich zu verteidigen. Nur einige fliehen, während sich der Großteil ergibt. Da niemand weiter Verteidigungsanstrengungen unternimmt, bleibt auch die vorbereitete Sperre aus zwei mit Pflastersteinen gefüllten Rittergutswagen am Ortseingang unverschlossen. So wehen weiße Fahnen, als die Panzer ins Dorf rollen.[16]

Im nahen Osterfeld wird um 12.00 Uhr Panzeralarm ausgelöst. Eine Wehrmachtseinheit, welche von Italien kommend, auf dem Weg nach Zeitz, die Nacht in der Löbitzer Schule verbracht und am Morgen Richtung bei Pauscha abgerückt war, löst sich auf, als sich die Amerikaner nähern.[17] Immer wieder kommt es zu Schießereien mit deutschen Soldaten, die ihr Heil in der Flucht suchen. Zwischen Löbitz und Pauscha werden zwei deutsche Soldaten getötet, die später auf dem Löbitzer Friedhof beerdigt werden.[18] Amerikanische Aufklärungskräfte schwenken in Lissen nach Pretzsch und gehen bis zur Reichsstraße Zeitz – Naumburg vor. Um 13.30 Uhr erscheinen Parlamentäre des CT 69, 69th Tk Bn auf dem Marktplatz von Osterfeld und fordern das Hissen weißer Flaggen als Zeichen der Bereitschaft zur Kapitulation. In der Zwischenzeit trifft um 13.45 Uhr die Hauptkolonne des CT 69 in Lissen ein. Ein, auf den Ort zufahrender, deutscher Wehrmachts-Lastwagen wird in Brand geschossen und nur einigen Soldaten gelingt die Flucht. Um 15.30 Uhr rollt der erste Panzer auf den Markt von Osterfeld, wo weiße Fahnen aus den Fenstern hängen. Der Offizier, welcher noch am Vormittag jegliche Kapitulationsaufforderungen abgelehnt hatte, hat zu dieser Zeit die Stadt bereits verlassen. Nach der kampflosen Besetzung der Stadt roll die Kolonne ohne Aufenthalt weiter nach Zeitz.[19]

Westlich von Theißen gerät das CT 69 auf dem Weg zur Weißen Elster in starkes Panzerfaust-, Gewehr- und Flakfeuer. Anbetracht des Widerstandes schwenkt das CT 69 nach der Säuberung von Theißen nach Norden und versammelt sich für die Nacht im Raum Dobergast – Queisau.

Das CCR, welches den Kolonnen des CCA und CCB folgt, wird am Nachmittag in den Brückenköpfen an der Saale durch die 76th US InfDiv abgelöst und erhält um 15.00 Uhr (B) den Befehl zum Vormarsch nach Osterfeld, wo um 19.00 Uhr (B) auch der Div.CP der 6th US AD eröffnet.

Das CT 68, 68th Tk Bn, überquert um 13.10 Uhr (B) die Brücke bei Camburg und erreicht über Zschorgula das bisher unbesetzte Nautschütz. Direkt südlich von Goldschau entdeckt der Rcn Plat. und Teile der Co. D, 69th Tk Bn, eine zur Sprengung vorbereitete Brücke. Nachdem die unterstellten Pioniere die Ladung entschärft haben, treffen sie auf eine verteidigte Straßensperre. Die führenden Elemente sitzen sofort ab und Panzer werden herangeholt. Unter der persönlichen Führung des CO des 68th Tk Bn, Lt.Col. H.C. Davall, wird der Widerstand schnell gebrochen und eine Anzahl deutscher Soldaten geht in die Gefangenschaft. Dann versammelt sich das CT in Goldschau und wartet auf weitere Befehle. Kurze Zeit später fährt das CT 68 weiter über Haardorf – Osterfeld – Meineweh nach Döschwitz. Bis 24.00 Uhr (B) werden die Orte Döschwitz, Kretzschau und Gladitz mit Hilfe der nachfolgenden Infanteristen des 1./304 der 76th US InfDiv gesäubert und die führenden Elemente des CCR halten in Kretzschau für die Nacht.

Hier trifft nach Mitternacht auch das CT 50, 50th AIB, ein, welches als Reserve des CCR dem CT 68 über Osterfeld gefolgt ist und immer wieder durch deutsche Gruppen, aufgehalten wurde, die vorher umgangen worden waren.

Dem 1./304 folgend, erreicht das 2./304 von Osterfeld aus den Ort Kretzschau. Das 3./304 erreicht auf einer Marschstrecke nördlich der Route des 1st und 2nd Bn vorgehend über Unterkaka – Hollsteitz um 24.00 Uhr (B) Döschwitz. Noch in der Nacht macht das RCT 304 Pläne für den koordinierten Angriff auf Zeitz am nächsten Morgen.

Die anderen RCT der 76th US InfDiv säubern das Gebiet hinter dem Rücken der 6th US AD von verbliebenem Widerstand. Das RCT 385 unter Col. Onto P. Bragan folgt dem CCA mit dem 2./385 (mot.) an der Linken und dem 1./385 an der Rechten. Das 2./385 erreicht gegen 21.00 Uhr (B) mit den Hauptkräften den Raum Sieglitz – Molau – Schkölen während Spitzen bis in die Nähe von Unterkaka fahren. Das 1./385 hält im Raum Apolda. Das 3./385, welches dem 2nd Bn folgt erreicht 18.00 Uhr (B) Dornburg a. d. Saale. Das 417th InfRgt (1. u. 3./417 mot.) von Col. George E. Bruner folgt hinter dem RCT 304 bis in den Raum Lissen – Löbitz.

* * *

[1] G-2 Bericht 3rd US Army v. 12.04.45, 18.00 Uhr (B).

[2] Joachim Mundstock in „Osterfelder Kultur- und Heimatblatt Nr. 22".

[3] Gem. G-2 Bericht der 3rd US Army gehen bei Cauerwitz am 14.04.45 Angehörige des Feldeisenb.Ers.Btl Zeitz, der Feldeisenb.Ers.Btl. 10-2, 53-2, 12-3, 56-1 und 147-1 sowie der Feldeisenb.Marsch.Kp. 45 in amerikanische Gefangenschaft.

[4] Gem. Mundstock.

[5] Gem. G-2 Bericht der 3rd US Army gingen Angehörige dieser Einheiten westlich von Droyßig in Kriegsgefangenschaft. Mundstock bestätigt die im Droyßiger Heft Nr. 3 des Heimatvereins Droyßig vom Juli 1995 genannte Anwesenheit der Napola-Schüler aus Naumburg. Auch Dr. Weihe nennt im Manuskript „Das Ende" zur N.P.E.A. Schulpforta den Einsatz der Naumburger Schüler. Der AAR des 749th Tk Bn meldet am 14.04.45, dass gemäß Befragungen im Zeitraum 03. bis 10.04.45 in Grana zirka 50-60 Hitlerjungen im Alter von 15 bis 17 Jahren u.a. mit Panzerfäusten ausgebildet wurden. Woher die Aussage zur 2. Fliegerdivision kommt, ist unklar, die diese nur bis 1939 in Dresden war und dann in Russland und Frankreich zum Einsatz kam. Letzter Standort des Stabes war 1944 Giebelstadt.

[6] Droyßiger Hefte, Heimatverein Droyßig, Heft Nr. 3 vom Juli 1995.

[7] Gem. Penndorf. Siehe auch „Chronik der letzten Tage".

[8] Becker S. 117.

[9] Gem. Penndorf und „Chronik der letzten Tage". In den Droyßiger Hefte, Heimatverein Droyßig, Heft Nr. 3 vom Juli 1995 werden acht getötete Napola-Schüler genannt, wobei man die zwei Toten aus dem Droyßiger Wald mit zu den sechs hinzugezählt hat.

[10] Gem. Penndorf.

[11] Bericht des Gen.d.Inf. Petersen, BA-MA.

[12] Gem. Mundstock.

[13] Gem. „The Super Sixth".

[14] Gem. Mundstock.

[15] Schmidt nennt 14.00 Uhr.

[16] Erinnerungen v. Manfred Schmidt, Sohn des Bürgermeisters, damals Hitlerjunge. Naumburger Tageblatt v. 21.04.05 und Gespräche mit J. Möller 2006/2007.

[17] Gem. Schmidt. Siehe auch Mundstock.

[18] Gem. Schmidt.

[19] Gem. Mundstock.

VI. Die vollständige Besetzung der Region zwischen Querfurt und Naumburg

Aus dem Führerhauptquartier 13. April 1945. Das Oberkommando der Wehrmacht gibt bekannt:
Der Schwerpunkt der Kampfhandlungen lag gestern im mitteldeutschen Raum. Während unsere Sperrverbände an den Zugängen des Harzes Teile von zwei amerikanischen Armeen fesseln, trieb der Gegner zwischen den Südostausläufern des Harzes und der Saale einen starken Keil nach Osten vor. Seine Angriffsspitzen erreichen unter Verlust zahlreicher Panzer die Linie Eisleben – Weißenfels – Jena. Weimar fiel nach hartem Kampf in Feindeshand.

Kriegstagebuch des OKW/WFSt vom 13. April 1945:
Im Harzraum kam der Gegner bis Hettstedt und südlich desselben bis Schafstädt in die Gegend von Merseburg. Der Harz ist nun also von drei Seiten eingeklammert; er wird durch die 11. Armee verteidigt. Ob Weißenfels besetzt ist, ist unklar. Jedoch befinden sich im Raum Leipzig schwächere Kräfte des Feindes. Bei der 11. Armee feindlicher Druck, aber keine wesentlichen Veränderungen. Die Lage im Raum Nordhausen ist unklar. Südlich des Harzes hat sich die Lage verschärft. Erfurt und Weimar sind heute Morgen verloren gegangen. Druck in Richtung Naumburg, da der Gegner bei Kannenberg über die Saale gehen konnte. Er steht vor Jena... Dass keine Stadt zur offenen Stadt erklärt werden soll, hat der Reichsführer SS als Innenminister erklärt.

Geheime Tagesberichte der Deutschen Wehrmachtsführung vom 13. April 1945:
***11. Armee:** Panzerunterstützte Feindkräfte drangen von Nordwesten und Südwesten in den Raum Halle vor. Bad Lauchstädt ging verloren; bei Delitz sind Kämpfe im Gange. Über Mücheln drang der Feind nach Nordosten bis zum Südwest-Rand Merseburg vor. Aus dem Raum Weißenfels stieß der Gegner im Angriff auf Leipzig nach Nordosten entlang der Autobahn bis Alt-Ranstädt und Markranstädt vor.*
***H.Gr. G, 7. Armee, XC. AK:** In Naumburg sind Kämpfe im Gange. Aus Pegau drang der Gegner nach Nordosten bis Markkleeberg, nach Osten über Groitzsch bis Droßdorf und nach Südosten bis Lucka vor. Zeitz wurde vom Gegner, der weiter nach Osten vorstieß, genommen.*

Am **Freitag,** dem **13. April 1945**, vollenden die Infanteriedivisionen und die 102nd CavGp des V. US Corps die Besetzung der Region zwischen Querfurt und Naumburg, während das CCA und CCB der 9th US AD, die auf Grund des starken Widerstandes und fehlender Brückenübergänge entlang der Saalelinie zwischen Schkopau und Weißenfels aufgehalten wurden, südwärts über Naumburg an Weißenfels vorbei auf ihre ursprüngliche Angriffsroute geleitet werden. Gemeinsam mit dem, bereits westlich der Weißen Elster stehendem, CCR sollen sie zügig zur Phasenlinie „GEORGIA", die durch Leipzig über Groitzsch nach Meuselwitz verläuft, vorstoßen und bei der Fortsetzung des Angriffs die Mulde nicht überschreiten. Die nachfolgende Infanterie soll den umgangenen Widerstand entlang der Saalelinie brechen.

An der Nordflanke des Corps beginnen um 00.10 Uhr (B) die, dem CCB unterstellten, Aufklärer des Tp. A, 89th CavRcnSq mit dem 1st Plat. Tp. E, 89th CavRcnSq und dem 3rd Plat. Co. F, 89th CavRcnSq mit der Aufklärung einer Marschstrecke von Schafstädt nach Großkayna, um die linke Flanke des CCB abzuschirmen Nach dem Erreichen des Zieles sollen sie Straßensperren bei Frankleben errichten. Als der Tp. A, 89th CavRcnSq gegen 01.30 Uhr (B) die Außenränder von Niederwünsch erreicht, gerät er unter intensiven Flakbeschuss aus östlicher Richtung. Da die genaue Position der deutschen Feuerstellungen nicht feststellbar ist, drehen die Aufklärer nach Norden ab und schlagen einen Bogen nach Westen. Auf Grund der weiterhin unklaren Position der deutschen Stellungen graben sie sich um 02.00 Uhr (B) ein und warten bis zum Morgengrauen. Erst bei Tageslicht rücken sie querfeldein zur Straße Schafstädt – Langeneichstädt vor.

Kurz nach Mitternacht beginnen auch die Hauptkräfte des CCB der 9th US AD mit dem Vormarsch aus dem Raum Schafstädt in Richtung Süden. Das 16th FA Bn, welches dem CCB zur Unterstützung unterstellt ist, verliert dabei südlich von Schafstädt einen 2½to Lastwagen durch feindliches Artilleriefeuer. Die Kolonne hatte sich durch die eingeschalteten Verdunkelungslichter verraten. Erst als diese ausgeschaltet werden, hört der Beschuss auf. Über Langeneichstädt und Öchlitz erreicht die TF Prince, 52nd AIB, die den Hauptkräften vorausgeht, den Ort Mücheln.

Weiter geht der Vormarsch der TF Prince, 52nd AIB, von Mücheln über Branderoda und Gröst nach Leiha. Kurz vor Tagesanbruch trifft die, den Angriff der TF Prince anführende, Co. C, 52nd AIB mit zwei Plat. Panzer der Co. C, 19th Tk Bn, gefolgt von der Co. B, 52nd AIB unter 1st Lt. Erving J. Newman und dem 3rd Plat. Co. C, 19th Tk Bn, 200 Meter östlich von Leiha auf starkes Sperrfeuer von schweren Flakgeschützen und Beschuss mit Panzerfäusten. Sie sind auf die Flakstellung Schortau aufgelaufen, welche bereits am Vortag die Infanteristen der 69th US InfDiv zur Umgehung dieses Abschnittes gezwungen hatte. Innerhalb kurzer Zeit kommt es zu Verlusten und die Task Force hält bis Mittag. Die nachfolgenden Einheiten des CCB beziehen einen vorgeschobenen Versammlungsraum bei Branderoda.

Dort trifft um 08.00 Uhr (B) auch das unterstellte 3./38 ein. Das Bataillon, das um 03.00 Uhr (B) den Sammelraum in Schafstädt verlassen hatte, war wie die anderen Einheiten zuvor zwischen Schafstädt und Langeneichstädt in starkes Artilleriefeuer geraten und konnte erst um 06.00 Uhr (B) den Marsch fortsetzen nachdem die vorausfahrende Co. L durch zwei Treffer auf einem Mannschaftstransporter zwei Tote und 14 Verwundete zu beklagen hatte. Um 09.00 Uhr (B) erreichen auch die Panzer des 1st Plat. Co. A, 19th Tk Bn, den Sammelraum, die der Co. L zur Unterstützung zugeteilt werden. Um 11.00 Uhr (B) erhält das Bataillon den Befehl zum Angriff Richtung Großkayna und zur Einnahme der Orte Schortau, Bedra und Braunsdorf. Auf Lastwagen aufgesessen erreichen die Infanteristen um 12.00 Uhr (B) Leiha, wo sie absitzen und ohne Verzögerung ausgefächert in Kompaniekolonne vorrücken, während die Panzer Feuerstellung beziehen, um bei Bedarf den Angriff zu decken. Doch sie kommen nicht zum Einsatz. Die vorangehende Co. L besetzt als erstes kampflos den Ort Schortau, wo sie sehnsüchtig von zwei Meldern des Bn HQ 661st TD Bn der 69th US Inf-Div erwartet werden, die dort seit sechs langen Stunden auf das Eintreffen eigener Truppen warten. Ihnen hatten sich am Vormittag bei der Durchfahrt durch den Ort 150 Deutsche ergeben, bei denen es sich wahrscheinlich um die Besatzung der Flakstellung westlich von Schortau handelt. Jetzt übergeben sie ihre Kriegsgefangenen an das 3./38. Um 17.10 Uhr (B) wird dann Bedra ohne Widerstand besetzt und kurz darauf wird Braunsdorf gegen leichten Widerstand genommen.

In der Zwischenzeit führen die Panzerinfanteristen der Co. B, 52nd AIB mit Unterstützung eines Plat. Sherman-Panzer der Co. C, 19th Tk Bn den Angriff unter Umgehung von Leiha auf Lunstädt und Nahlendorf[1]. Die Co. A, 52nd AIB unter 1st Lt. Richard R. Hidell, die von einer Section des 1st Plat. A, 656th TD Bn begleitet wird, trifft in der Nähe von Nahlendorf auf deutsche Infanterie und erhält vereinzelten Beschuss durch schwere Flakartillerie und 2cm Flak.

Alle weiteren Versuche des CCB nach Osten zur Saale vorzudringen scheitern am starken feindlichen Beschuss aus nördlicher und östlicher Richtung. Eine Batterie Flak links der Straße Lunstädt – Großkayna und die zwei Flakbatterien nördlich von Reichardtswerben – Posendorf feuern weiter Sperrfeuer. Am späten Nachmittag sind die Panzerinfanteristen des 52nd AIB gezwungen nach Nahlendorf zurückzufahren und sich für die Nacht einzugraben. Zu diesem Zeitpunkt erhält Col. Johnson vom Divisionsstab den Befehl, an der erreichten Linie zu halten und am nächsten Tag über eine Pontonbrücke in Weißenfels in einen neuen Versammlungsraum östlich der Saale zu verlegen.

Das 3./38, welches bereits den Befehl hatte, den Angriff von Braunsdorf nach Großkayna fortzusetzen, wird gestoppt und erhält den neuen Befehl, sich darauf vorzubereiten, die Stellungen der TF Prince, 52nd AIB, bei Lunstädt – Nahlendorf bei Einbruch der Dunkelheit zu übernehmen und sich bei Leiha zu versammeln. Bis 24.00 Uhr (B) hat sich das gesamte 3./38 in Leiha versammelt.

Die TF Karsteter, 19th Tk Bn, des CCB verlässt mit der aufgesessenen Co. K, 3./38 erst um 08.20 Uhr (B) den Versammlungsraum bei Schafstädt und folgt der TF Prince, 52nd AIB nach Süden in einen Versammlungsraum in der Umgebung von Zeuchfeld, wo es um 12.00 Uhr (B) ankommt und für den Rest des Tages verbleibt. Der, dem CCB unterstellte, Tp. A, 89th CavRcnSq fährt mit dem unterstellten 1st Plat. Tp. E, 89th CavRcnSq und dem 3rd Plat. Co. F, 89th CavRcnSq im Tagesverlauf über Niedereichstädt, Öchlitz, Mücheln in einen Versammlungsraum auf einem Feld südlich St. Micheln. Um 17.09 Uhr (B) wird der Tp. A nach Gröst befohlen, wo er um 17.35 Uhr (B) ankommt und sofort mit den Vorbereitungen für die Fortsetzung des Vormarsches beginnt. Der unterstellte 1st Plat. Tp. E, 89th CavRcnSq, der den Biwakraum erst um 19.00 Uhr (B) verlassen hat, folgt ihnen nach Gröst, wo er nach seiner Ankunft Quartier bezieht und die Sicherung des Südausganges des Dorfes übernimmt.

Die Einheiten des CCA der 9th US AD werden um 04.00 Uhr (B) im Raum Pettstädt – Zeuchfeld – Markröhlitz alarmiert. Das unterstellte 2./273 marschiert als Vorhut der Panzer um 04.00 Uhr (B) aus dem Raum los und geht um 07.00 Uhr (B) durch Naumburg. Um 07.20 Uhr (B) folgt die Kolonne des 14th Tk Bn. Ohne Probleme marschiert das CCA Richtung Weiße Elster. Gegen 13.00 Uhr erreichen die Hauptkräfte das CCA die Umgebung von Pegau. Das 2./273 bezieht um 14.00 Uhr (B) Verteidigungsstellung bei Stöntzsch.

Das CCR der 9th US AD setzt in der Nacht zum Freitag den am Vortag um 22.00 Uhr im Raum Obernessa begonnenen Vormarsch zur Sicherung von Flussübergängen über die Weiße Elster fort. Am frühen Morgen trifft es im Abschnitt der TF Schantz bei Zangenberg und Theißen auf massives Flakfeuer und erhält gegen 10.30 Uhr (B) den Befehl zum Rückzug und zum Schwenk nach Norden. Bei Beersdorf vereinigt sich die Kolonne mit der nördlich vorrückenden

TF Deevers und am späten Nachmittag überquert das CCR die Weiße Elster bei Lützkewitz.

Maj.Gen. Robertson
CG 2nd US InfDiv
Foto: National Archives

Im Nordabschnitt des V. US Corps schließen die Verbände der 2nd US InfDiv auf und übernehmen den Abschnitt des CCB im Raum Schafstädt. Das RCT 23 unter Col. Jay B. Loveless beginnt an der linken Flanke der Division am Morgen mit dem Angriff auf das Industriegebiet Schkopau – Merseburg. Das 1./23 erreicht mit der Co. B, 741st Tk Bn und dem 1st Plat. Co. B, 612th TD Bn gegen 10.30 Uhr (B) Schafstädt und nimmt den Angriff nach Osten entlang der Straße Schafstädt – Burgstaden auf. Um 11.00 Uhr (B) geraten die Panzer westlich von Burgstaden in das Feuer deutscher Flakbatterien. Unter Beschuss besetzen die Infanteristen des 1./23 um 12.00 Uhr (B) den Ort und bis 16.00 Uhr (B) ist die Umgebung gegen starken Widerstand gesichert. Dabei machen alleine die Panzerjäger 17 Gefangene. Während die Kämpfe unter starkem feindlichem Artilleriefeuer bis 21.00 Uhr (B) weitergehen, erreichen die Panzer und Panzerjäger gemeinsam mit einem Plat. Infanterie unter nördlicher Umgehung der Flakstellung den Ort Knapendorf, nachdem zwei Plat. Infanterie Bündorf besetzt haben. Bei der Annäherung an Knapendorf geraten die Panzer unter direkten Beschuss von vorne und von der rechten Flanke. Nach einem Feuergefecht mit Verlusten auf beiden Seiten gelingt es den Panzern, sich in den Schutz der Ortschaft Knapendorf zurückzuziehen, wo sie für die Nacht bleiben Im Schutz der Nacht dringen erste Aufklärungsgruppen des 1./23 in die nordwestlichen Außenbezirke von Merseburg vor.

Das 2./23, das nördlich des 1./23 vorrückt, fährt aufgesessen auf den Panzern der Co. C, 741st Tk Bn unter Capt. John H. Covington und den Panzerjägern des 2nd Plat. Co. B, 612th TD Bn um 09.00 Uhr in Obhausen-Petri los und säubert die Orte Dornstedt, Asendorf und Steuden. Entlang der Straße Steuden – Großgräfendorf vorgehend, besetzen sie Großgräfendorf. Dann wird das am Vortag hart umkämpfte Schotterey besetzt und sie nehmen ohne großen Widerstand Bad Lauchstädt, wo sich der Stab der 21. Flak.Brig. rechtzeitig abgesetzt hat. Von dort fährt die Angriffsspitze mit den Panzern des der Co. C, 741st Tk Bn weiter nach Dörstewitz und gerät in der Nähe von Dörstewitz unter Flakbeschuss. Bei dem Versuch der Panzer, die, südöstlich von Dörstewitz liegende, Stellung weiträumig in der Flanke zu umgehen, wird ein Panzer nördlich von Milzau-Netzschkau von einer Panzerfaust getroffen und beschädigt. Die Infanteristen setzen daraufhin ohne Panzerunterstützung den Angriff in den Ort hinein fort und die drei verbliebenen Panzer des Platoon folgen ihnen bei Einbruch der Dunkelheit. Während die Panzer für die Nacht in Dörstewitz halten, erreichen die Reste der Co. C, 741st Tk Bn erst gegen 23.00 Uhr (B) Bad Lauchstädt, wo sie halten.

Das 3./23 erreicht in der Reserve des RCT 23 mit dem 3rd Plat. Co. B, 612th TD Bn um 19.30 Uhr (B) von Querfurt kommend die Umgebung von Bad Lauchstädt und versammelt sich. Der CP der Co. B, 612th TD Bn trifft um 17.10 Uhr (B) in Schafstädt ein und bezieht Quartier in der Stadt. Der Regtl.CP des RCT 23 erreicht über Querfurt und Schafstädt am Abend Bad Lauchstädt. Das Regiment meldet an diesem Tag elf Tote und 29 Verwundete, zwei Soldaten erliegen ihren Verwundungen. Durch den Kriegsgefangenen-Registrierungspunkt des Regiments gehen an diesem Tag 438 Deutsche.

Südlich des Abschnittes des RCT 23 erreicht in den frühen Morgenstunden auch das RCT 9 der 2nd US InfDiv nach einem Nachtmarsch aus dem Raum Sondershausen kommend mit seinen drei Bataillonen die Linie Jüdendorf – Schnellroda – Albersroda, westlich von Mücheln. Nach Abschluss der Versammlung und einer kurzen Auffrischung beginnen die Infanteristen des 1./9 und 2./9 unter dem Kommando von Col. Ginder gegen 14.00 Uhr (B) über Mücheln mit einem Zangenangriff nördlich und südlich am Mineralölwerk Lützkendorf vorbei in Hauptrichtung Leuna.[2] Das 1./9 Bn folgt dem 2./9 von Jüdendorf aus, aufgesessen auf Panzern und Lastwagen, nach St. Ulrich. Dort sitzen die Infanteristen ab und greifen zu Fuß an. Das 3./9 in der Reserve des RCT 9 fährt nach St. Micheln, von wo aus es um 20.00 Uhr (B) zu Fuß dem 2nd und 1st Bn in Richtung Geiselröhlitz folgt, das am nächsten Morgen erreicht wird.

Das RCT 38 beginnt am Vormittag den Vormarsch zum Schutz der Nordflanke der 2nd US InfDiv. Das 1./38 erreicht mit dem 1st Plat. Co. C, 612th TD Bn gegen 17.30 Uhr (B) Steuden und um 19.15 Uhr (B) haben die Infanteristen um Dornstedt und Steuden Sicherung bezogen und Sperren errichtet. Das 2./38 trifft mit dem 2nd Plat. Co. C, 612th TD Bn gegen 18.00 Uhr (B) in Obhausen-Petri ein, wo es ebenfalls Stellungen zur Verteidigung der offenen Flanke nach Nordosten, Norden und Nordwesten bezieht. Der Regtl.CP des 38th InfRgt, das zur Erinnerung an die Teilnahme am 1. Weltkrieg in Europa den Traditionsnamen „The Rock of the Marne" trägt, bezieht um 14.45 Uhr (B) Quartier in Querfurt, wo auch der Co.CP der Co. C, 612th TD Bn um 16.30 Uhr (B) eintrifft. Der Bn.CP, die HQ Co. und die Rcn Co. 612th TD Bn erreichen mittags Göhrendorf und der Bn.CP, die HQ Co. sowie die Svc Co. des unterstellten 741st Tk Bn am Abend Karsdorf. Der Div.CP der 2nd US InfDiv verlegt im Tagesverlauf nach Barnstädt

Vor dem Div.CP erreichen an diesem Tag die Männer von Lt.Col. Cecil F. Jorns 2nd Med Bn der 2nd US InfDiv das noch unbesetzte Barnstädt und den angrenzenden Ort Göhritz, wo seit dem Vortag weiße Fahnen wehen. Die Spitze bildet ein Erkundungstrupp aus drei Mann und einem Offizier. Ohne besondere Vorsicht fahren sie mit ihrem Jeep durch das Dorf zur Göhritzer Kirche. Die Männer sind überzeugt, dass keine Gefahr besteht und der Ort bereits gesäubert ist. Kurz darauf treffen sie auf die ersten deutschen Soldaten. Nach einem kurzen Moment der Überraschung auf beiden Seiten, ergeben sich die Deutschen.[3] Nachdem der Trupp den Ort mit den Gefangenen verlassen hat, trifft die Kolonne des 2nd Med Bn und Teile des Trains der 2nd US InfDiv ein. Als die ersten Krankenwagen in Göhritz vor der Gaststätte halten, ergeben sich ihnen noch einmal etwa 20 deutsche Soldaten.[4] Ohne weitere Vorkommnisse werden jetzt der Ort und das benachbarte Barnstädt besetzt. Ortsgruppenleiter Wedekind und Inspektor Krug werden verhaftet.[5] Der Polizist Erich Philipp aus Schönewerda, der die kriegsgefangenen Russen, Polen, Franzosen und Belgier im Dorf bewacht hat, ist bereits geflohen. Er wird später von Polen in der ehemaligen Tongrube nahe Hermannseck erschlagen. Rache für das, was er ihnen vorher angetan hat.[6] Die Kriegsgefangenen werden nach Barnstädt gebracht, wo sie in Scheunen eingesperrt werden. Auf dem Sportplatz errichten die Sanitäter den Divisionsverbandplatz.[7] Hierher werden in den nächsten Tagen die Verwundeten der Kämpfe um die Flakstellungen bei Merseburg und Leuna gebracht. Aber auch verwundete deutsche Soldaten finden hier erste ärztliche Hilfe. Diejenigen, denen nicht mehr geholfen werden kann, werden neben dem Lazarettzelt beerdigt. Sie werden später gemeinsam mit den Leichnamen von sieben amerikanischen Piloten, deren Bomber bei Barnstädt abgeschossen wurde und welche man auf dem Friedhof beerdigt hatte, umgebettet.[8]

Der Div.CP der 2nd InfDiv bezieht Quartier in Barnstädt-Göhritz.[9] Der Div.CP verbleibt hier bis zum 16. April 1945. Mit dem Eintreffen des Div.CP errichtet der MP Plat. unter dem Kommando von Maj. William F. North in Barnstädt den Kriegsgefangenensammelpunkt der Division. Der Großteil der deutschen Flaksoldaten aus den Stellungen bei Schkopau, Merseburg und Leuna tritt in den nächsten Tagen über Barnstädt den Marsch nach Naumburg und weiter in die großen Rheinwiesenlager an.[10]

Auch die Verbände der 69th US InfDiv setzen im Rücken der 9th US AD den Vormarsch nach Osten fort. Dabei werden sie immer wieder durch Kolonnen der 9th US AD aufgehalten, die über Naumburg südlich an Weißenfels vorbei umgeleitet werden. Um 10.08 Uhr (B) hatte der G-3 der 9th US AD, Lt.Col. John S. Crowden folgende Mitteilung an Col. Conran vom Stab der 69th US InfDiv gesendet: *„Informiert G-3, dass wir, nachdem wir zwei Brücken über die Saale in Naumburg haben, kein Grund besteht, durch Weißenfels zu gehen. G-3 erklärt, dass er alles über die Brücken in Naumburg schicken wird.“* Gemäß Eintrag im G-3 Journal informiert Col. Conran um 10.15 Uhr (B) die betroffenen Einheiten der Division, *„dass durch die Kanalisierung der Einheiten durch Naumburg unser Vormarsch verlangsamt wird, da die Panzer vor uns durch Naumburg gehen.“*

In Weißenfels haben in den frühen Morgenstunden dieses Tages die Infanteristen des 2./271 der 69th US InfDiv entlang des westlichen Saaleufers die Vorbereitungen für das Übersetzen über den Fluss beendet. Jetzt beginnt der Angriff mit Schlauchbooten über den Fluss und bis 13.40 Uhr (B) haben alle Kompanien des Bataillons den Fluss überquert. Mit Unterstützung der Panzer der TF Zweibel dringen die Infanteristen in Richtung des Stadtzentrums vor. Unterstützt werden sie von den Artilleristen des 879th und 724th FA Bn aus Feuerstellungen bei Uichteritz. Die Kämpfe dauern bis zum Abend an und bis 19.00 Uhr (B) sind zwei Drittel der Stadt besetzt. Das 3./271 erreicht am Nachmittag aus dem rückwärtigen Raum kommend Pettstädt. Um 15.45 Uhr (B) tritt das Bataillon zum Angriff an, um einen Brückenkopf über die Saale nördlich von Weißenfels zu erobern. Als sich das Bataillon auf Tagewerben zu bewegt, gerät es in das Sperrfeuer der Flakbatterien bei Kriechau-Schkortleben. Das Feuer nimmt zu, als sie sich Posendorf nähern. Daraufhin ziehen sie sich zurück und erhalten den Befehl, nach Markröhlitz zu gehen. Von hier aus soll das Bataillon über Naumburg in seinen neuen Abschnitt verlegt werden. Auf Grund des anhaltenden Feindfeuers sind sie gezwungen bis zur Dunkelheit zu verharren um dann den Rückzug anzutreten. Während das 2. und 3./271 im Raum Weißenfels im Kampf stehen, bewegt sich das 1./271 unter dem Kommando von Lt.Col. John G. Dunlop Jr., welches sich am Vortag bei Pettstädt versammelt hat, am Morgen südwärts nach Naumburg. Ihr Vormarsch wird durch die Kolonnen des CCA der 9th US AD behindert, welche vor ihnen die Straßen blockieren. Gegen 17.00 Uhr (B) erreicht das Bataillon Naumburg und geht südlich an Weißenfels vorbei nach Osten bis Stöntzsch, wo es gegen 23.30 Uhr (B) ankommt und sich versammelt.

Oben: Infanteristen der Co. H, 2./271 bereiten in Weißenfels den Saale-Übergang vor
Foto: Capt. Witcher, Signal Photo Corps, National Archives, SC 272297
Unten: Lt. Matin, Ordnance Bn 1st US Army besichtigt eine Panzerattrappe bei Weißenfels
Foto: Tec 5 Charles B. Sellers, 165th Signal Photo Co., National Archives, SC 203801

Das RCT 272 der 69th US InfDiv folgt an diesem Tag ab 09.00 Uhr (B) dem Weg der Panzer des CCR der 9th US AD. Mit dem 1./272 voraus, gefolgt vom 2. und 3./272 erreicht es um 13.40 Uhr (B) die Umgebung von Hohenmölsen, das die Kolonnen des CCA der 9th US AD auf ihrem Weg nach Osten umgangen haben. Während das 1st und 2nd Bn ohne Aufenthalt an der Stadt vorbeifahren, besetzt das 3./272 die Stadt. Der Vormarsch wird bis zum Abend bis westlich der Weißen Elster fortgesetzt und das Regiment versammelt sich mit dem 1./272 zwischen Beersdorf und Elstertrebnitz, wo es den Kontakt mit der CCR der 9th US AD herstellt, dem 2./272 in Queisau/Dobergast und dem 3./272 in Köttichau. Das 880th FA Bn folgt dem RCT 272 und verlässt Naumburg gegen 11.25 Uhr (B) nach Jaucha. Dort trifft auch das 955th FA Bn von Bad Kösen kommend ein.

Das RCT 273 bleibt mit dem 1st Plat. und der HQ Co. C, 777th Tk Bn sowie der Co. C, 661st TD Bn (- 2 Plat.) in der mobilen Div.Res. in der Nähe von Saubach, wo es die Säuberung fortsetzt. Wachen werden für wichtige besetzte militärische Einrichtungen gestellt. Das RCT erhält um 11.35 Uhr (B) den Befehl, den Flugplatz Punschrau bis zur Ablösung durch andere Einheiten des V. US Corps zu sichern, um Plünderungen und Sabotage zu verhindern. Um 14.23 Uhr (B) erfolgt ein ähnlicher Befehl zur Sicherung eines Lagers für Flugzeugteile bei Großmonra. Im Bereich des RCT 273 biwakiert das 881st FA Bn seit der Nacht in Bucha und die Svc Co. in Kahlwinkel.

In Naumburg trifft der Div.CP ein. Der zeitweilige Tac CP, der sich seit der Nacht in Markwerben befindet, erreicht erst gegen 19.30 Uhr (B) die Stadt. Die Divisionseinheiten der 69th US InfDiv und die unterstellten Truppenteile versammeln sich mit ihren Stäben und Trains im Raum Naumburg. Der MP Plat. unter Lt.Col. Elinsmore übernimmt von Lossa kommend die Bewachung der Kriegsgefangenen im Gefängnis der Stadt und auf dem Gelände des Heeresverpflegungsamtes in der Grochlitzer Straße sowie der gegenüberliegenden Kasernen. Zuvor hat Elinsmore die Verantwortung für die Bewachung der Muna Lossa an das V. US Corps übergeben. Um 17.24 Uhr (B) verzeichnet das G-3 Journal der Division: *„Anweisung vom S-2 (271st InfRgt d.A.), die PW zum PW Camp der Division in Naumburg evakuieren.“*

In unmittelbarer Nachbarschaft zum Div.CP bezieht der Bn.CP des 461st AAA (AW) Bn um 14.00 Uhr (B) in Naumburg Quartier. Der CP des 269th Engr C Bn geht nach Markröhlitz. Der Div. Train errichtet in Naumburg den Versorgungspunkt der Division.

Der Bn.CP des 661st TD Bn, der um 08.00 Uhr (B) Kölleda verlassen hat und nach Weißenfels verlegt, macht auf Grund der anhaltenden Kämpfe am Stadtrand kehrt und erreicht um 14.00 Uhr (B) Naumburg. Der CP des 369th Med Bn entfaltet um 15.30 Uhr (B) in Naumburg. Der 2nd Plat., Clearing Co. D, 369th Med Bn entfaltet in der Walter-Flex-Schule, der Städtischen Oberschule für Jungen am Bismarckplatz, einen Verbandsplatz. Der 1st Plat., Clearing Co. D, 369th Med Bn folgt am kommenden Tag von Kölleda kommend.[11]

Einer der Hauptaufgaben der Divisionseinheiten und Versorgungsteile der Division ist neben der Sicherung wichtiger Einrichtungen im zunehmenden Maße die Versorgung der immer größer werdenden Anzahl deutscher Kriegsgefangener sowie befreiter Zwangsarbeiter und ehemaliger, in deutscher Kriegsgefangenschaft befindlicher, Ausländer. So warten im Bereich des Heeresverpflegungsamtes eine große Anzahl ungarischer Internierter auf ihren Abtransport in die Heimat.

Deutsche Kriegsgefangene in Naumburg auf dem Weg zum Heeresverpflegungsamt

Filmausschnitt aus dem Combat Film 69th InfDiv

Die Aufklärer von 1st Lt Lewis Boyd Ellsworth's 69th Rcn Tp, die mit der TFZ in Plötha stehen, erhalten gegen Mitternacht des 13./14. April 1945 den Befehl, nach Naumburg zu verlegen, um die Bewachung des Div.CP zu übernehmen. Auch eine Kompanie des 1./273 wird nach Naumburg befohlen, um die Aufklärer bei der Sicherung des Div.CP und der Bewachung von öffentlichen Versorgungseinrichtungen zu unterstützen. Um 02.30 Uhr (B) des 14. April 1945 treffen die Aufklärer ein und beziehen an den wichtigsten Stellen in der Stadt, insbesondere aber um den Marktplatz, Sicherungsposten. Die Feldküche findet mit dem Tross am Kaiser-Wilhelm-Platz[12] Quartier, während die Fahrzeuge um den Platz herum parken.

2
3
I. Angaben zur Person
1 Familienname | Schlag
2 Vornamen (Rufname unterstreichen)
3 Geburtstag, -monat, -jahr
4 Geburtsort Verwaltungsbezirk (z. B. Kreis, Reg. Bezirk)
5 Staatsangehörigkeit
(Eigenhändige Unterschrift des Inhabers — Rufname, Familienname)
Albin Schlag

Wehrpass und Waffenpass von Alwin Schlag, Schellsitz, der als Hilfspolizist ausgerüstet mit einem Schlagstock für die Aufrechterhaltung der Ordnung sorgen sollte.

Mit freundlicher Genehmigung von Roland Schlag

MG/PS/G/24

HA No)61659

MILITARY GOVERNMENT OF GERMANY

WAFFENPASS—POLIZEI UND GEFÄNGNISSE
WARRANTS—POLICE AND PRISONS

Name / *Name* | Schlag A. H.
Rang / *Rank* | Patrolman
Name der Behörde / *Org. Name* | Naum. Pol. Dept.
Abteilung / *Unit* | City Pol. Dept.
Ausweiskarte Klasse / *Identity Card Type* | Army Passport
Nr. / *No.* | 94/215/13
Ist bestätigt als / *Is approved as a* | Patrolman

Seine Befugnisse sind auf den Bezirk | Schellsitz. begrenzt
His authority is limited to the area of
Er ist ermächtigt, die folgenden Waffen zu führen: ~~GEWEHR—PISTOLE~~—KNÜTTEL (Nichtzutreffendes ist durchzustreichen)
He is authorised to be armed with RIFLE—PISTOL—TRUNCHEON (Delete items not applicable)

Ausstellende Behörde / *Issuing Organisation* | M. G.
Unterschrift / *Signature* | [illegible]
Datum der Ausstellung / *Date Issued* | 26/4/45
Name / *Name* | C. H. HANAFHEE
Stammnr. / *ASN* | 0-327195
Rang / *Rank* | CAPT.
Dienstzweig / *Branch* | CAC

Military Government O...

Welche ersten Eindrücke die GI's von Naumburg haben, kommt am treffendsten in der „History of the 69th Infantry Division Band" zum Ausdruck: *„Da bestand ein merklicher Unterschied zwischen dieser Stadt und der anderen Stadt mit dem gleichen Namen, in der wir vorher waren. (Naumburg, 38 km westlich von Kassel, d.A.) Wir teilten uns dieselben Häuser mit den Zivilisten. Rings um uns herum war eine Atmosphäre von Kultur, unsere Räume waren wunderschön ausgestattet. Eine Dame im Haus sprach fließend englisch, daher war es nicht schwer mit unseren gestotterten Brocken Deutsch unsere Wünsche verständlich zu machen. Die Stadt selbst war fast das Gleiche wie unsere besseren amerikanischen Kleinstädte. Die Menschen sahen wohlhabend aus."*

Unabhängig von diesen zutiefst friedlichen Eindrücken beunruhigt ein Gerücht die Amerikaner. In der History des 69th Rcn Tp, "Observe and Report – Half as Big – Twice as Tough" heißt es: *„Uns wurde gesagt, dass die MP durch britische und französische Agenten im Untergrund von einem Komplott erfahren hatte, wonach die Bevölkerung von Naumburg beim Eintreffen der Nachricht vom Fall von Weißenfels einen Aufstand inszenieren würde."* Selbst in der History der Division Band heißt es: *„Der äußeren Erscheinung nach war alles friedlich, aber wir wurden informiert, dass in der Stadt eine starke Untergrundbewegung existierte und wir müssten vorbereitet sein auf einen Aufstand des Volkssturms."* Aber es bleibt ruhig in der Stadt.

Lediglich die fortdauernden Plünderungen in den verlassenen Kaserneneinrichtungen erregen immer mehr das Missfallen der Amerikaner, doch noch schreitet man kaum dagegen ein. Ein Umstand, der später angesichts der immer mehr werdenden, hungernden, deutschen Kriegsgefangenen auf Unverständnis stößt.[13] Noch haben die Soldaten mehr Verständnis für die Nöte der Zivilbevölkerung und der befreiten Zwangsarbeiter als für die deutschen Soldaten, die zuvor gegen sie gekämpft hatten. Erst mit dem Eintreffen der Military Government Detachements und der Bildung von regionalen Ordnungskräften aus ehemaligen Angehörigen der Deutschen Polizei und unbelasteten Einwohnern wird dem massiv Einhalt geboten.

Die 102nd CavGp unter Führung von Col. Cyrus A. Dolph III, die den Kampfverbänden des V. US Corps folgt und das rückwärtige Gebiet von Versprengten säubert, gelingt an diesem Tag ein besonderer Fang. Lt.Col. Robert E. O'Brien Jr's 38th CavRcnSq bewegt sich an diesem Tag an der Nordflanke des Corps auf Querfurt zu. Dabei trifft der Quartiermeistertrupp des Tp. A unter Lt. Metcalf in Landgrafroda auf eine Gruppe von 40 deutschen Soldaten mit drei Offizieren, die anscheinend nur darauf gewartet haben, in Kriegsgefangenschaft zu gehen.

Ein Zeitzeuge berichtet: *„Ein amerikanischer Jeep mit einem aufgebauten MG nahm vor der Gaststätte, wo sich im Saal deutsche Soldaten und Offiziere befanden, Aufstellung. Die Deutschen wurden aufgefordert, sich zu ergeben. Dieser Forderung kam man ohne Widerstand nach. Die Waffen wurden zerstört und in den Bäckerteich geworfen.“*[14]

Als kurz darauf der Troop eintrifft und den Ort besetzt, zählt man 67 Kriegsgefangene. In den Wäldern finden sie die drei SS-Fahrzeugparks, die bereits am Tag zuvor von den Aufklärern der 89th CavRcnSq der 9th US AD entdeckt wurden. Deren Besatzung war am Abend des 11. April 1945 Richtung Gatterstädt getürmt.[15] Am westlichen Ortsrand von Landgrafroda finden sie eine verlassene deutsche Radarstellung. Die Besatzung, Angehörige einer Flugmelde-Kompanie der Luftnachrichtentruppe, die zum Teil aus Luftnachrichtenhelferinnen bestand, hatte sich ebenfalls am Vortag abgesetzt, nachdem sie das Gerät gesprengt hatte. Dabei waren im nahegelegenen Landgrafroda Scheiben zu Bruch gegangen.[16]

Oben: Überreste des Sockels des Gerätes bei Landgrafroda
Foto: Gerhard Heinrich 2012

Links: Ein zerstörter Würzburg-Riese in der Normandie
Foto: National Archives

Dann berichten einige der, in den Wäldern, gemachten Gefangenen von einem deutschen General, der sich hier verborgen hält. Der Eintrag im AAR der 38th CavRcnSq für den 13. April 1945 lautet: *„Am Abend kurz vor Einbruch der Dunkelheit wurde ein deutsches Zivilfahrzeug an einem Außenposten des Troop A, kommandiert von Lt. Tully, abgeschossen, als es versuchte, den Posten zu durchbrechen. Alle vier Insassen wurden getötet, inklusive Gen.Maj. Fuller der Deutschen Wehrmacht.“*[17] Die Co. A des 2nd Ranger Bn, das am 26. März 1945 der 102nd CavGp unterstellt wurde und gemeinsam mit dem Tp. A, 38th CavRcnSq an der Nordflanke des V. US Corps operiert, schreibt hierzu in Ihrer Chronik: *„Der nächste Ort, der unter unsere Kontrolle kam, war Landgrafroda... An diesem Abend errichteten wir in Zusammenarbeit mit der Cavalry eine Anzahl von Straßensperren und Kontrollpunkten im bewaldeten Gebiet am Rand des Ortes. Es war einer der Straßensperren an einer Kreuzung einige Meilen nordöstlich der Stadt, als wir den deutschen Generalmajor Gustav Fellows, Kommandierender General der Panzertruppen im Wehrkreis IX und seine Begleitung, die aus einem SS-Leutnant, einen Panzerunteroffizier und einen Gefreiten bestand, töteten.“*[18]

Nach den Angaben der Ranger näherte sich das Fahrzeug von Westen her dem Kontrollpunkt an der Kreuzung und beschleunigte seine Fahrt, als die Insassen durch Zeichen zum Anhalten aufgefordert wurden. Da die Posten auf Grund der vorhandenen Sichtverhältnisse zuerst eines ihrer eigenen Fahrzeuge vermuteten, wiederholten sie erneut die Stoppzeichen, doch das Fahrzeug setzte seine Fahrt fort. Erst als das Fahrzeug die Kreuzung fast erreicht hatte und als deutsches Fahrzeug erkannt wurde, eröffnet ein MG das Feuer. Das Fahrzeug wird bei dem Versuch, nach rechts abzubiegen von MG-Kugeln durchsiebt und landet nach mehr als 20 Metern im Straßengraben, wo es steckenbleibt. Noch einmal wird das Fahrzeug von MG-Salven durchsiebt, um jegliche Art von Widerstand zu verhindern. Erst dann nähern sich die Posten dem Fahrzeug und stellen den Tod der vier Insassen fest. Auf Grund der einbrechenden Dunkelheit erfolgt jedoch keine weitere Kontrolle und das Fahrzeug bleibt mit den Toten über Nacht stehen. Erst am nächsten Morgen werden das Fahrzeug und die Toten durchsucht. An Hand der Dokumente und persönlichen Sachen wird der General identifiziert. Die Pistolen der Toten, ihre Armbanduhren, Schulterstücke und Orden und Ehrenzeichen werden zur Siegerbeute. Während man den General zu einem *„angemesseneren Begräbnis nach hinten abtransportieren lässt“*, werden die anderen Toten neben der Stelle, wo sie gefallen sind, begraben. Hierfür eingesetzte Deutsche, die man an der Sperre mit, am Körper versteckten, Waffen und Papieren aufgegriffen hatte, glauben zuerst, dass sie ihr eigenes Grab schaufeln, doch sie werden nach vollendeter Arbeit zur weiteren Befragung abtransportiert.[19]

So endet unweit von Landgrafroda das Leben von Gen.Maj. Gustav Feller. Feller stirbt mit 48 Jahren im Kugelhagel. Später berichten Augenzeugen, dass ein *„ranghoher deutscher Offizier in bunter Uniform"* am Langen Teich in Landgrafroda abgelegt war und später wieder mitgenommen wurde. Feller wird in Rottleberode beigesetzt und dann durch den amerikanischen Gräberdienst auf den Soldatenfriedhof Breuna Block A Grab 102 umgebettet, auf dem gefallene deutsche Soldaten aus Thüringen und Nordhessen beigesetzt werden. Der Friedhof ist seit 1951 Kriegsgräberstätte.[20]

Vor dem Teich in Landgrafroda wurde die Leiche von Feller vor ihrem Abtransport abgelegt
Foto: Gerhard Heinrich, 2012

Am Abend ist der Streifen des V. US Corps bis zur Linie Querfurt – Naumburg bis auf wenige Ausnahmen vollständig von deutschen Truppen gesäubert. Lediglich in den ausgedehnten Waldgebieten westlich von Querfurt kommt es auch in den folgenden Tagen immer wieder zu Feuergefechten mit versprengten deutschen Truppen.[21] Ein dichtes Netz von Kontrollpunkten und Straßensperren an Ortsausgängen und Straßenkreuzungen überwacht jegliche Bewegung und sichert die Nachschubwege der amerikanischen Truppen. Wie am Beispiel von Naumburg zu sehen, ist die Angst vor dem „Werwolf", jener, durch Goebbels ins Leben gerufenen Untergrundorganisation zum Kampf gegen die Besatzer, bei den amerikanischen Truppen in diesen Tagen allgegenwärtig.

Der „Werwolf" war nach der Besetzung der westlichen Grenzgebiete des Reiches durch die NSDAP ins Leben gerufen worden, um einen Untergrundkrieg in den besetzten deutschen Gebieten zu initiieren. Er basierte auf der gleichen Grundidee, die bereits bei der Aufstellung des Deutschen Volkssturms Pate stand, und davon ausging, dass das Volk unter Führung der Partei mit dem Enthusiasmus der Anfangsjahre des Dritten Reiches und der Überzeugung von der Sieghaftigkeit des Nationalsozialismus, den Feind doch noch zurückschlagen könnte. Wie hatte Himmler in seiner Rede zur Gründung des Volkssturms schon gesagt: *„Jeder Häuserblock, jede Stadt, jedes Dorf, jedes Gehöft, jeder Graben, jeder*

Bunker, jeder Wald wird von Männern, Knaben und Greisen und – wenn es sein muss – von Frauen und Mädchen verteidigt. Auch in dem Gebiet, das sie glauben erobert zu haben, wird immer wieder in ihrem Rücken deutscher Widerstandswille auflodern, und wie die Werwölfe werden todesmutige Freiwillige dem Feind schaden und seine Lebensfäden abschneiden.“[22]

Hierzu wurden im Wesentlichen aus den Reihen der NSDAP, der verschiedenen Organisationen der Partei und der Hitlerjugend fanatische Mitglieder rekrutiert, welche in vereinzelten Aktionen Anschläge auf Personen und Einrichtungen der Besatzungsbehörden und der Besatzungstruppen ausführen sollten. Zur Koordination der Einsätze sollte der Rundfunksender „Werwolf“ dienen. Entscheidende Bedeutung konnte diese Organisation jedoch in keiner Phase bis zum Kriegsende erlangen und nur wenige Anschläge waren erfolgreich. Die Angst jedoch, die auf Seiten der Alliierten vor möglichen Anschlägen erzeugt wurde, führte in vielen Fällen zu überzogenen Handlungen gegenüber vermeintlichen Saboteuren und Agenten, was insbesondere vielen Hitlerjungen zum Verhängnis wurde. In einem Schulungsmaterial der G-2 Counter Intelligence Sub-Division des SHAEF über die Hitlerjugend heißt es: *„Aber es darf nicht vergessen werden, dass jeder junge Deutsche von Nazilehrern geschult worden ist und dass diese ‚Jugendarmee‘ bereit ist, das Feld zu übernehmen, individuell, in kleinen Gruppen, größeren, mehr organisierten Formen oder als Saboteure, Informanten und sogar Partisan zur Verteidigung des Nazismus und seines fanatischen Glaubensbekenntnisses.“* Viele Jugendliche wurden unter dem Verdacht der Zugehörigkeit zum „Werwolf“ verhaftet und gerieten so in Kriegsgefangenschaft bzw. wurden erschossen.[23]

So werden in dem kleinen Ort Lodersleben mit seinem idyllischen Schloss Jugendliche, die nicht aus dem Ort stammen als „Werwölfe“ verhaftet, weil sie Drähte über die Straße gespannt hatten. Trotz der Drohung mit sofortiger Erschießung werden sie jedoch nur verhaftet und eingesperrt.[24]

Nördlich des V. US Corps fährt beim VII. US Corps der 1st US Army die 3rd US AD nach Osten zur Saale bei Alsleben, Nelben und Friedeburg und setzt mit abgesessenen Elementen über. In der Nacht vom 13. zum 14. April 1945 wird eine Brücke gebaut. Die 1st US InfDiv und die beigefügte 4th CavGp beginnen die systematische Räumung des Harzes. Die 104th US InfDiv setzt die Blockade entlang der südlichen Grenze des Harzes auf der linken Rückseite fort und fährt mit der neugebildeten TF Kelleher als Speerspitze in Richtung der Saale bei Halle. Die 9th US InfDiv versammelt sich im Raum Nordhausen und übernimmt den freigewordenen Abschnitt der 104th US InfDiv.

Südlich des V. US Corps setzt im Bereich des XX. US Corps der 3rd US Army die 6th US AD die Überquerung der Weißen Elster fort und sichert zusätzliche Brücken. Unter Benutzung zweier Brücken in der Zone der 1st US Army, nördlich von Zeitz, setzt das CCB über und fährt südostwärts in den Raum Lucka. Das CCA überquert den Fluss südlich von Zeitz. Im Zusammenwirken mit Teilen der 76th US InfDiv geht das CCR der 6th US AD in der Nähe von Zeitz über den Fluss und beginnt den Angriff auf die Stadt. Unter Umgehung von Jena, welches die 80th US InfDiv säubert, stürmen die Panzer der 4th US AD nach Osten, überqueren die Weiße Elster und errichten Brückenköpfe über die Zwickauer Mulde.

Im Südabschnitt der 76th US InfDiv folgt das RCT 385 der Angriffsrichtung des CCA der 6th US AD und erreicht gegen leichten Widerstand die Weiße Elster westlich von Zeitz. Das 2./385 rückt von Sieglitz über Molau und Schkölen vor und erreicht den Raum Stolzenhain.

Das motorisierte 1./385 überquert aus dem Raum Apolda kommend in Camburg die Saale und marschiert nach Osten. Im Raum Stolzenhain passiert das Bataillon die Linien des dort haltenden 2nd Bn und rückt auf Droyßig vor. Das 3./385 überquert am Morgen die Saale in der Nähe von Dornburg und erreicht gegen 21.00 Uhr (B) den Raum Wetterzeube. Das 2./385 folgt am Abend dem 1st Bn von Stolzenhain aus und überquert die Weiße Elster bei Sautzschen. In der Nacht erreicht das Bataillon Dietendorf.

Hinter dem RCT 304 und 385 rückt an diesen Tag das RCT 417 als Div.Res. der 76th US InfDiv zügig nach Osten vor. Das 1./417, das am Abend westlich von Zeitz angehalten wurde, überquert in der Nacht den Fluss und löst das 1./304 in der Stadt ab. Das 2./417 erreicht Grana. Die TF Levy, 3./417, bleibt in der Regtl.Res. und bezieht einen Versammlungsraum in der Nähe von Löbitz. Der Regtl.CP verlegt am frühen Morgen nach Osterfeld.

Die amerikanischen Truppen werden an diesem Tag im letzten Tageslicht gegen 19.30 Uhr erneut das Ziel deutscher Luftangriffe. Wie bereits am Vortag greifen Jagdflugzeugen Me 109 und FW 190 im Dämmerungseinsatz die Bodentruppen an der Weißen Elster nördlich von Zeitz und an den Saaleübergängen an, ohne jedoch größere Schäden zu verursachen.[25]

Aus dem Führerhauptquartier 14. April 1945. Das Oberkommando der Wehrmacht gibt bekannt:
Aufklärungsverbände fühlen gegen die Saale bei Halle und gegen den Raum beiderseits Zeitz vor.

Kriegstagebuch des OKW/WFSt vom 14. April 1945:
Die 1. amerikanische Armee operiert jetzt nur südlich des Harzes... Bis Leipzig stieß die 69. Division vor; die Armeegrenze verläuft also südlich Leipzig... An der Saale verfügt die 12. Armee nur über schwache Kräfte. Der Gegner dringt nach Südosten gegen Halle vor... Im Raum Leipzig gleiche Lage. Jedoch Verschärfung am rechten Flügel der H.Gr. G, da Gegner Zeitz nehmen konnte und mit Kommandos bis in den Raum von Chemnitz kam.

Geheime Tagesberichte der Wehrmachtsführung vom 14. April 1945:
OB West, AOK 12: *Im Angriff nach Westen drang der Gegner in den Nordwestteil von Halle ein; Kämpfe sind noch im Gange. Mit im Nordteil von Merseburg eingedrungenen Feind sind Kämpfe im Gange. Neun feindliche Panzer wurden vernichtet. Im Vorstoß nach Nordwesten drang der Gegner bis Alt-Ranstädt und Markranstädt (10 km südwestlich von Leipzig) vor, wo er abgewiesen wurde.*
H.Gr. G, 7. Armee, XC. AK: *Ein Feindangriff aus dem Raum Pegau nach Nordosten wurde hart Zwenkau abgewiesen. Gegen aus Groitzsch nach Nordosten vorgehenden Feind wurde ein Flankenangriff durchgeführt, durch den der Gegner 22 Panzer verlor. Über Borna drangen Feindkräfte bis hart westlich Colditz vor. 6 Feindpanzer wurden vernichtet. In Zeitz sind Kämpfe noch im Gange... Hart westlich Rochlitz erreichte der Gegner den Mulde-Abschnitt.*

Während am **Sonnabend**, dem **14. April 1945**, bereits amerikanische Panzerverbände südlich von Leipzig in Richtung Mulde vorrücken, setzen sich die Kämpfe entlang der Saale zwischen Merseburg und Weißenfels fort. Am Morgen überquert das CCB als letzter Kampfverband der 9th US AD die Saale bei Weißenfels und fährt nach Osten. Die Besatzung von Weißenfels kapituliert im Tagesverlauf. Im Rücken der Kampfverbände laufen indessen die Vorbereitungen für den Angriff der Infanteriedivisionen des V. US Corps auf Leipzig. Auf Grund des hartnäckigen Widerstandes der Stellungen des mitteldeutschen Flakgürtels an der Saale hinkt man dem ursprünglichen Zeitplan hinterher.

Im Bereich der 69th US InfDiv erhalten um 09.00 Uhr (B) die Männer des 69th Rcn Tp, die erst in der Nacht Naumburg erreicht hatten, den Befehl, sich auf eine Ablösung vorzubereiten, um den weiteren Vormarsch zu unterstützen. Doch der Marschbefehl kommt vorläufig noch nicht.

Deutsche Kriegsgefangene vor dem Naumburger Rathaus am Markt
Foto: Courtesy of the Palm Springs Air Museum

Deutsche Kriegsgefangene am 13. April 1945 vor dem Haus Grochlitzer Str. 20
Filmausschnitt aus dem Combat Film 69th InfDiv

Grochlitzer Str. 20 heute
Foto: Jürgen Möller, 2006

Die Aufklärer betreiben weiter Kontrollpunkte an den Zugängen der Stadt und sichern mit den Infanteristen den Div.CP. Die Pioniere des 269th Engr C Bn räumen die Straße zwischen Naumburg und Stössen und beseitigen Straßenschäden. Um 16.05 Uhr (B) melden sie: *„Von 269th Engr: Straße Naumburg – Stössen zur Autobahn ist in Ordnung. 7 Fahrzeuge zur Seite geräumt. Ein Krater aufgefüllt."* Der Bn.CP 461st AAA (AW) Bn verlegt am Nachmittag aus Naumburg nach Markröhlitz. Der Division wird im Tagesverlauf das, mit 155mm Haubitzen ausgerüstete, 953rd FA Bn für die Fortsetzung der Operationen im Raum Leipzig unterstellt. Es erreicht am Nachmittag Freyburg und fährt nach Osten.

In Naumburg beobachtet man auf Grund der Meldungen über Untergrundaktivitäten aufmerksam das Verhalten der Zivilbevölkerung, doch auch nach der Meldung über die Einnahme von Weißenfels bleibt es ruhig. Es kommt weder zu Unruhen, geschweige denn zu Aufständen. Unter strengen Sicherheitsmaßnahmen beginnt man mit dem Abtransport der ersten deutschen Kriegsgefangenen. Hans Irrgang, der als Stabshelfer in Weißenfels in Kriegsgefangenschaft geraten war und im Naumburger Gefängnis inhaftiert wurde, schreibt: *„Während fast stündlich immer neue Trupps von Gefangenen eintreffen, vor allem Luftwaffenhelfer aus Burgwerben, Schkortleben und Großkorbetha, beginnen die Amis die ersten Gruppen auf Studebaker zu verladen und mit unbekanntem Ziel abzutransportieren."*[26] Um 21.30 Uhr (B) erhält General Reinhardt ein Telegramm des V. US Corps, das ihm mitteilt, dass der Corps.CP um 10.00 Uhr (B) am nächsten Tag in Naumburg eröffnet wird.

Auf dem Div.CP der 2nd US InfDiv in Barnstädt-Göhritz löst gegen Mittag eine Meldung über deutsche Truppenbewegungen bei Nebra Unruhe aus. Um 15.50 Uhr (B) erhält der Bn.CP 741st Tk Bn, der sich mit der HQ Co. und Svc Co. in Karsdorf befindet, vom G-3 der 2nd US InfDiv folgenden Funkspruch: *„Zivilisten melden, dass drei feindliche Panzer mit abgesessener Infanterie um 15.21 Uhr (B) den Ort Zingst [Nähe Bhf. Nebra] erreicht haben."* Die Panzer und Sturmgeschütze der HQ Co. errichten daraufhin Sperren an den Zugängen nach Karsdorf. Um 16.30 Uhr (B) gibt die Aufklärung Entwarnung, es werden keine deutschen Truppen entdeckt. Die Panzer und Sturmgeschütze kehren zum CP zurück.

Die 38th CavRcnSq übernimmt den Schutz der Nordflanke des V. US Corps im Abschnitt Gatterstädt bis Großgräfendorf und richtet den CP in Großgräfendorf ein. Die Co. A, 2nd Ranger Bn, die am Vortag gegen Mittag Landgrafroda verlassen hat, sichert mit je einem Platoon Asendorf und Steuden, während der Co.CP nach Dornstedt geht.

Am **Sonntag**, dem **15. April 1945**, gehen die Kampfhandlungen westlich der Saale im Abschnitt der 2nd US InfDiv langsam dem Ende entgegen. Bis auf wenige Ausnahmen ist der Widerstand der deutschen Flakstellungen gebrochen. Auf Grund des Corpsbefehls vom 14. April 1945 zum Angriff auf Leipzig entsendet das 741st Tk Bn je ein Halbkettenfahrzeug mit Funktrupps zu den, bei den Infanterieverbänden befindlichen, Panzerkompanien.

Auch bei 69th US InfDiv beginnt man mit den letzten Vorbereitungen. Während der MP Plat. mit ersten Teilen Naumburg in Richtung Pegau verlässt, bereitet man sich auf dem Div.CP und in den anderen Stäben auf die Verlegung vor. Rückwärtige Einheiten des V. US Corps beginnen mit der Übernahme der Verantwortung in Naumburg. Um 13.20 Uhr (B) wird General Reinhardt informiert, dass der CP des V. US Corps jetzt sein Quartier im Westteil von Naumburg bezogen hat.[27] Bereits um 08.00 Uhr (B) hat das Corps in Naumburg einen Sammelpunkt für befreite amerikanische und britische Soldaten errichtet. Hier werden sie registriert, versorgt, befragt und anschließend in die Heimat abtransportiert. Die zur 102nd CavGp gehörende 102nd CavRcnSq unter Lt.Col. George S. Saunders trifft in Naumburg ein und beginnt mit der Übernahme der Bewachungsaufträge in der Stadt. Die Aufklärer werden hier bis zum 30. April 1945 verbleiben. Doch noch bewachen Einheiten des 273rd InfRgt der 69th US InfDiv die wichtigsten Einrichtungen im Raum Bad Kösen – Naumburg – Weißenfels. Der 1st Squad, Co. B, 1/273 bewacht das Kriegsgefangenenlager Naumburg, die zwei weiteren Sq., Co. B, 1./273 bewachen deutsche Kriegsgefangene in Bad Bibra, ein Plat. Co. C, 1./273 sichert den Flugplatz Kölleda, ein Plat., Co. C das Flugfeld Punschrau und ein Plat., Co. C ein Munitionslager in Weißenfels.

In Naumburg beginnt man mit der Verlegung der deutschen Kriegsgefangenen aus dem Gefängnis, wo auf Grund Überbelegung katastrophale Zustände herrschen, in das Heeresverpflegungsamt. Hier wartet eine von Tag zu Tag größer werdende Anzahl deutscher Kriegsgefangener teils unter freiem Himmel auf ihren Abtransport mit Lastwagen und Eisenbahnzügen über Heiligenstadt und Welda bei Warburg zu den großen Kriegsgefangenenlagern auf den Rheinwiesen.[28] Die 38th CavRcnSq wird von ihrem Auftrag entbunden und rückt zur Saale im Raum Merseburg vor, wo es den Abschnitt des 23rd InfRgt übernimmt.

Am **Montag**, dem **16. April 1945**, endet mit der Einnahme der Flakstellung Reichardtswerben durch Einheiten der 2nd US InfDiv die Kämpfe westlich der Saale. Die Stäbe und Divisionseinheiten der 2nd und 69th US InfDiv beginnen mit der Verlegung, um die Ausgangstellungen für die Einnahme von Leipzig einzunehmen. In Naumburg beginnt um 08.30 Uhr (B) die Rcn Co. 661st TD Bn, gefolgt von der HQ Co., mit der Verlegung nach Pegau. Ihnen schließt sich um 10.00 Uhr (B) der 69th Rcn Tp mit dem Div.CP an. Auch die Sanitätssoldaten des 1st Plat., Co. D, 369th Med Bn verlassen Naumburg, der 2nd Plat. folgt ihnen am nächsten Tag. Lediglich die zwei Squad des 1./273, die etwa 175 deutsche Kriegsgefangene in Bad Bibra bewachen, warten bereits seit dem Vortag vergeblich auf Ablösung.

Ruhiger geht es bei der 2nd US InfDiv zu. Bis auf den Bn.CP des 741st Tk Bn, der um 13.30 Uhr (B) Karsdorf verlässt und nach Merseburg verlegt, verbleiben die anderen Stäbe weiterhin in ihren bisherigen Quartieren. Die Rcn Co., 612th TD Bn, die um 10.00 Uhr (B) in Göhrendorf den Verlegungsbefehl erhält, wird gestoppt und lediglich der CO, Capt. Johnson, verlässt den Ort zur Erkundung des neuen Raumes.

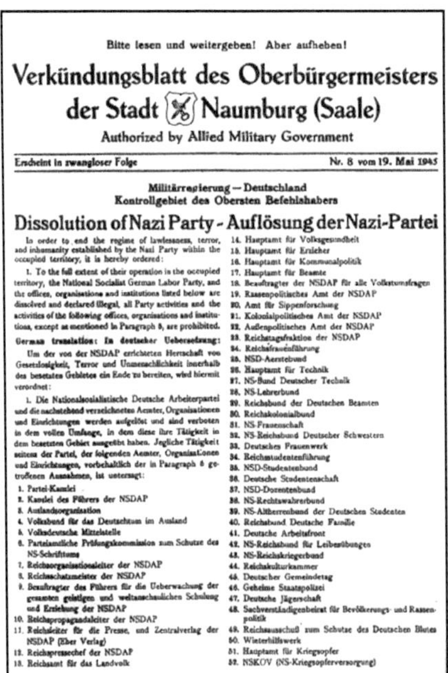

Bitte lesen und weitergeben! Aber aufheben!

Verkündungsblatt des Oberbürgermeisters der Stadt Naumburg (Saale)

Authorized by Allied Military Government

Erscheint in zwangloser Folge — Nr. 8 vom 19. Mai 1945

Militärregierung — Deutschland
Kontrollgebiet des Obersten Befehlshabers

Dissolution of Nazi Party - Auflösung der Nazi-Partei

In order to end the regime of lawlessness, terror, and inhumanity established by the Nazi Party within the occupied territory, it is hereby ordered:

1. To the full extent of their operation in the occupied territory, the National Socialist German Labor Party, and the offices, organisations and institutions listed below are dissolved and declared illegal, all Party activities and the activities of the following offices, organisations and institutions, except as mentioned in Paragraph 6, are prohibited.

German translation: In deutscher Uebersetzung:

Um der von der NSDAP errichteten Herrschaft von Gesetzlosigkeit, Terror und Unmenschlichkeit innerhalb des besetzten Gebietes ein Ende zu bereiten, wird hiermit verordnet:

1. Die Nationalsozialistische Deutsche Arbeiterpartei und die nachstehend verzeichneten Aemter, Organisationen und Einrichtungen werden aufgelöst und sind verboten in dem vollen Umfange, in dem diese ihre Tätigkeit in dem besetzten Gebiet ausgeübt haben. Jegliche Tätigkeit seitens der Partei, der folgenden Aemter, Organisationen und Einrichtungen, vorbehaltlich der in Paragraph 6 getroffenen Ausnahmen, ist untersagt:

1. Partei-Kanzlei
2. Kanzlei des Führers der NSDAP
3. Auslandsorganisation
4. Volksbund für das Deutschtum im Ausland
5. Volksdeutsche Mittelstelle
6. Parteiamtliche Prüfungskommission zum Schutze des NS-Schrifttums
7. Reichsorganisationsleiter der NSDAP
8. Reichsschatzmeister der NSDAP
9. Beauftragter des Führers für die Ueberwachung der gesamten geistigen und weltanschaulichen Schulung und Erziehung der NSDAP
10. Reichspropagandaleiter der NSDAP
11. Reichsleiter für die Presse, und Zentralverlag der NSDAP (Eher Verlag)
12. Reichspressechef der NSDAP
13. Reichsamt für das Landvolk
14. Hauptamt für Volksgesundheit
15. Hauptamt für Erzieher
16. Hauptamt für Kommunalpolitik
17. Hauptamt für Beamte
18. Beauftragter der NSDAP für alle Volkstumsfragen
19. Rassenpolitisches Amt der NSDAP
20. Amt für Sippenforschung
21. Kolonialpolitisches Amt der NSDAP
22. Außenpolitisches Amt der NSDAP
23. Reichstagsfraktion der NSDAP
24. Reichsfrauenführung
25. NSD-Aerztebund
26. Hauptamt für Technik
27. NS-Bund Deutscher Technik
28. NS-Lehrerbund
29. Reichsbund der Deutschen Beamten
30. Reichskolonialbund
31. NS-Frauenschaft
32. NS-Reichsbund Deutscher Schwestern
33. Deutsches Frauenwerk
34. Reichsstudentenführung
35. NSD-Studentenbund
36. Deutsche Studentenschaft
37. NSD-Dozentenbund
38. NS-Rechtswahrerbund
39. NS-Altherrenbund der Deutschen Studenten
40. Reichsbund Deutsche Familie
41. Deutsche Arbeitsfront
42. NS-Reichsbund für Leibesübungen
43. NS-Reichskriegerbund
44. Reichskulturkammer
45. Deutscher Gemeindetag
46. Geheime Staatspolizei
47. Deutsche Jägerschaft
48. Sachverständigenbeirat für Bevölkerungs- und Rassenpolitik
49. Reichsausschuß zum Schutze des Deutschen Blutes
50. Winterhilfswerk
51. Hauptamt für Kriegsopfer
52. NSKOV (NS-Kriegsopferversorgung)

Am nächsten Tag, **Dienstag**, den **17. April 1945**, verlassen als Letztes die Divisionseinheiten und der Div.CP der 2nd US InfDiv ihre Quartiere und verlegen über die Saale in den Raum Bad Dürrenberg. Der Div.CP geht nach Schladebach. Corpseinheiten des V. US Corps übernehmen ab jetzt vollständig den Raum westlich der Saale von Schkopau bis Bad Kösen.

Ab jetzt beginnt mit der Installation der Provisional Military Government die kurze Phase der amerikanischen Besatzungszeit, die ab 1. Juli 1945 mit der Übernahme der amerikanisch kontrollierten Gebiete Mitteldeutschlands durch die Rote Armee gemäß den alliierten Abkommen ihr Ende findet.

* * *

[1] Nahlendorf liegt direkt südlich angrenzend an Lunstädt und wurde am 01.04.1937 in Lunstädt eingemeindet. Lunstädt wurde am 01.07.1950 in Roßbach eingemeindet, das dann am 01.04.2004 zu Braunsbedra kam.

[2] Der späte Angriffszeitpunkt beruht wahrscheinlich auf die Kämpfe vor der Front des RCT 9 bei Schortau.

[3] Dabei handelt es sich wahrscheinlich um zwei deutsche Soldaten, deren Auto einige Tagen zuvor bei einem Tieffliegerangriff beschädigt worden war, und welche nach Berichten der Bewohner noch schnell versucht hatten, aus dem Dorf zu fliehen.

[4] Gem. Konrad Lautenschläger, Göhritz.

[5] Gem. Pastor Probst, Sammlung Lautenschläger.

[6] Gem. Lautenschläger.

[7] Gem. Bericht Frieda Kahmann, Herbert Gonschoreck und Lautenschläger.

[8] Gem. K. Lautenschläger. In Barnstädt befinden sich auf dem Friedhof keine deutschen Soldatengräber. Nach Berichten sollen aber deutsche Soldaten in Barnstädt gestorben sein. Wohin sie umgebettet wurden oder was mit ihnen geschehen ist, ist nicht bekannt.

[9] Im AAR der 2nd US InfDiv wird nur von Barnstädt gesprochen. Göhritz ist heute ein Ortsteil von Barnstädt. Im Ortsteil Göhritz standen vor der Gaststätte gem. Lautenschläger zwei Panzer zur Sicherung, was ein Zeichen dafür ist, dass sich Gen. Robertson dort befunden haben könnte. Ein Stab (also wahrscheinlich der Div.CP) soll sich in der Angerstr. im Haus von Frau Bindernagel und in der Schule befunden haben.

[10] Zeitzeugenbericht Kilian, Heiligenstadt, damals Flaksoldat in der Stellung Knapendorf.

[11] Die Kompanie nennt in ihrer History als Unterkunft ein Trainingszentrum (auch Ausbildungszentrum) für Jungen im Herzen der Stadt. Wenn es sich um die Napola gehandelt hätte, dann wäre sie wahrscheinlich als solche bezeichnet worden.

[12] Heute Kramerplatz.

[13] In den Aussagen von Margarethe Schmidt, geb. Grettner, damals Naumburg, und Dr. Volkhardt Jung, Karlsruhe, die auf der Internet-Homepage zu den Rheinwiesenlagern veröffentlicht wurden, kommt dieses Unverständnis deutlich zum Ausdruck.

[14] Gem. Zeitzeugenbefragung durch Gerhard Heinrich.

[15] Gem. Zeitzeugenbefragung durch Gerhard Heinrich.

[16] Gem. Zeitzeugenbefragung durch Gerhard Heinrich. Um welches Gerät es sich gehandelt hat, ist nicht sicher. Der Sockel deutet aber auf einen Würzburg-Riese hin. In der Liste der Flugmeldemess-(Radar)-Stellungen ist die Stellung nicht verzeichnet. Nach einem Zeitzeugenbericht soll am Abend des 11. April 1945 eine SS-Einheit die Stellung verlassen haben. Entweder hatte eine, auf dem Marsch befindliche, SS-Einheit kurzzeitig die Unterkünfte mit genutzt oder es kam im Zusammenhang mit dem nahegelegenen SS-Fahrzeug-Park zu einer Vermischung der Erinnerungen.

[17] Auf Grund der Probleme der Amerikaner mit deutschen Namen besteht wenig Zweifel, dass mit „Fuller“ Feller gemeint ist. Es gab keinen deutschen General namens Fuller.

[18] “Co. A, 2nd Ranger Battalion – Overseas and then – Over the top” by Pfc. M. Prince, 1948, The Command and General Staff College Library, S. 201. Bei dem SS-Leutnant

kann es sich aber auch um einen Leutnant der Panzertruppe gehandelt haben, der auf den Kragenspiegeln links und rechts den Totenkopf der Panzertruppe hatte, was die Amerikaner als SS-Angehörigen interpretierten. Dass sie aber den Panzerunteroffizier als solchen erkannt haben, spricht für einen Leutnant der Waffen-SS bzw. SS-Untersturmführer. Was mit dem Rest des Stabes von Feller geschah, ist unbekannt. In Leimbach war Feller noch in Begleitung mehrerer Offiziere.

19 Ebenda, S. 201/202.

20 Thilo Ziegler, Sangerhausen hatte ein ähnliches Ereignis in Kelbra fälschlicherweise mit dem Tod von Feller in Zusammenhang gebracht. Dies wurde von mir im Buch „Der Kampf um Nordthüringen im April 1945" übernommen. Es handelt sich aber um zwei, voneinander unabhängige, Ereignisse. Der Eintrag im AAR der 38th CavRcnSq und der Chronik der Co. A, 2nd Ranger Bn und Zeitzeugenberichten bestätigen eindeutig, dass Feller bei Landgrafroda den Tod fand. Eine vermutete Erschießung Fellers ist unwahrscheinlich, da ein lebender General wertvoller war, als ein toter. Es gibt auch keine ähnlichen Fälle, wo Generäle nach der Gefangennahme erschossen wurden. Die Berichte über dem getöteten „höheren Offizier in Landgrafroda" und die Ereignisse in Kelbra wurden mir durch Gerhard Heinrich übermittelt, der die Information aus Zeitzeugenbefragungen hat. Die Berichte liegen vor.

21 Gem. der Aussage einer Zeitzeugin aus Leimbach, die Herrn Ziegler vorliegt, wurde in den Wäldern noch Tage später geschossen.

22 „Der Deutsche Volkssturm", S. 14.

23 Frau L. Peschel schildert in ihrem Bericht zum Kriegsende, dass die Leiterin des Stabes der Bezirksleitung des RAD für Frauen, Halle bei ihrer Abfahrt aus Wiehe zu ihr sagte: „Wir sehen uns im Werwolf." Amerikanische Berichte nennen auch immer wieder „Flintenweiber", die gegen sie kämpften.

24 Aufzeichnung v. Elisabeth Gräfin von der Schulenburg, Sammlung A. Jäger, 2010.

25 Gem. dem G-3 Journal des Tac CP der 69th US InfDiv sollen 23 Flugzeuge durch das 461st AAA (AW) Bn gemeldet worden sein. Hier wurden mit Sicherheit die Meldungen der Einheiten einfach addiert, was zu einer Mehrfachzählung führte. Es gibt keinerlei Hinweise, dass eine solch große Anzahl deutscher Flugzeuge an diesem Tag zum Einsatz kam.

26 Gem. Hans Irrgang erfolgte der Abtransport Richtung Heiligenstadt. Falsch ist jedoch, dass es sich um Luftwaffenhelfer gehandelt hat, diese wurden bis auf Ausnahmen Ende März 45 entlassen. Es handelt sich hier wohl um den letzten Jahrgang der einberufenen Flaksoldaten.

27 Vermutlich in der Naumburger Kadette.

28 Zeitzeugenberichte v. Kilian, Irrgang und Fritz Kriemer.

Epilog

Beschäftigt man sich mit der Geschichte des Zweiten Weltkriegs, so kommt man zwangsläufig um die Thematik der Kriegsgefangenen nicht herum. Sie zieht sich demzufolge wie ein roter Faden auch durch diese Dokumentation. Das Schicksal der Kriegsgefangenen berührt bis heute nicht nur die Generation der Betroffenen. Die Bilder deutscher Soldaten im Schlamm der Rheinwiesenlager und der Marsch der Reste der 6. Armee aus dem zerstörten Stalingrad in die sibirischen Arbeitslager haben sich auch bei der Nachkriegsgeneration eingeprägt.

Doch hierbei wird allzu oft vergessen, dass das Schicksal der deutschen Kriegsgefangenen Hand in Hand geht mit dem der ausländischen Kriegsgefangenen in deutschem Gewahrsam. Millionen West- und Osteuropäer geraten während des Polenfeldzugs 1939, bei der Okkupation Frankreichs und der Beneluxstaaten, in Skandinavien, auf dem Balkan und in der Sowjetunion in deutsche Kriegsgefangenschaft. Unendliche Kolonnen von ihnen bewegen sich bis Anfang 1945 in Richtung Deutschland. Kaum ein Ort oder eine Stadt in Deutschland, wo nicht polnische, französische und jugoslawische Kriegsgefangene als Zwangsarbeiter, später auch italienische und ungarische Militärinternierte, zum normalen Alltag gehörten.[1] Soldaten, die nur auf den ersten Blick ein leichtes Schicksal erlitten haben. Denn weit weg von zu Hause liegt ihr Leben in der Hand der Sieger. Auf Flucht steht der Tod. Und da für Deutschland einige der besiegten Staaten, wie Polen und Jugoslawien, nicht mehr als Staat existieren, gelten deren Soldaten auch nicht als Angehörige bewaffneter Organe und haben somit keinen Anspruch auf den Artikel 20 der Haager Landkriegsordnung, der besagt: *„Nach dem Friedenschluss sollen die Kriegsgefangenen binnen kürzester Zeit in ihre Heimat entlassen werden."* Sie werden zu Zwangsarbeitern erklärt und verbleiben auf unbestimmte Zeit in Deutschland. Das gleiche Schicksal erleiden 1940 die französischen Kriegsgefangenen.[2]

Noch schlimmer trifft es die russischen Kriegsgefangenen, die sich nicht, wie ihre westeuropäischen und später auch amerikanischen Kameraden, in regulären Kriegsgefangenenlagern wiederfinden, sondern zu großen Teilen in den Konzentrationslagern, wo viele von ihnen an Hunger, Krankheit und Seuchen sterben oder ermordet werden. Erst mit dem Vormarsch der Alliierten kommt für die Überlebenden der Tag der Befreiung.

Für die siegesgewohnte Deutsche Wehrmacht wendet sich mit der Schlacht vor Moskau im Winter 1941 das Blatt. Die Schlacht von Stalingrad besiegelt 1943 das Schicksal der Wehrmacht. Als dann die Westalliierten in Nordafrika, Italien und schließlich am 6. Juni 1944 in der Normandie landen, ist das Ende unausweichlich. Bis zum Kriegsende geraten 11 094 000 deutsche Soldaten an allen Fronten in Kriegsgefangenschaft.[3]

Im Frühjahr 1945 treffen sich auf den Straßen Mitteldeutschlands die Kolonnen der Befreiten und Besiegten. Eine der Schnittstellen ist Naumburg an der Saale. Als wichtiger Verkehrsknoten wird die Stadt bis Ende Juni 1945 Durchgangsstation für Zehntausende Kriegsgefangener auf ihrem Weg in Richtung Osten und Westen. Doch zunächst ist davon noch nicht allzu viel zu spüren.

Als die Truppen des V. US Corps am 12. April 1945 Naumburg kampflos besetzen, finden sie in der Stadt nicht nur polnische und britische Kriegsgefangene, sondern auch eine größere Anzahl ungarischer Militärinternierter. Auf dem Gelände des Heeresverpflegungsamtes erwarten sie ihre Befreier und hoffen nun auf eine baldige Rückkehr nach Hause. Gleiches gilt für die befreiten Briten und Amerikaner, die wenige Tage später die für sie errichtete Corps-Sammelstelle erreichen. Auch Franzosen, Belgier, Holländer, Italiener und andere Westeuropäer, die im Corpsabschnitt befreit werden, werden erfasst und versammelt. Gemeinsam mit den Insassen verschiedener befreiter Kriegsgefangenenlagern, wie dem Stalag IV-C, Bad Sulza, und dem Oflag IV-C, Colditz, erfolgt ab Mitte April 1945 ihre schrittweise Rückführung in die Heimatländer.

Anders zunächst die befreiten polnischen und russischen Kriegsgefangenen. Sie bewegen sich in den ersten Tagen nach ihrer Befreiung gemeinsam mit Hunderttausenden von befreiten Zwangsarbeitern und KZ-Häftlingen als sogenannte DP's kreuz und quer durch Deutschland, um auf eigene Faust in ihre Heimatländer zu kommen. Dabei werden sie für die Alliierten vielerorts zum Problem, da sie die Nachschubstraßen verstopfen und an vielen Orten die Ruhe und Ordnung gefährden. Sie stehlen und rauben, was sie zum Leben benötigen und was man ihnen bisher vorenthalten hat und sie rächen sich an ihren Peinigern. Es kommt zu Morden und Vergewaltigungen. Zu groß ist ihr Hass auf die Deutschen. Erst nach und nach gelingt es den Alliierten durch hartes Durchgreifen dem Problem Herr zu werden. Ähnlich wie die befreiten westeuropäischen Kriegsgefangenen werden auch sie jetzt in Sammellagern zusammengefasst und beschleunigt in ihre Heimatländer zurückgeführt.

Im Mai 1945 beginnt im mitteldeutschen Raum eine großangelegte Rückführungsaktion von befreiten russischen Kriegsgefangenen und Zwangsarbeitern. An vereinbarten Übergabepunkten entlang der alliierten Demarkationslinie erfolgt im Austausch gegen befreite Westeuropäer ihre Übergabe an die sowjetische Militäradministration. Das dabei aus Befreiten erneut Gefangene werden, wird erst Ende der 80er Jahre durch die Glasnost-Politik des damaligen sowjetischen Präsidenten Nikolai Gorbatschow bekannt. In den russischen Geheimarchiven finden sich die Beweise, dass die festlich geschmückten Züge mit den Heimkehrern, die nach der Überquerung der sowjetischen Grenze von der Bevölkerung jubelnd empfangen wurden, ohne Aufenthalt weiterfahren. Erst in die Arbeitslager des GULAG am Polarkreis und in Sibirien machen sie halt.[4] Ihre Insassen gelten gemäß den Befehlen Stalins als Verräter und Kollaborateure, die sich dem Feind ergeben oder für ihn gearbeitet haben. Wer lebend in die Hand des Feindes fällt, ist ein Verräter und hat den Tod verdient.

Auch andere befreite Nationen rechnen mit Kollaborateuren ab. Doch ist deren Schicksal bis auf Ausnahmen bei Weitem nicht so tragisch, wie das der befreiten Russen. Wer sich keiner Kriegsverbrechen schuldig gemacht hat, kommt in der Regel mit minderschweren Haftstrafen davon. So kommen unter anderem belgische Soldaten an mehreren Stellen in Mitteldeutschland zum Einsatz, wo sich größere Gruppen befreiter Belgier aufhalten, wie in Kahla/Thüringen, um neben der Organisation der Rückführung und Repatriierung Jagd auf Kollaborateure zu machen.[5]

Während sich in Naumburg die Einen über ihre wiedergewonnene Freiheit freuen und auf die Fahrt in ihre Heimat vorbereiten, beginnt in ihrer unmittelbaren Nachbarschaft für die Anderen eine ungewisse Zukunft in der Kriegsgefangenschaft. Von Tag zu Tag nimmt die Zahl der deutschen Kriegsgefangenen zu. Schon am ersten Tag reicht das Gefängnis der Stadt, in das man die in der Umgebung gemachten Gefangenen gebracht hat, nicht mehr aus und bereits am nächsten Tag werden Teile des Heeresverpflegungsamtes in der Grochlitzer Straße und die benachbarte Bismarck- und Hindenburg-Kaserne als PW Camp der 69th US InfDiv eingerichtet.

„Das Lager war inmitten der Stadt auf dem Gelände eines zerbombten Wehrmachtsverpflegungslagers. Es war mit Stacheldrahtrollen umgeben, und alle 20 bis 30 Meter postierte ein mit entsicherter Schusswaffe versehener US-Soldat...“ berichtet Ernst Kaufmann aus Müllheim in der Badischen Zeitung vom 10. Oktober 2004.

Die Prozedur, der sich die Kriegsgefangenen bis hierher unterziehen müssen, ist in der Regel immer die Gleiche. Unmittelbar nach ihrer Gefangennahme werden sie nach Waffen und Dokumenten durchsucht. Das bei diesen „Filzungen“ so manche Uhr oder anderer persönlicher Gegenstand trotz der Bestimmungen über Kriegsgefangene den Besitzer wechselt, ist ein ungewollter, aber geduldeter Nebeneffekt. Anschließend werden sie unter Bewachung zu den Sammelstellen der Regimenter gebracht. Soldaten, die sich kampflos ergeben, werden in vielen Fällen auch ohne jegliche Bewachung zu den Sammelstellen geschickt. Diese Sammelstellen befinden sich gemäß der Genfer Konvention von 1929, Artikel 7, in sicherem Abstand überall hinter der Frontlinie. So befindet sich die Sammelstelle des 23rd InfRgt der 2nd US InfDiv bei dessen Vorstoß über die Saale im Abschnitt Schkopau – Merseburg auf dem Flugplatz Merseburg. In Weißenfels wird wie in Naumburg das Gefängnis der Stadt zur Sammelstelle umfunktioniert. Hier erfolgt eine erste Registrierung und Befragung. Ab hier beginnt der lange Weg in die Gefangenschaft erst richtig.

Ohne großen Aufenthalt geht es weiter zu den PW Camps der Divisionen, wo sie auf Grund der Befragung durch IPW-Teams als normale Fälle, unklare Fälle und SS-Angehörige sowie vermeintliche Kriegsverbrecher kategorisiert werden. Dabei bedient man sich bei der Suche nach SS-Angehörigen z.B. der Kontrolle der Unterarme auf die Blutgruppentätowierung der SS. Mit Hilfe sogenannter CROWCASS-Bögen, Fragebögen zur Lebensweg-Identifizierung von Nazis, versucht man untergetauchten Nazis und Kriegsverbrechern auf die Spur zu kommen.[6] Befreite Kriegsgefangene, KZ-Häftlinge und Zwangsarbeitern, aber auch Einwohner, helfen ihnen in vielen Fällen bei der Identifizierung untergetauchter Nazis. Spezielle Fälle werden an das Counter Intelligence Corps, CIC, die Militärabwehr der US Army, übergeben.

Dann geht es zu den Durchgangslagern der Corps. Während die Kriegsgefangenen der 2nd US InfDiv Mitte April von Barnstädt nach Naumburg transportiert werden, bleibt den Kriegsgefangenen der 69th US InfDiv eine weitere Zwischenstation erspart. Das PW Camp der Division in Naumburg wird vom V. US Corps übernommen. Bis Ende April treffen hier ein Großteil aller deutschen Kriegsgefangenen aus dem mitteldeutschen Industriezentrum Schkopau-Merseburg-Leuna, aus Weißenfels, Leipzig, dem Leipziger Südraum bis hin zur Muldelinie zwischen Eilenburg und Colditz und aus dem Raum Torgau an der Elbe ein. Alleine im April 1945 haben die Kriegsgefangenensammelstellen der 9th US AD, 2nd und der 69th US InfDiv ohne Berücksichtigung der deutschen Soldaten, die sofort in Lazarette eingeliefert werden, insgesamt 62 634 Soldaten registriert und weitergeleitet.[7] Nach Tagen, die sie aus Platzmangel teils unter freiem Himmel verbringen müssen, werden sie per Bahn vom Naumburger Ostbahnhof aus oder auf offenen Stutebaker-Lastwagen über die Lager Heiligenstadt, Welda bei Warburg und Hersfeld in die großen Kriegsgefangenenlager auf den Rheinwiesen bei Bad Kreuznach verlegt.[8] Für einige von ihnen endet der Weg bereits in Naumburg. Geschwächt durch Krankheiten, Hunger, Entbehrungen und Verwundungen sterben sie noch vor dem Weitertransport in den Naumburger Lazaretten und finden ihre letzte Ruhe auf dem Neuen Friedhof.

Diese Situation ändert sich erst Anfang Mai 1945. Mit dem Erreichen der alliierten Haltelinie an der Elbe und Mulde durch die 12th US Army Group steigt die Zahl der deutschen Kriegsgefangenen dramatisch an. Entlang der Haltelinie versuchen ganze Truppenteile und Verbände der Ostfront der Deutschen Wehrmacht, sich der russischen Gefangenschaft zu entziehen. Und obwohl es gegen die alliierten Vereinbarungen verstößt, wird es insbesondere von den Amerikanern geduldet. Erst mit der Unterzeichnung der vollständigen Kapitulation des Deutschen Reiches stoppt hier dieser Strom. Dafür sehen sich die amerikanischen Truppen jetzt im Sudetengebiet und Böhmen einer unüberschaubaren Anzahl deutscher Truppen der Heeresgruppe Mitte gegenüber, die sich vor der Roten Armee zurückgezogen haben und jetzt gegenüber den Amerikanern kapitulieren.

Zu diesem Zeitpunkt sind die Rheinwiesenlager aber bereits übervoll. Wohin also mit ihnen? Immerhin beziffert die amerikanische Statistik die Anzahl der Kriegsgefangenen im 1. Quartal 1945 mit 1.067.000 und im 2. Quartal mit 2.040.000.[9] Damit stehen die Amerikaner vor einem fast unlösbaren Problem – der Versorgung dieser Kriegsgefangenen. Und dabei ist es nicht ihr einziges Problem, schließlich gilt es neben der Versorgung der eigenen Truppen und der deutschen Zivilbevölkerung auch noch die ungezählten DP's zu versorgen. Der Historiker Manfred Messerschmidt beziffert die Zahl der durch die amerikanischen Truppen zu versorgenden Personen mit zirka 20 Millionen.[10] Als Folge herrscht Hunger in den Lagern, ein Symptom, das später untrennbar mit den riesigen Rheinwiesenlagern zwischen Mainz und Rheinberg verbunden wird, in denen Hunderttausende unter freiem Himmel zusammengepfercht sind. Doch auch die deutsche Zivilbevölkerung leidet Hunger. Der durchschnittliche Verpflegungssatz eines Erwachsenen beträgt 1000 bis 1500 Kilokalorien pro Tag. Und für die Amerikaner hat die Versorgung der DP's und der Bevölkerung Vorrang.

Gemäß der Haager Landkriegsordnung und der Genfer Konvention stehen den Kriegsgefangenen aber die gleiche Versorgung wie den amerikanischen Truppen zu. Was also tun? Zusätzliche Nahrungsgüter stehen nicht zur Verfügung. So bedient man sich zuerst eines juristischen Kunstgriffs und erklärt die Kriegsgefangenen zu DEF – Disarmed Enemy Forces – entwaffnete Feindkräfte. Somit stehen sie zwar weiter unter dem Schutz des Kriegsvölkerrechts, unterliegen aber nicht mehr den Bestimmungen für die Versorgung von Kriegsgefangenen.[11] Außerdem stoppt man ab Anfang Mai 1945 den Abtransport der Kriegsgefangenen aus den Lagern an der alliierten Haltelinie in Mitteldeutschland, aus dem Sudentengebiet, aus Böhmen und Süddeutschland nach Westen. Sie verbleiben in ihren PW Camps oder werden in größeren Lagern zusammengefasst.[12] So erfolgt mit der Auflösung des PW Camp des VII. US Corps in Helfta bei Eisleben, wo sich zeitweise 40 bis 50 000 Kriegsgefangene unter freiem Himmel befanden, die Verlegung eines größeren Kontingents an Kriegsgefangenen auf Lastwagen in das Lager Naumburg.[13] Als Nächstes beginnt man mit der Entlassung der Jugendlichen, des Volkssturms und von wichtigen Berufsgruppen, die man für den Aufbau benötigt.[14]

Ab Ende Mai, Anfang Juni 1945 beginnt die zweite Phase. In den Lagern wird mit der Trennung der Gefangenen nach Landsmannschaften und Provinzen begonnen. Schrittweise erfolgt ab jetzt die massenweise Entlassung der als unbelastet eingestuften deutschen Kriegsgefangenen.

Mit dem Beginn der Entlassung wird auch das PW Camp Naumburg für viele deutsche Kriegsgefangene zum Tor in die Freiheit. Neben dem zum Discharge-Center, zur Entlassungsstelle, umgewandelten PW Camp Weißenfels in der dortigen Pionierkaserne werden über Naumburg deutsche Kriegsgefangene aus den Provinzen Halle-Merseburg und Sachsen bis Ende Juni aus amerikanischer Gefangenschaft entlassen. Auch die anderen Lager in Mitteldeutschland leeren sich. Weniger Glück haben hingegen die deutschen Kriegsgefangenen, die sich Anfang Juli 1945 noch immer in den Rheinwiesenlagern befinden. Sie gehören gemäß den alliierten Abkommen ab jetzt zur britischen und französischen Besatzungszone und werden von den Amerikanern an die Verbündeten übergeben. Lediglich die Kranken und Verwundeten, die nicht mehr arbeiten können, werden nach Hause entlassen. Ausgenommen jedoch jene, deren Heimat in der sowjetischen Zone liegt.[15] Für einen Großteil von ihnen endet der Krieg erst 1946, aber immer noch Jahre früher, als für das Heer der deutschen Kriegsgefangenen in russischer Kriegsgefangenschaft.

Über die Zahl der deutschen Soldaten, die in amerikanischer Kriegsgefangenschaft verstorben sind, wird noch heute heftig diskutiert. Insbesondere das 1989 erschienene Buch des kanadischen Journalisten James Bacque „Der geplante Tod" hat diese Diskussion angeheizt. Nach Bacque sollten die deutschen Kriegsgefangenen auf Befehl Eisenhowers gezielt durch Hunger und Entbehrungen vernichtet werden. Dieser Politik sollen letztendlich eine Million deutscher Soldaten, insbesondere nach der Übergabe der Lager an Frankreich, zum Opfer gefallen sein. Die „verschwundene Million" im Westen macht seitdem ihre Runde. Einige Zeitzeugen der Zustände in den Rheinwiesenlagern haben diese Zahl aufgegriffen und mit ihren Erinnerung an das erlebte Grauen verknüpft. Das dabei entstandene Bild, das von vielen Autoren immer wieder gerne unkommentiert aufgegriffen wird, scheint dies zu bestätigen. Rüdiger Overmann belegt jedoch in seinem ausgezeichnet recherchierten Buch „Soldaten hinter Stacheldraht" überzeugend, dass die verwendeten Zahlen keinerlei realen Hintergrund haben. Einen Befehl zur Vernichtung hat es nie gegeben.[16]

Unumstritten ist die Tatsache, dass eine große Anzahl Kriegsgefangener an Hunger, Entbehrungen, Krankheiten oder in Folge erlittener Verletzungen in amerikanischer Kriegsgefangenschaft und später in französischem Gewahrsam verstorben sind. Messerschmidt beziffert auf der Grundlage amerikanischer und französischer Statistiken die Zahl der Lagertoten mit rund 25 000. Beachten muss man aber dabei, dass sich eine nicht unerhebliche Anzahl von ihnen bereits zum Zeitpunkt der Einlieferung in die Lager in einem äußerst schlechten Ernährungs- und Gesundheitszustand befand. Bei der Zahl der von Messerschmidt errechneten Lagertoten wurden mit Sicherheit jene Verwundeten und Kranken, die sich zum Zeitpunkt der Besetzung bereits in den unzähligen Lazaretten und Krankenhäusern befunden haben bzw. auf ihrem Weg in die Kriegsgefangenschaft in Lazarette eingeliefert wurden und dort verstarben, nicht hinzugezählt. Aber sie dürfen auch nicht unkommentiert zur Gesamtzahl der in Kriegsgefangenschaft Verstorbenen hinzugezählt werden, auch wenn sie als Insassen der Lazarette statistisch zur Gesamtzahl der Kriegsgefangenen gehören. Bei einer solchen Vorgehensweise würde man auch diejenigen mitzählen, die auf Grund des Todestags als „Verstorben in Kriegsgefangenschaft" gelten, deren Tod aber ursächlich nichts mit der Kriegsgefangenschaft zu tun hat.

So verzeichnet das Sterberegister der Friedhofverwaltung Naumburg für den Zeitraum vom 14. April 1945 bis zum 30. Juni 1945 einschließlich der Verstorbenen aus den Lazaretten der Stadt 96 Tote. Lediglich bei zwei der Verstorbenen ist der angegebene Todesort das Kriegsgefangenenlager.[17]

Gedenktafel auf dem Neuen Friedhof Naumburg
Foto: Jürgen Möller, 2006

Wie viele der Verstorbenen sich am 12. April 1945 bereits in den Lazaretten befunden haben und wie viele erst aus dem Kriegsgefangenenlager dorthin gebracht wurden und dann verstorben sind, ist nicht mehr nachvollziehbar. Aber selbst wenn der Anteil der nach dem 12. April 1945 eingelieferten größer war, als der, der bisherigen Insassen, so zeigt das Beispiel von Naumburg dennoch, dass die vermuteten Zahlen über die Sterberate in den Kriegsgefangenenlagern absolut unreal sind. Immerhin wurden über das Lager Naumburg neben der Masse der Kriegsgefangenen des V. US Corps aus der zweiten Hälfte des Monats April und den ersten Tagen des Monats Mai 1945 auch Kriegsgefangene aus dem Gesamtbereich der 1st US Army in die großen Sammellager abtransportiert. Dann dient das Lager im Mai 1945 als PW Camp für einige tausend Gefangene und schließlich passierten noch einmal Tausende im Juni 1945 bei ihrer Entlassung aus der Kriegsgefangenschaft das Discharge Center Naumburg. Insgesamt also eine Anzahl im höheren fünfstelligen Bereich. Im Vergleich hierzu ist der Anteil der Verstorbenen Anbetracht der geschilderten Umstände geradezu gering.[18] Ihr Tod verliert dadurch aber nicht an Tragik. Heute erinnern Gedenktafeln und einzelne Grabkreuze neben den Toten der Bombenangriffe auf dem Neuen Friedhof an ihr Schicksal.

Später wird der Bereich des ehemaligen Kriegsgefangenenlagers noch einmal Durchgangsstation für Entwurzelte. Im sogenannten Quarantänelager Ostbahnhof finden Flüchtlinge und Vertriebene aus den ehemaligen Ostgebieten des Reichs zeitweilig Obdach, bevor sie ihren neuen Wohnorten zugeführt werden. Dann wird das Gelände und die Kasernen von der Sowjetarmee vollständig in Beschlag genommen. Deren Abzug aus Deutschland Anfang der 90iger Jahre macht den Ostbahnhof zum letzten Mal zur Drehscheibe für menschliche Schicksale. Von hier aus verlegen große Teile der sowjetischen Garnison Naumburg per Bahn zurück in die ferne Heimat. Eine Reise, die für viele in die Ungewissheit führt, den zu Hause erwartet sie die Außerdienststellung ihrer Truppenteile. Heute zeugt nur noch der zugewachsene Gleisanschluss zum Ostbahnhof, von dem die Schienen längst demontiert sind, und die alten Speicher des Heeresverpflegungsamtes von diesem Abschnitt Naumburger Geschichte.

* * *

---

[1] Militärinternierte waren Soldaten, deren Land im Kriegsverlauf vom Verbündeten zum Gegner Deutschlands wurde und die nicht bereit waren, sich der Wehrmacht anzuschließen. Im Gegensatz hierzu kämpften z.B. Teile der ungarischen Armee bis Kriegsende auf der Seite Deutschlands und italienische Soldaten leisteten im Rahmen der Flak Dienst.

[2] Gem. Overmann „Soldaten hinter Stacheldraht".

[3] Ebenda.

[4] GULAG – Glawnoje Uprawlenije Lagerej – Hauptverwaltung des Straflagersystems der Sowjetunion zwischen 1930 und 1955.

[5] Gem. Koch.

[6] Central Registry of War Criminals and Security Suspects – Zentrales Verzeichnis der Kriegsverbrecher und der unter Sicherheitsaspekten bedenklichen Personen.

[7] AAR 9th US AD, 2nd US InfDiv, 69th US InfDiv.

[8] Gem. Zeitzeugenbericht Kilian, Irrgang und dem Bericht von Fritz Kriemer „Kriegsgefangenenlager Bretzenheim und Mainz-Hechtsheim 1945".

[9] Diese Zahlen nennt der frühere Leiter des MGFA, Manfred Messerschmidt in seinem Artikel in der FAZ v. 01.02.94. Siehe hierzu auch Overmann.

[10] Ebenda.

[11] Gem. Overmann „Soldaten hinter Stacheldraht".

[12] So werden ab den 9. Mai 1945 Kriegsgefangene aus dem deutsch-tschechischen Grenzgebiet in das Lager Plauen/Vogtland gebracht, von wo aus sie ab Ende Mai bereits entlassen werden.

[13] Webseite www.harz-saale.de „Das Ende des Zweiten Weltkrieges in Eisleben und das Kriegsgefangenenlager von Helfta."

[14] Gem. Overmann „Soldaten hinter Stacheldraht".

[15] Ebenda.

[16] Beweisführung findet sich bei Messerschmidt in der FAZ v. 01.02.94.

[17] Sterbeliste der Friedhofverwaltung Naumburg.

[18] Auf der Webseite www.harz-saale.de wird in einem Bericht zum Lager Helfta und dessen Verlagerung nach Naumburg von einigen Tausend Toten in Naumburg gesprochen.

Abkürzungen

AAA (AW) Bn	*Anti Aircraft Artillery (Automatic Weapons) Battalion* (amerik.) – Flakartillerie-Maschinenkanonen-Bataillon
AAR	*After Action Report* (amerik.) – Einsatzbericht
Abt.	Abteilung
AD	*Armored Division* (amerik.) – Panzerdivision
a.D.	außer Dienst – im Zusammenhang mit dem Dienstgrad
AEL	Arbeitserziehungslager der SS
AFA Bn/Gp	*Armored Field Artillery Battalion/Group* (amerik.) – Gepanzertes Feldartilleriebataillon/Regiment
AGr	*Army Group* (engl./amerik.) – Armeegruppe
A.Gr.	Armeegruppe, deutsch
AIB/AIR	*Armored Infantry Battalion/Regiment* (amerik.) – Panzerinfanteriebataillon/Panzerinfanterieregiment der *US Army*
AK	Armeekorps, deutsch
AL	Außenlager eines Konzentrationslagers
AOK	Armeeoberkommando
Armd Engr Bn	*Armored Engineer Battalion* (amerik.) – Gepanzertes Pionierbataillon der *US Armored Division*
Art.Ers.u.Ausb.Abt.	Artillerieersatz- und Ausbildungsabteilung
Art.Rgt.	Artillerieregiment
AT Co.	*Anti-Tank Company* (amerik.) – Panzerabwehrkompanie
Ausb.Div.	Ausbildungsdivision
(B)	*Bravo* – Zeit – Zeitangabe bei US Army – beginnt am 2. April und entspricht unserer Sommerzeit.
Bailey-Brücke	*Bailey Bridge* – mobile amerikanische Stahlträgerbrücke
BA-MA	Bundesarchiv – Militärarchiv Freiburg i. Br.
B.D. Wing	*Bombardment Wing* (engl./amerik.) - Geschwader
B.G.	*Bomb Group* (engl./amerik.) – Bombergruppe, Teil einer B.D.Wing
Bn	*Battalion* (engl./amerik.) – Bataillon
Bf 109	Deutsches Jagdflugzeug Messerschmidt Bf 109, Bf steht für Bayerische Flugzeugwerke
Bn.CP	*Battalion Command Post* (engl./amerik.) – Bataillonsgefechtsstand
Bn.HQ	*Battalion Headquarters* (engl./amerik.) – Bataillonshauptquartier
brit.	britisch
Brig.	Brigade
Brig.Gen.	*Brigadier General* (engl./amerik.) – Brigadegeneral, Rang in der brit. Armee und der *US Army* ohne Äquivalent zur Wehrmacht

B-Stelle	Beobachtungsstelle
Bttr.	Batterie – Einheitsbezeichnung bei der Artillerie, auch Flak
Btry	*Battery* (engl./amerik.) – Batterie
Cal	Caliber (engl./amerik.) – Kaliber, Angaben meist in *inch*
Capt.	*Captain* (engl./amerik.) – Hauptmann
CavGp	*Cavalry Group* (engl./amerik.) – Aufklärungsregiment bzw. motorisierte Aufklärungseinheit, die direkt dem Kommando der *Corps* untersteht
CavRcnSq	*Cavalry Reconnaissance Squadron* (engl./amerik.) – Aufklärungsbataillon/Aufklärungseinheit der US AD bzw. der CavGp in der Tradition der US-Kavallerie
CC A / CC B / CC R	*Combat Command A, B, R* (Reserve) – Kampfverband der US AD, gebildet in der Regel aus einem Tk Bn, einem AIB sowie Unterstützungselementen, der sich für den Einsatz in sogenannte *Task Forces* untergliedert
CG	*Commanding General* (engl./amerik.) – Komm. General
CIC	*Counter Intelligence Corps* (amerik.) - Militärische Abwehr, *US Army*
Clearing Co.	*Clearing Company* (engl./amerik.) – Verbandplatzkompanie, Teil des Med Bn der Division
Cml Mort Bn	*Chemical Mortar Battalion* (engl./amerik.) – selbstständiges Chemisches Bataillon, ausgerüstet mit schweren Granatwerfern
Cn Co.	*Cannon Company* (amerik.) – Geschützkompanie der InfRgt'er der US InfDiv
CO	*Commanding Officer* (engl./amerik.) – Befehlshabender Offizier, ab KpChef aufwärts, Offiziere im Rang bis Col.
Co. A, B (etc.)	Company (engl./amerik.) – Kompanie der *US Army* mit Buchstabennummerierung als Angabe der Bataillonszugehörigkeit
Col.	*Colonel* (engl./amerik.) – Oberst
Coll Co.	*Collecting Company* (engl./amerik.) – Sanitätstransportkompanie der Med Bn der US Army
Corps	(engl./amerik.) – Armeekorps
CP	*Command Post* (engl./amerik.) – Gefechtsstand
Cpl.	*Corporal* (engl./amerik.) – Unteroffizier
CT	*Combat Team* (engl./amerik.) – Kampfgruppe der US AD, in der Regel bestehend aus einem Bataillon und Verstärkungskräften
CWS	*Chemical Warfare Service* (engl./amerik.) – Abteilung für Chemische Kriegsführung der US Army
DivArty	*Division Artillery* (amerik.) – Divisionsartillerie der *US Army*
Div.Nr.	Division Nummer – Bezeichnung, welche bei den Divisionen des Ersatzheeres der Wehrmacht verwendet wurde

Div.Res.	*Divisional Reserve* (engl./amerik.) – Divisionsreserve
Div.Trains	*Divisonal Trains* (engl./amerik.) – Divisionsnachschubkolonne
Div. z.b.V.	Division zur besonderen Verwendung
Div.Vbd.	Divisionsverband
DKW	Deutsche Automarke der Auto-Union mit Sitz in Zschopau/Sachsen
DP	*Displaced person* (engl./amerik.) – Bezeichnung für die befreiten ausländischen Zwangsarbeiter, KZ-Häftlinge und aus deutscher Kriegsgefangenschaft befreiten alliierten Soldaten
Dr.	Doktor (akademischer Grad)
d.R.	der Reserve – im Zusammenhang mit dem Dienstgrad
(E)	Ersatz
Engr C Bn	*Engineer Combat Battalion* (engl./amerik.) – Pionierbataillon der InfDiv der *US Army*
ETO	*European Theater of Operations* (engl./amerik.) – Europäischer Kriegsschauplatz
FA Bn	*Field Artillery Battalion* (engl./amerik.) – Feldartilleriebataillon der *US Army*
FA Gp	*Field Artillery Group* (amerik.) – Feldartillerieregiment der *US Army*
Fahr.Ers.u.Ausb.Abt.	Fahr-Ersatz- u. Ausbildungsabteilung
Feldeisenb.	Feldeisenbahn
Flak.Brig.	Flak-Brigade
Flak.Div.	Flak-Division
Flak.Gr.	Flak-Gruppe
Flak.UGr.	Flak-Untergruppe
FW 190	Focke Wulf 190 – deutsches Jagdflugzeug
Geh. Kdo Sache	Geheime Kommandosache
Gen.d.Inf.	General der Infanterie
Gen.d.Art.	General der Artillerie
Gen.d.Pz.Tr.	General der Panzertruppe
Gen.Kdo.	Generalkommando
Gen.Lt.	Generalleutnant
Gen.Maj.	Generalmajor
Gen.Obst.	Generaloberst
GFM	Generalfeldmarschall
GI	*Government Issue* (amerik.) – umgangssprachliche Bezeichnung für amerikanische Soldaten
Gr.	Gruppe
Gren.Ers.u.Ausb.Rgt.	Grenadierersatz- u. Ausbildungsregiment
HE	*High Explosiv* (engl./amerik.) Bezeichnung für Sprenggranate

H.Flak.Abt.	Heeresflakabteilung
H.Na.S.	Heeresnachrichtenschule
H.Neben.Muna	Heeres-Nebenmunitionsanstalt
H.Gr.	Heeresgruppe
HJ	Hitlerjugend
Hptm.	Hauptmann
HQ	*Headquarters* (engl./amerik.) – Hauptquartier
HQ Co	*Headquarters Company* (engl./amerik.) – Stabskompanie
i.G.	„im Generalstab" – Zusatz zum Dienstgrad für Offiziere des Generalsstabsdienstes
InfDiv	Infanteriedivision
Inf.Ers.Btl.	Infanterie-Ersatz-Bataillon
InfRgt	Infanterieregiment
IPW Team	*Interrogation Prisoner of War Team* (engl./amerik.) – Kriegsgefangenenbefragungsteam
JG	Jagdgeschwader der Deutschen Luftwaffe
I&R Plat.	*Intelligence and Reconnaissance Platoon* (engl./amerik.) – Feindlage- und Aufklärungszug der HQ Co. eines Rgt
Ju 88	Junkers Ju 88, zweimotoriges Flugzeug der Junkers Flugzeug- und Motorenwerke
K.Kdt.	Kampfkommandant
Kdr.	Kommandeur
Kdr.d.Pz.Tr.	Kommandeur der Panzertruppen im Wehrkreis
Kdtr.	Kommandantur
K.Gr.	Kampfgruppe – Bezeichnung für unterschiedlich zusammengesetzte Einheiten, welche häufig nach ihrem Kommandeur benannt wurden
Komm.Gen.	Kommandierender General
Korps.Gr.	Korpsgruppe
Kp	Kompanie - bei der Wehrmacht mit Zahlen (1. Kp usw.)
KTB	Kriegstagebuch
KZ	Konzentrationslager
Lds.Schtz.Btl.	Landesschützenbataillon – eingesetzt u.a. für die Bewachung von Kriegsgefangenenlagern
Leader	*Leader* (engl./amerik.) – Führer einer militärischen Einheit
Ln.Rgt.	Luftnachrichtenregiment
Ln.S.	Luftnachrichtenschule
LS-Bunker	Luftschutz-Bunker
LS-Rgt.	Luftschutz-Regiment
Lt.	*Lieutenant* (engl./amerik.), Leutnant (deutsch) 1st Lt. – Oberleutnant; 2nd Lt. – Leutnant

Lt.Col.	*Lieutenant Colonel* (engl./amerik.) – Oberstleutnant
Lt.Gen.	*Lieutenant General* (engl./amerik.) – Generalleutnant
Lw.Bau.Btl.	Luftwaffen-Baubataillon
Lw.Trsp.Kp.	Luftwaffen-Transportkompanie
LZA	Luftzeuganstalt
Maj.	Major (engl./deutsch)
Maj.Gen.	*Major General* (engl./amerik.) – Generalmajor
Me 109	Messerschmidt 109 – deutsches Jagdflugzeug
Med Bn	*Medical Battalion* (engl./amerik.) – Sanitätsbataillon
MG	Maschinengewehr
MGFA	Militärgeschichtliches Forschungsamt
Mort Pla.	*Mortar Platoon* (amerik.) – Granatwerferzug in der HQ Co. der Tk Bn, ausgerüstet mit 81mm Granatwerfern
MP	*Military Police* (engl./amerik.) – Militärpolizei
MPi	Maschinenpistole
NARA	*National Archives* U.S.A. – Nationalarchiv der USA
NKWD	*Narodny Kommissariat Wnutrennich Djel* (russ.) – Volkskommissariat für Nationale Angelegenheiten der UdSSR – Träger der Geheimpolizei
N.P.E.A.	amtl., volkstümlich *Napola,* Nationalpolitische Lehranstalt
NSDAP	Nationalsozialistische Deutsche Arbeiterpartei
Oberst i.G.	Oberst im Generalstab
Oblt.	Oberleutnant
Obstlt.	Oberstleutnant
Obstgruf.	Oberstgruppenführer der SS, vergleichbar Generaloberst
OB West	Oberbefehlshaber West
OKW	Oberkommando der Wehrmacht
Pfc.	*Privat First Class* (engl./amerik.) – Gefreiter
Pi.Btl.	Pionierbataillon
Pi.Ers.Btl	Pionierersatzbataillon
Pkw	Personenkraftwagen
Plat.	*Platoon* (engl./amerik.) – Zug, Teil einer Kompanie
Plat.Sgt.	*Platoon Sergeant* (engl./amerik.) – Zugfeldwebel
Prof.	Professor
Pvt.	*Privat* (engl./amerik.) – einfacher Soldat
PW/POW	*Prisoner of War* (engl./amerik.) – Kriegsgefangener
PzArmee	Panzerarmee
Pz.Ausb.Abt.	Panzer-Ausbildunsgsabteilung
Pz.Gren.Ers.u. Ausb.Rgt	Panzergrenadier-Ersatz-und Ausbildungsregiment
Pz.Gren.Btl.	Panzergrenadierbataillon

PzK	Panzerkorps
Pz.Tr.	Panzertruppe
R	Reichsstraße, heute Bundesstraße
RAB	Reichsautobahn
RAD	Reichsarbeitsdienst
RAF	*Royal Air Force* (brit.) – Königliche Britische Luftwaffe
Rcn Plat.	*Reconnaissance Platoon* (engl./amerik.) – Aufklärungszug
Rcn Tp.	*Reconnaissance Troop* (engl./amerik.) – Aufklärungskompanie der *CavRcnSq*
RCT	*Regimental Combat Team* (engl./amerik.) – Regimentskampfgruppe (in den US InfDiv) – trägt die Nummer des Regiments, durch welches sie gebildet wird – z. B. *RCT 38*
Regtl.CP	*Regimental Command Post* (engl./amerik.) – Regimentsgefechtsstand
Regtl.Res.	*Regimental Reserve* (engl./amerik.) – Regimentsreserve
Res.Art.Abt.	Reserveartillerieabteilung
Res.Div.	Reservedivision
Res.Inf.Btl.	Reserveinfanteriebataillon
Res.Laz.	Reservelazarett
Rgt.	Regiment – deutsche Abkürzung
Sect.	*Section* (engl./amerik.) – Halbzug, Teil eines Platoon der *US Army*
Sgt.	*Sergeant* (engl./amerik.) – Unteroffizier
SHAEF	*Supreme Headquarters Allied Expeditionary Force* (engl./amerik.) – Oberstes Hauptquartier der Alliierten Expeditionsstreitkräfte in Europa
sMG	schweres Maschinengewehr
Sq.	*Squad* (engl./amerik.) – Gruppe, kleinste militärische Einheit
SS	Schutzstaffel der NSDAP (1925 gegr. als „Stabswache" zum pers. Schutz Hitlers; bis 1934 Unterorganisation der SA, danach unter Himmler eigenständiges Repressionsorgan der NSDAP)
Stalag	Stammlager – deutsches Kriegsgefangenenlager
Stellv. AK	Stellvertretendes Armeekorps – vom Wehrkreis aufgestellt
Stellv. Gen.Kdo.	Stellvertretendes Generalkommando – Stab des Stellv. AK
Straf.Btl.	Strafbataillon
Svc Co.	*Service Company* (engl./amerik.) – Versorgungskompanie
TAC	*Tactical Air Command* (engl.(amerik.) – Taktisches Luftkommando
Tac CP	*Tactical Command Post* (engl./amerik.) – zeitweiliger Gefechtsstand
TD Bn	*Tank Destroyer Battalion* (amerik.) – Panzerjägerbataillon der *US Army*

Tec 3	*Technician 3rd Grade* (amerik.) – Techniker; Dienstgrad *US Army* = Staff Sergeant, Tec 4 = Sergeant, Tec 5 = Corporal
TF	*Task Force* (engl./amerik.) – Kampfgruppe, bestehend aus allen Waffengattungen in US-Divisionen, gebildet für einen bestimmten Auftrag
Tk Bn	*Tank Battalion* (engl./amerik.) – Panzerbataillon der *US Army*
Tp.	*Troop* (engl.) (engl./amerik.) – Kompanie der *CavRcnSq*
Trains	(engl./amerik.) – Anhang, Rückwärtige Einrichtungen der US Divisionen – Nachschub-, Instandsetzungs- und Medizinische Einheiten.
Treadway-Brücke	*Treadway-Bridge* (amerik.) – amerikanische Floßsack-Brücke
TWX-Telegramm	Telegramm mit besonderer Vorrangstufe
Uffz.	Unteroffizier
Uffz.Schule	Unteroffiziersschule
USAAF	*United States Army Air Force* (amerik.) – Luftwaffe der US Army, heute nur noch *United States Air Force* als eigenständige Teilstreitkraft
Vgl.	Vergleiche
VolksGrenDiv	Volksgrenadierdivision – Bezeichnung für Divisionen der letzten Aufstellungswellen der Wehrmacht
V-Waffen	Vergeltungswaffen, auch Wunderwaffen – Bezeichnung für die ersten Marschflugkörper und Großraketen der Wehrmacht
Waffen-SS	Entsteht 1933 aus der Allgemeinen SS als „Stabswache Berlin" – später „Leibstandarte Adolf Hitler"; 1935 entsteht daraus die „SS-Verfügungstruppe" mit Standarten im Reich (u. a. eingesetzt beim Betrieb der KZ's), die mit Beginn des 2. Weltkriegs zur Waffen-SS ausgebaut wird; gegen Ende des Krieges rund 900.000 Mann.
W.Kr.	Wehrkreis
WFSt	Wehrmachtsführungsstab
z.b.V.	Zur besonderen Verwendung
.30cal	Amerikanisches MG Kaliber 7,62mm
.50cal	Amerikanisches MG Kaliber 12,7mm

Nummerierungen:

I a	1. Generalstabsoffizier der Division (Wehrmacht), verantwortlich für Einsatz und Führung
I b	2. Generalstabsoffizier der Division (Wehrmacht), Quartiermeister
I c	3. Generalstabsoffizier der Division (Wehrmacht), verantwortlich für Feindlage und Abwehr
G-1/S-1	Personalabteilung bei der *US Army* („G" bei Army/Div., „S" bei Regt./Bn)
G-2/S-2	Abteilung für Feindaufklärung bei der *US Army*
G-3/S-3	Abteilung für Operationen und Planungen der *US Army*
G-4/S-4	Abteilung für Logistik der *US Army*
G-5	Abteilung für administrative Aufgaben der *US Army* in besetzten Gebieten (*Civil Affairs/Military Government*); spezielle *G-5 Sections* gab es ab Ebene der Divisionen
1./271	1. Bataillon des 271st InfRgt, hier der 69th US InfDiv der *US Army*

Quellenverzeichnis

Military Studies, Historical Division USAREUR/OCMH, Washington DC im Bestand des Bundesarchiv–Militärarchiv Freiburg i. Br. und National Archives Microfiche Publication, Foreign Military Studies, U.S.A.

ZA 1/144 A-893 Gen.Maj. Frhr. v. Gersdorff, Chef d. Stabes 7. Armee, „Die Endphase des Krieges - Vom Rhein zur tschechoslowak. Grenze“ v. 20.03.46

ZA 1/660 B-309 Gen.d.Inf. Hitzfeld, „Kampf in Mitteldeutschland (22.3.–11.5.), dies im Rahmen des LXVII. AK für Zeit 22.3.–19.4. 45“ v. 22.08.46

ZA 1/857 B-507 Gen.d.Inf. Petersen, Komm.Gen. Gen.Kdo. XC.AK „Kämpfe vom 20.03.45 bis 6.05.45“ v. Nov. 46-Mai 47

ZA 1/858 B-507 Skizzen XC. AK - Petersen

ZA 1/935 B-583 Gen.d.Inf. F. Schulz - Mai 1946, Lage (im Großen) H.Gr. G April 1945 (identisch mit Brief)

ZA 1/1056 B-703 Oberst i.G. Horst Wilutzky, Ia der H.Gr. G, „Der Kampf der H.Gr. G im Westen –-Abschlusskämpfe in Mittel- und Süddeutschland bis zur Kapitulation vom 22.03.–06.05.45“ v. Sept./Okt. 47

ZA 1/2418- 2420 (T-123), Geschichte des OB West - GFM Kesselring, Band I–IV

NARA B-219 Gen.d.Pz.Tr. Maximilian Reichsfreiherr v. Edelsheim - Bericht über die Tätigkeit des deutschen XXXXVIII. PzK beim amerikanischen Feldzug in Mitteldeutschland vom 11.04. –03.05.45 v. 12.07.1946

NARA B-606 Oberst Günther Reichhelm – Das letzte Aufgebot (Kämpfe der deutschen 12. Armee im Herzen Deutschland 13.4. –7.5.1945)

Bundesarchiv–Militärarchiv Freiburg i. Br.

RW 4/v.134 Tägliche Wehrmachtsberichte des OKW v. 1.4. –16.4.45

Amerikanische Unterlagen, Chroniken, Bücher

- “United States Army in World War II - Special Studies, Chronology 1941–1945”, compiled by Mary H. Williams, Office of the Chief of Military History, Department of the Army, Washington D.C. 1960
- “United States Army in World War II – The E.T.O, The last offensive – Chapter XVII, Sweep to the Elbe” by Charles B. Mac Donald, Center of Military History, Washington D.C. 1993
- “Order of Battle U.S. Army in World War II”, Shelby L. Stanton, Presidio Press, Novato CA 1985
- “Central Europe – The U.S. Army Campaigns of World War II”, by Edward N. Bedessem, U.S. Army Center of Military History CMH-Pub 72-36, (Broschüre, veröffentlicht im Internet 27.10.2000)

- "Normandy to Victory. The War Diary of General Courtney H. Hodges & the First U.S. Army", Maj. William C. Sylvan & Capt. Francis G. Smith Jr., Copyright 2008 by the Association of the U.S. Army
- "Patton's Third Army – A daily Combat Diary" v. Charles M. Province, Hippocrene Books, New York
- "V. Corps Operations in ETO", NARA
- "The XX. Corps – Its History and Service in World War II", Halstead, KS: W.E.B.S. 1984. (Neuauflage)
- "Spearhead in the West – The Third Armored Division 1941–1945", reprinted by the Battery Press, I.N.C. Box 3107 uptown station, Nashville, Tennessee 37219 USA, Twelth in the division series, 1980, Library of Congress Katalog No. 80-65-184
- 6th Armored Division, Third U.S. Army, Combat Record, gedruckt bei Steinbeck, Aschaffenburg, 1945, Übersetzung Ulrich Koch, Berlin, 2000
- "The Super Sixth" v. George F. Hofmann, Copyright 1975, 6th Armored Division Ass.
- "Ten days of Armored Exploitation" v. Robert J. Bennett, Maj. Cav., Armored School Fort Knox, Kentucky, 1949–1950, NARA
- "Phantom Nine: The 9th Armored (Remagen) Division 1942–1945" Dr. Walther E. Reichelt, 1987, Übersetzung Jürgen Möller, 2002
- "The 9th Armd Div in Exploitation of REMAGEN Bridgehead", prepared at The Armored School Fort Knox Kentucky, 1950, Library Fort Leavenworth Kansas
- HQ 9th Armored Division – PR-Section, Capt. Cav. PR Officer Charles Gillett 3. Sept. 1945, Übersetzung: Ulrich Koch, Archiv Koch Berlin
- "The 19th Tank Battalion – A History", 1945, Hof/Saale
- "The Training and Combat History of the Company 'D' 19th Tank Battalion" by Capt. Edgar A. Terrell Jr., 1945, published by Merriam Press
- "741st Tank battalion - D-Day to V-E-Day and The story of 'Vitamin Baker", Archiv Möller
- "Pictorial history of the 69th Infantry Division, 15 May 1943 to 15 May 1945", Munich, F. Bruckmann KG., 1945
- "Trespass against them, history of the 271st infantry regiment, 15 May 1943–25 May 1945", John F. Higgins, Naumburg, H. Sieling, 1945 Compiled and written by Lt. John F. Higgins – Archiv Joseph Lipsius
- "History of the Battle axe regiment of the Fighting 69", Leipzig, J. J. Weber, 1945/ Editor, E. Cline Fletcher – Archiv Joseph Lipsius
- "273rd infantry history – First to meet Russian Army", Grimma, Friedrich Bode, 1945 Written by Sgt. Elbert H. Duncan, Archiv Joseph Lipsius
- "Deuces Wild - The history of an Infantry Battalion", by Lt. J.F. Higgins, HQ 2nd Bn 271st Infantry, Archiv Joseph Lipsius
- "The 69th Division Artillery Unit History", Archiv Joseph Lipsius
- "The History of the 724th FA Bn", Archiv Joseph Lipsius
- "The History of the 880th FA Bn", Archiv Joseph Lipsius
- "The 777th Tank Battalion", Archiv Joseph Lipsius

- "History of the 69th Infantry Division Band", Archiv Joseph Lipsius
- "A History of the 461st AAA AW Bn", Archiv Joseph Lipsius
- "History of the 661st TD Bn", Archiv Joseph Lipsius
- "Steadily Advance. The combat story of Company B, 369th Medical Battalion", Archiv Joseph Lipsius
- "History of Co. "D" 369th Medical Bn", Archiv Joseph Lipsius
- "Observe and Report – Half as big – Twice as Tough – 69th Cavalry Reconnaissance Troop (mechanized) – History of the 69th Cavalry Reconnaissance Troop (mechanized)" v. B. Lippincott, 1946
- "The History of the 269th Engineer Battalion", Archiv Joseph Lipsius
- "Chronology 76th InfDiv", Published under authority of the Hambleton-Reed-Hamilton Genealogical Association of the U.K. and the U.S.A., Oregon 1990, Library of Congress Catalogue Number 70-920-966-H, Übersetzung Koch
- "Co. A, 2nd Ranger Battalion – Overseas and then – Over the top" by Pfc. M. Prince, 1948, The Command and General Staff College Library

Amerikanische Kriegstagebücher

- Third Army G-2 Report APO 403 April 45, G-2 Journal 26th InfDiv, NARA
- G 2 Periodic Reports 3rd US Army April 1945, NARA
- After Action Report V. Corps, April 1945, NARA, 205-0.3
- After Action Report VII. Corps, April 1945, NARA, 207-0.3
- Report of Operations HQ XX. Corps, April 1945, NARA, 220-0.3
- After Action Report 3rd Armored Division, April 1945, NARA, 603-0.3
- After Action Report 6th Armored Division, April 1945, NARA, 606-0.3
- After Action Report CCA 6th AD, April 1945, NARA, 606-CCA-0.3
- After Action Report CCB 6th AD, April 1945, NARA, 606-CCB-0.3
- After Action Report CCR 6th AD, April 1945, NARA, 606-CCR-0.3
- After Action Report 6th AD, 68th Tk Bn, März/Mai 1945, NARA, 606-TK(68)-0.3
- After Action Report 6th AD, 69th Tk Bn, April 1945, NARA, 606-TK(69)-0.3
- After Action Report 6th AD, 9th AIB, April 1945, Patton Museum of Cavalry and Armor Fort Knox, KY, Archiv Koch, Berlin
- After Action Report 6th AD, 86th CavRcnSq (mecz), April 1945, Patton Museum of Cavalry and Armor Fort Knox, KY, Archiv Koch, Berlin
- After Action Report 6th AD, 25th Armd Engr Bn, April 1945, Patton Museum of Cavalry and Armor Fort Knox, KY, Archiv Koch, Berlin
- After Action Report 6th AD, 603rd TD Bn, April 1945, NARA, TDBN-603-0.3
- After Action Report 9th Armored Division, April 1945, NARA, 609-0.3
- After Action Report 2nd Tk Bn, 9th AD, April 1945, NARA, 609-TK(2)-0.3
- After Action Report 14th Tk Bn, 9th AD, April 1945, NARA, 609-TK(14)-0.3
- After Action Report 19th Tk Bn, 9th AD, April 1945, NARA, 609-TK(19)-0.3
- After Action Report 27th AIB, Bn, 9th AD, April 1945, NARA, 609-TINF(27)-0.3
- After Action Report 89th CavRcnSq (Mecz), 9th AD, April 1945, NARA, 609-CAV-0.3

- After Action Report 656th TD Bn, 9th AD, April 1945, NARA, TDBN-656-0.3
- After Action Report 2nd Infantry Division, April 1945, NARA, 302-0.3
- After Action Report 9th InfRgt, 2nd InfDiv, April 1945, NARA, 302-INF (9)-0.3
- After Action Report 23rd InfRgt, 2nd InfDiv, April 1945, NARA, 302-INF (23)-0.3
- After Action Report 38th InfRgt, 2nd InfDiv, April 1945, NARA, 302-INF (38)-0.3
- After Action Report 741st Tk Bn, 2nd InfDiv, April 1945, NARA, ARBN-741-0.3
- After Action Report 612th TD Bn, 2nd InfDiv, April 1945, NARA, TDBN-612-0.3
- After Action Report 69th Infantry Division, April 1945, NARA, 369-0.3
- G 3 Journal 69th Infantry Division, April, Mai 1945, NARA, 369-3
- After Action Report 271st Infantry Regiment April 1945, NARA, 369-INF (271)–0.3
- Unit History 271st InfRgt, NARA, (bei 369-INF (271)–0.3)
- S 2-3 Journal 271st InfRgt, NARA, (bei 369-INF (271)–0.3)
- After Action Report 273rd Infantry Regiment April 1945, NARA, 369-INF (273)–0.3
- After Action Report 661st TD Bn, 69th InfDiv, April 1945, NARA, TDBN-661-0.3
- After Action Report 76th Infantry Division, April 1945, NARA, 376-0.3
- After Action Report 104th Infantry Division, April 1945, NARA,, 3104-0-3
- After Action Report 3rd Cavalry Group, April 1945, Patton Museum Fort Knox, Kentucky, Archiv Ulrich Koch, Berlin
- After Action Report 38th CavRcnSq, April 45, MHI, Digital Library Chronological list
- After Action Report 102nd CavRcnSq, April 45, v. Barbera Berntsen, 1999
- Combat History 102nd CavRcnSq, NARA

Deutsche Unterlagen, Chroniken, Bücher (Auswahl)

- KTB des OKW (WFSt) 1940–1945 geführt v. Helmuth Greiner u. Percy E. Schramm, KTB des OKW (WFSt) 01. 01.1944–22.05.1945, Band 8 v. Percy E. Schramm, Bernard & Graefe Verlag GmbH & Co. Kg, Bonn
- „Die Geheimen Tagesberichte der Wehrmachtsführung im Zweiten Weltkrieg 1939–1945“, Bd.12, 1.1.45–8.5.45, Kurt Mehner Biblio Verlag Osnabrück 1984
- „Verbände und Truppen der deutschen Wehrmacht und Waffen-SS 1939–1945“, Georg Tessin, Bd. 1 15, 2 verbesserte Auflage, 1972–79, Biblio Verlag Osnabrück
- „Die Deutsche Wehrmacht 1939–1945 – Führung und Truppe“, Kurt Mehner; Militair-Verlag Klaus D. Patzwall - Norderstedt 2. Auflage 1993
- „Heereseinteilung 1939“, Gen.Lt. a.D. Friedrich Stahl, Verlag Hans-Henning Podzun Bad Nauheim 1954
- „Das Deutsche Heer 1939–1945“, Wolf Keilig, Podzun-Pallas-Verlag Bad Nauheim 1956
- „Das große Buch der Deutschen Heere im 20. Jahrhundert“, Bruce Quarrie, Podzun-Pallas-Verlag 1990
- „Die Generäle des Heeres“, Wolf Keilig, Podzun-Pallas-Verlag GmbH, Friedberg 1983
- „Deutscher Volksturm –– Das letzte Aufgebot 1944/1945“ v. Franz W. Zeidler, Bechtermünz-Verlag, für Weltbildverlag GmbH, Augsburg 1999

- „Hitlers Weisungen für die Kriegsführung 1939-1945“, Walter Hubatsch, Bernhard & Gräfe Verlag für Wehrwissen, Frankfurt/Main, 1962
- „Der Zweite Weltkrieg – Kampf ums Reich – Krieg an allen Fronten“, Verlag Pabel-Moewig Rastatt, 1994
- „Die amerikanische Besetzung Deutschlands“, Klaus-Dietmar Henke, R. Oldenbourg Verlag, München, 1996
- „Wehrmacht und Niederlage“, Andreas Kunz, Schriftreihe des MGFA, Band 64, R. Oldenbourg Verlag, München, 2005
- „Deutschland im Zweiten Weltkrieg“, Wolfgang Schumann und Olaf Groehler, Bd. 6, Akademie-Verlag Berlin 1985
- „Deutsche Chronik 1933–1945“, Heinz Bergschicker, Verlag der Nation Berlin, 4. Auflage 1988
- „Der Zweite Weltkrieg“, Heinz Bergschicker, Deutscher Militärverlag, Berlin 1964
- „Geschichte des Zweiten Weltkrieges 1939–1945“, 10. Band, Kartensammlung
- „Die Besatzer und die Deutschen – Amerikanische Zone 1945–1948“, Klaus-Jörg Ruhl, Droste Verlag Düsseldorf 1980, Sonderausgabe für Gondrom Verlag GmbH & Co.KG. Bindlach 1989
- „Der verdammte Krieg – Kriegsende 1943–45“, Guido Knopp, C. Bertelsmann Verlag GmbH , München 1991, Sonderausgabe 1998
- „Kriegsende 1945 in Deutschland“, Schriftreihe des MGFA, Band 55, R. Oldenbourg Verlag, München, 2002
- „Das Ende im Westen 1945“ v. Werner Haupt, Podzun-Verlag Dornheim/H. 1972
- „Goebbels Tagebücher 1945 – Die letzten Aufzeichnungen“, Lizenzausgabe mit Genehmigung des Hoffmann und Campe Verlag Hamburg
- „Soldat bis zum letzten Tag“, Albert Kesselring, Generalfeldmarschall a.D., Verlag S. Bublis Schnellbach 2000, Erstauflage 1953
- „Ein Infanterist in zwei Weltkriegen“, Otto Maximilian Hitzfeld, Biblio Verlag, Osnabrück 1983
- „Die Armee Wenck – Hitlers letzte Hoffnung“, Günther W. Gellermann; Bernard & Graefe Verlag Bonn, 3. Auflage 1997
- „Die Armee Wenck – Hitlers letzte Hoffnung“ Günther W. Gellermann, Bernard & Graefe in der Mönch Verlagsgesellschaft mbH Bonn, 4. Auflage 2007
- „Our Way to Halle – Der Marsch der ‚Timberwölfe‘ nach Halle“, Matthias J. Maurer, fliegenkopf verlag Halle 2001
- „Flugplätze der Luftwaffe 1934–1945“, Bd. 4, Sachsen-Anhalt, Jürgen Zapf, VDM
- „Gruppenfeuer und Salventakt – Schüler und Lehrlinge bei der Flak 1943–1945“ Hans-Dietrich Nicolaisen, Selbstverlag Dr. Nicolaisen, Büsum, 1993
- „Die Flakhelfer – Luftwaffen- und Marinehelfer im Zweiten Weltkrieg“ Hans-Dietrich Nicolaisen, Ullstein Verlag, 1985
- „Flak“ v. Horst Adalbert Koch, Podzun-Verlag, Bad Nauheim, 2. Auflage 1965
- „Jagdgeschwader 301/302 ‚Wilde Sau“, Willi Reschke, Motorbuch Verlag, 1998

- „Die Garnisonsstadt Weißenfels und ihre Soldaten" hrsg. vom Deutschen Bundeswehrverband, Kameradschaft Ehemalige Weißenfels-Burgenlandkreis, Arbeitsgruppe Traditionspflege, Ausgabe 2002
- „Weißenfels Geschichte einer Stadt", Karl-Heinz Bergk, Verlag Janos Stekovics, 2010
- „Davongekommen", Peter Schunk, ibidem-Verlag, Stuttgart, 2000
- „Feuerglocke – Luftwaffenhelfer-Schicksale", Franz Dülk und Fritz Fickentscher, Verlag Feuerglocke, Kitzingen am Main, 1993
- „ „Schulfrei für den Tod", Hermann Langer, Verlag Neues Leben Berlin 1988
- „Soldaten hinter Stacheldraht – Deutsche Kriegsgefangene des Zweiten Weltkriegs", Rüdiger Overmann, Propyläen Verlag, 2. Auflage 2000
- „Auf Spurensuche, Der Kreis Sangerhausen 1939–1945", Thilo Ziegler, 1999
- „Diktaturwechsel und seine Folgen im Kreis Querfurt und Umgebung", Hans-Joachim Hantsche, hrsg. v. Landesgruppe Sachsen-Anhalt der Vereinigung der Opfer des Stalinismus, April 2004
- „Ein Überlebender, unverschämt", Hubert Bjarsch, Frieling-Verlag, 2006
- „Napola Schulpforta 1943–1945 Erinnerungen eines Schülers", Hartmut Vahl, Hamburg April 2000
- „Die nationalsozialistische Erziehungsanstalt Schulpforta 1933–1945", Dr. Justus Weihe in: Hans Heumann: Schulpforta. Tradition und Wandel einer Eliteschule. Verlagshaus Erfurt 1994
- „Erinnerungen an die NAPOLA Naumburg", Walter Becker, Verlag Lenover Neustrelitz, 2000
- „Erinnerungen eines Mädchens aus einem verkauften Land", Hildrun Hautthal-Stegner, Frieling-Verlag, 1997
- „…wir atmen alle auf… Ein Brieftagebuch über das Kriegsende 1945 in Naumburg/Saale" eingeleitet und hrsg. Martin Omnasch, Verlag Jüdengasse 4, Naumburg, 1995
- „Ziegelroda, Dorf im Wald", Christa Gießler und Karl-Horst Schilling
- „Querfurter Chronik des 20. Jahrhunderts", Joachim Hartmann, 2003
- Chronik „1100 Jahre Querfurt"
- Chronik von Wohlmirstedt, Jürgen Nägler
- „850 Jahre Göhritz, 1147–1997" Band 1, Rainer Lautenschläger

Deutsche Zeitzeugenberichte, Veröffentlichungen, private Sammlungen und Archivunterlagen

- „Die Aktion Leuthen – Das Ende des deutschen Ersatzheeres im Frühjahr 1945", Andreas Kunz, MGFA – Zeitschrift für Geschichtswissenschaften, Heft 9, 48. Jahrgang 2000, S. 789 ff.
- Handakte Maj. Oxenius, OKW/WFSt/Org aus dem Bestand der MGFA Dokumentenzentrale, Sammlung Eiermann, Sinsheim
- „Evakuierungstransporte des KZ Buchenwald und seiner Außenkommandos", Buchenwaldheft 16, Christine Schäfer, NMG Buchenwald 1983

- Sammlung zum Einsatz der Batterien der 21. Flak.Brig. im Raum Halle – Leuna, Gerhard Rose, Berlin-Marzahn
- Zeitschrift ARATORA Artern Bd. 1– 2
- Amtsblatt Artern, Ausgabe Nr. 35 und 36, April 1995 „Artern vor 50 Jahren – das Ende des 2. Weltkrieges“, Jürgen Puchta
- Roßleber Zeitung Nr. 2/05.02.2000 „Roßleben am 12. April 1945 – Aufzeichnungen von Willy Abicht“
- Roßleber Zeitung Nr. 3/05.03.2000 - Leserpost von Frau Johanna Beil
- Querfurter Heimatblätter Nr. 4, 1994 „Wie ich das Kriegsende 1945 erlebte“, Liesbeth Peschel
- Kultur- und Heimatverein Schraplau e.V. „Zeitzeugen berichten – die Zeit von 1914 bis 1951“, 2. Ausgabe Oktober 2006
- Badische Zeitung vom 12.10.2004 „Einer kam raus aus dem Massenlager Naumburg“, Gabi Babeck-Reinsch
- Unveröffentlichtes Manuskript „Vom Hakenkreuz zum Sternenbanner – Weißenfels in den Tagen des April 1945“, Hans Irrgang
- Tagebuchaufzeichnungen von Herrn Brinkmann, Amtsvorstand des Reichsbahn-Betriebsamtes Weißenfels – Stadtarchiv Weißenfels, SM StG 26/2
- „Ziegelroda unter amerikanischer Besatzung 1945“, Heinz Mattkay
- Stadtanzeiger Querfurt Nr. 15, 2005, „Der 11. April 1945 in Querfurt“, Paul-Heinrich Hentschel
- Bestand Museum Naumburg
- Bestand Museum Weißenfels
- Unterlagen des Kreisarchivs Sömmerda
- Unterlagen der Stadtarchive Freyburg, Laucha, Naumburg, Nebra, Querfurt
- Sammlung Heinz Mattkay, Strausberg; Hans Sommerburg, Roßleben; Max Rademacher, Naumburg; Karl-Heinz Giesecke, Bad Kösen; Jürgen Nägler, Wohlmirstedt; Eugen Pomplitz, Rothenberga; Thilo Ziegler, Sangerhausen; Manfred Kresse, Buttstädt; Rudolf Tomaszewski, Burgscheidungen; A. Jäger, Lodersleben
- Sammlung zum Luftkrieg, Hans Schneider, Nordhausen
- Sammlung Heimatverein Eckartsberga e.V.
- Zeitzeugenbericht Friedrich Kilian, Heiligenstadt; Karl Hörich, Bad Bibra; Günter Krebs, Freyburg; Walter Dittmar, Lossa, Jürgen Kürschner, Rehungen

Weitere Veröffentlichungen in der regionalen Presse, wie der Leipziger Volkszeitung LVZ, der Mitteldeutschen Zeitung MZ, der Thüringer Allgemeinen TA und verschiedenen Lokalblättern sind in den Anmerkungen kenntlich gemacht.

Webseiten

- „Die Klosterschule Roßleben“ v. Gisela Burghardt, www.kreis-ahrweiler.de
- „Chronik von Baumersroda“, www.baumersroda.de.

- „Das Ende des Zweiten Weltkrieges in Eisleben und das Kriegsgefangenenlager von Helfta“, www.harz-saale.de
- „Soldatenfriedhof Breuna“, www.breuna.de
- „Nachkriegszeit und geteiltes Deutschland“, www.rittergut-kirchscheidungen.de
- Beiträge zur Geschichte Naumburgs, www.naumburg-geschichte.de
- Beiträge zur Geschichte Naumburgs, www.mv-naumburg.de/erinnerungen

Informationen, die dem Internetportal Wikipedia unter dem jeweiligen Schlagwort entnommen wurden, sind als solche gekennzeichnet und haben den Stand 2013.

Verwendetes Kartenmaterial

- Topographische Karte Central Europe, 1:100 000, 1st Edition, published by War Office, US Army, 1944
- Topographische Karten Deutschland 1:25 000, published by War Office, US Army
- Messtischblätter 1:25 000 des Landesamtes für Vermessung und Geoinformation Sachsen-Anhalt, Ausgabe 1934-–1938/40
- Shell Reisedienst Straßenkarte Nr. 11, Thüringen - Mitteldeutschland (vor 1945)
- Shell Reisedienst Straßenkarte Nr. 12, Sachsen - Mitteldeutschland (vor 1945)

Die Naumburger Kasernen

Hubertus-Kaserne, Flemminger Weg, Postkarte Sammlung Möller

Hubertus-Kaserne, Flemminger Weg, Postkarte Sammlung Möller

Hubertus-Kaserne, Flemminger Weg, Postkarte Sammlung Möller

Oben: Hubertus-Kaserne, Flemminger Weg, Postkarte Sammlung Möller
Unten: Lüttich-Kaserne, 10. Kp, InfRgt 53, Flemminger Weg, Sammlung Möller

Naumburg a. S. Hindenburg-Kaserne
HINDENBURGBA

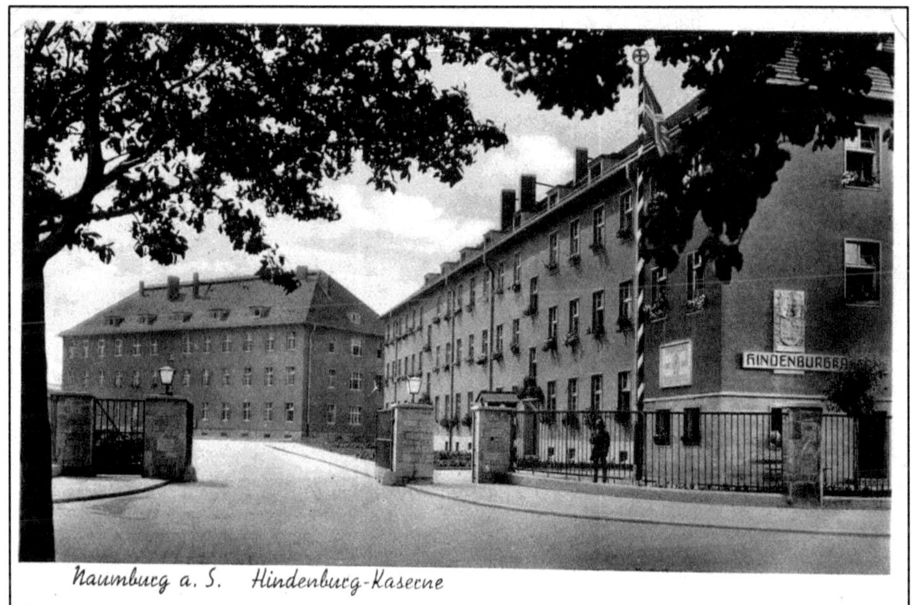

Hindenburg-Kaserne, Schönburger Straße, Postkarte Sammlung Möller

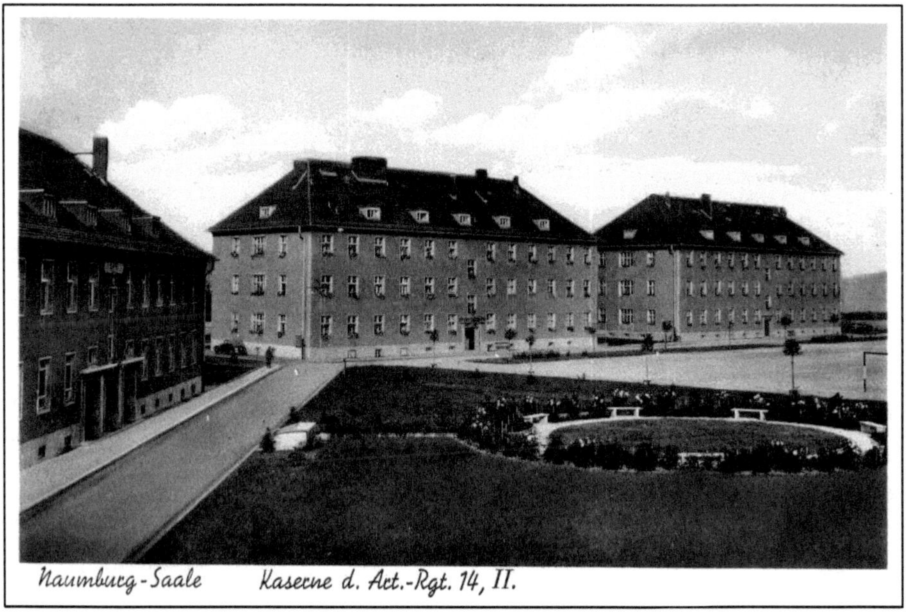
Naumburg-Saale Kaserne d. Art.-Rgt. 14, II.

Oben: Barbara-Kaserne, Oststraße, Postkarte Sammlung Möller
Unten: Das heutige Finanzamt, Foto Möller 2006

Die amerikanische Besatzungszeit

Bad Kösen, Mai–Juni 1945
Fotos:
Harald Stambaugh,
69th Rcn Tp

Lebensborn Klinik Bad Kösen

Bad Kösen, Mai–Juni 1945
Pose mit Pickelhaube
Fotos:
Harald Stambaugh, 69th Rcn Tp

Angehörige der Co. G,
271st InfRgt in Laucha,
Mai–Juni 1945
Foto: 69th Infantry Div. Ass.

Bekannte Stationierungsorte der 69th US Infantry Division an Saale und Unstrut vom 11. Mai bis 30. Juni 1945

Co. D, 1./271	Gatterstädt
Bn CP 2./271	Naumburg
Co. E, 2./271	Freyburg
Co. G, 2./271	Laucha
Co. I, 3./271	Roßleben
AT Co. 272	Osterfeld
Svc Co. 272	Weißenfels
Co. A, 1./272	Weißenfels
Co. B, 1./272	Reichardtswerben
69th Rcn Tp	Bad Kösen
Military Police Plat.	Weißenfels
Division Band	Naumburg

Motorpool der Co. D, 1./271, Gatterstädt, Mai 1945
Foto: Capt. Merrill C. Embick

General Collins, CG VII. US Corps spricht am 11. Mai 1945 in Roßleben vor Angehörigen des 703rd TD Bn der 3rd US AD, bevor diese Roßleben an das 271st InfRgt der 69th US InfDiv übergeben
Foto: Hollander, 165th Signal Photo Co., National Archives, SC 231475

Clyde Kirkman und Joe Melka, Co. I, 3./271 in Roßleben, Juni 1945
Foto: Betsy Kirkman Black

Flaggenappell am 13. Juni 1945

Die Offiziere der Co. E, 2./271
Freyburg, 13. Juni 1945

Capt. McGee und der CO Co. E, 2./271, Capt. McNeely

Fotos: John McNamara, Co. E, 2./271,
Archiv: Fighting 69th Infantry Div. Ass.

Angehörige der Co. E, 2./271 in Freyburg

Lieutenant Sharpe in Freyburg

Freyburg, Juli 1945

Fotos: Archiv Fighting 69th Infantry Div. Ass.

Ungarische Militärinternierte in Naumburg

Ungarische Internierte auf der Rampe von Speicher 1, Aufnahme vom 13. April 1945
Filmausschnitte: Combat Film 69th US InfDiv

Deutsche Kriegsgefangene in Naumburg

Oben: Deutsche Soldaten auf dem Weg in die Kriegsgefangenschaft
Unten: Amerikanische Kriegsberichterstatter am 13. April 1945 im Bereich des Bahnanschlusses des HVA am Ostbahnhof im Gespräch mit Gefangenen
Filmausschnitte: Combat Film 69th US InfDiv

Ein Block mit kriegsgefangenen deutschen Offizieren – Warten auf den Abtransport
Filmausschnitte: Combat Film 69th US InfDiv

Amerikanischer Jeep und Zivilisten am 13. April 1945 in der Schönburger Straße vor dem HVA und an gleicher Stelle heute
Filmausschnitt: Combat Film 69th US InfDiv, Foto: Jürgen Möller, 2006

Die Rampe von Speicher 1 des HVA heute Foto: Jürgen Möller, 2006

Erhaltene Inschrift vom 25. Mai 1945 auf der Rampe
Foto: Jürgen Möller, 2006

Oben der Speicher 1 des HVA und unten der Speicher 2
Fotos: Jürgen Möller, 2006

Erhaltene Beschriftungen am Speicher 2 des HVA

Oben: LSR – Luftschutzraum

Unten: Ölfrüchte

Fotos: Jürgen Möller, 2006

Naumburger Brücken

Oben: Die neuerbaute Hennebrücke
Unten: Unstrutbrücke Großjena – Kleinjena Fotos: Jürgen Möller, 2004/2006

Oben: Eisenbahnbrücke über die Saale bei Roßbach
Unten: Straßenbrücke über die Saale bei Roßbach Fotos: Jürgen Möller, 2006

Der Bismarckturm bei Naumburg

Oben: Blick vom Bismarckturm auf den Ortsteil Almrich und die Saalebrücke
Unten: Blick entlang der Straße Naumburg – Bad Kösen auf Schulpforte

Der Bismarckturm
Fotos: Jürgen Möller, 2006

Der Saale-Übergang der 6th US AD bei Großheringen

Die Eisenbahnbrücke der Saalebahn bei Großheringen Fotos: Jürgen Möller, 2003

Oben: Die Straßenbrücke über die Saale zwischen Großheringen und Kleinheringen
Unten: Die Straßenbrücke zwischen Kleinheringen und Saaleck
Fotos: Jürgen Möller, 2003/2006

Der Saale-Übergang der 6th US AD in Bad Kösen

Saalebrücke Bad Kösen mit Brückenhaus
und Gedenktafel im Brückenhaus
Fotos: Jürgen Möller, 2006

Brücke vor der Erneuerung mit der, noch erkennbaren, Sprengkammer
Foto: K.-H. Giesecke, Bad Kösen

Die Unstrut-Brücken

Oben: Die Straßenbrücke über die Unstrut in Nebra
Unten: Die Straßenbrücke in Karsdorf Fotos: Jürgen Möller, 2006

Oben: Die Straßenbrücke über die Unstrut in Laucha
Unten: Die Brücke in Burgscheidungen

Fotos: Jürgen Möller, 2006

Flugplatz Laucha-Dorndorf

Oben: Haus der Luftsport-jugend

Rechts: Alte Inschrift in einem der Gebäude

Unten: Flugzeughangar

Fotos: Jürgen Möller, 2010

Feldflugplatz Punschrau

Oben: Überreste der Einrichtungen des Feldflugplatzes Punschrau
Foto: Jürgen Möller, 2013

Ziegelroda

Oben: Das Soldatengrab in Ziegelroda Foto: Jürgen Möller, 2006
Unten: Das Forstamt Ziegelroda Foto: Heinz Mattkay

Oben: Ehemalige Gaststätte Weißer Hirsch in Ziegelroda — Foto: Heinz Mattkay
Unten: Standplatz des Flakgeschützes vor der Gaststätte — Foto: Gerhard Heinrich

Querfurt

Oben: Burg Querfurt von Süden gesehen
Unten: Blick von der Burg Querfurt auf die Stadt   Foto: Jürgen Möller, 2006

Gedenkstein für die Opfer des Bombenangriffs vom 11. April 1945 in Querfurt
Foto: Heiko Einecke, 2013

Kriegsgräber

Kriegsgräber von gefallenen Soldaten und Verstorbenen aus den Naumburger Lazaretten auf dem Neuen Friedhof Naumburg

Fotos: Jürgen Möller, 2006

12th Army Group

Die Gliederung der 1st US Army während der Besetzung Mitteldeutschlands April 1945

1st US Army

- **1st US Army** – Gen. Hodges
  - **V. US Corps** – Maj.Gen. Huebner
    - **69th US InfDiv** – Maj.Gen. Reinhardt
    - **2nd US InfDiv** – Maj.Gen. Robertson
    - **9th US AD** – Maj.Gen. Leonard
  - **XVIII. Corps Airborne** – Maj.Gen. Ridgway, Ruhrgebiet
  - **III. Corps** – Maj.Gen. Milikin, Ruhrgebiet, ab 18.04. 3rd US Army
  - **VII. US Corps** – Lt.Gen. Collins
    - **3rd US AD** – Brig.Gen. Hickey
    - **104th US InfDiv** – Maj.Gen. Allen
    - **1st US InfDiv** – Maj.Gen. Andrus
    - **9th US InfDiv** – Maj.Gen. Craig, ab 14.04.

3rd US Army

Die Gliederung der 3rd US Army während der Besetzung Mitteldeutschlands April 1945

12th Army Group

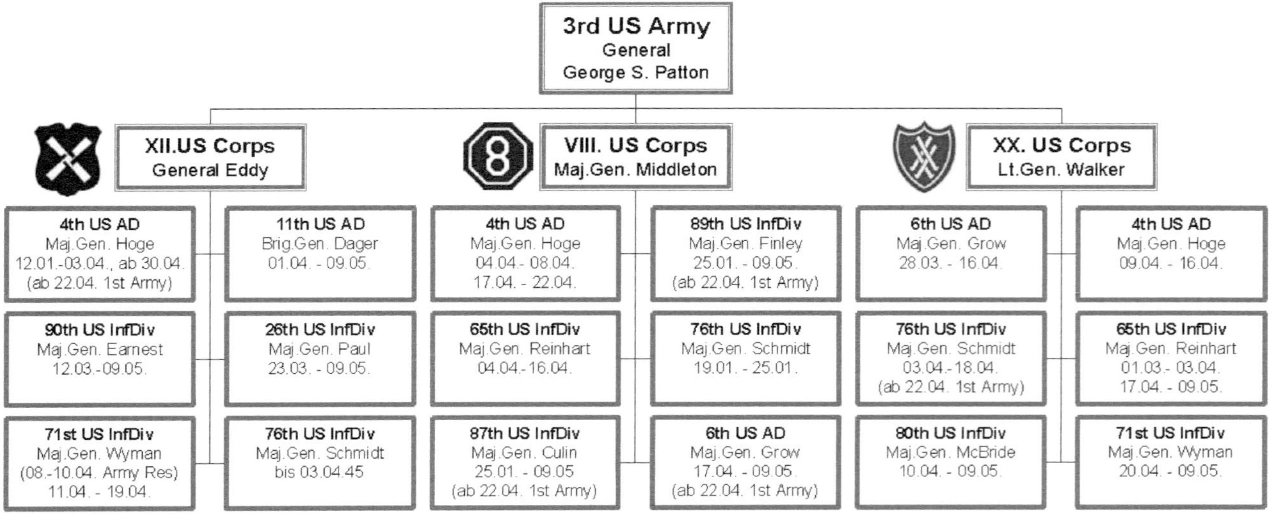

3rd US Army
General
George S. Patton

XII.US Corps
General Eddy

- **4th US AD** – Maj.Gen. Hoge, 12.01.-03.04., ab 30.04. (ab 22.04. 1st Army)
- **11th US AD** – Brig.Gen. Dager, 01.04. - 09.05.
- **90th US InfDiv** – Maj.Gen. Earnest, 12.03.-09.05.
- **26th US InfDiv** – Maj.Gen. Paul, 23.03. - 09.05.
- **71st US InfDiv** – Maj.Gen. Wyman, (08.-10.04. Army Res) 11.04. - 19.04.
- **76th US InfDiv** – Maj.Gen. Schmidt, bis 03.04.45

VIII. US Corps
Maj.Gen. Middleton

- **4th US AD** – Maj.Gen. Hoge, 04.04.- 08.04., 17.04. - 22.04.
- **89th US InfDiv** – Maj.Gen. Finley, 25.01. - 09.05. (ab 22.04. 1st Army)
- **65th US InfDiv** – Maj.Gen. Reinhart, 04.04.-16.04.
- **76th US InfDiv** – Maj.Gen. Schmidt, 19.01. - 25.01.
- **87th US InfDiv** – Maj.Gen. Culin, 25.01. - 09.05 (ab 22.04. 1st Army)
- **6th US AD** – Maj.Gen. Grow, 17.04. - 09.05. (ab 22.04. 1st Army)

XX. US Corps
Lt.Gen. Walker

- **6th US AD** – Maj.Gen. Grow, 28.03. - 16.04.
- **4th US AD** – Maj.Gen. Hoge, 09.04. - 16.04.
- **76th US InfDiv** – Maj.Gen. Schmidt, 03.04.-18.04. (ab 22.04. 1st Army)
- **65th US InfDiv** – Maj.Gen. Reinhart, 01.03.- 03.04., 17.04. - 09.05.
- **80th US InfDiv** – Maj.Gen. McBride, 10.04. - 09.05.
- **71st US InfDiv** – Maj.Gen. Wyman, 20.04. - 09.05.

Der Vormarsch des XX. US Corps südlich von Naumburg am 12. April 1945

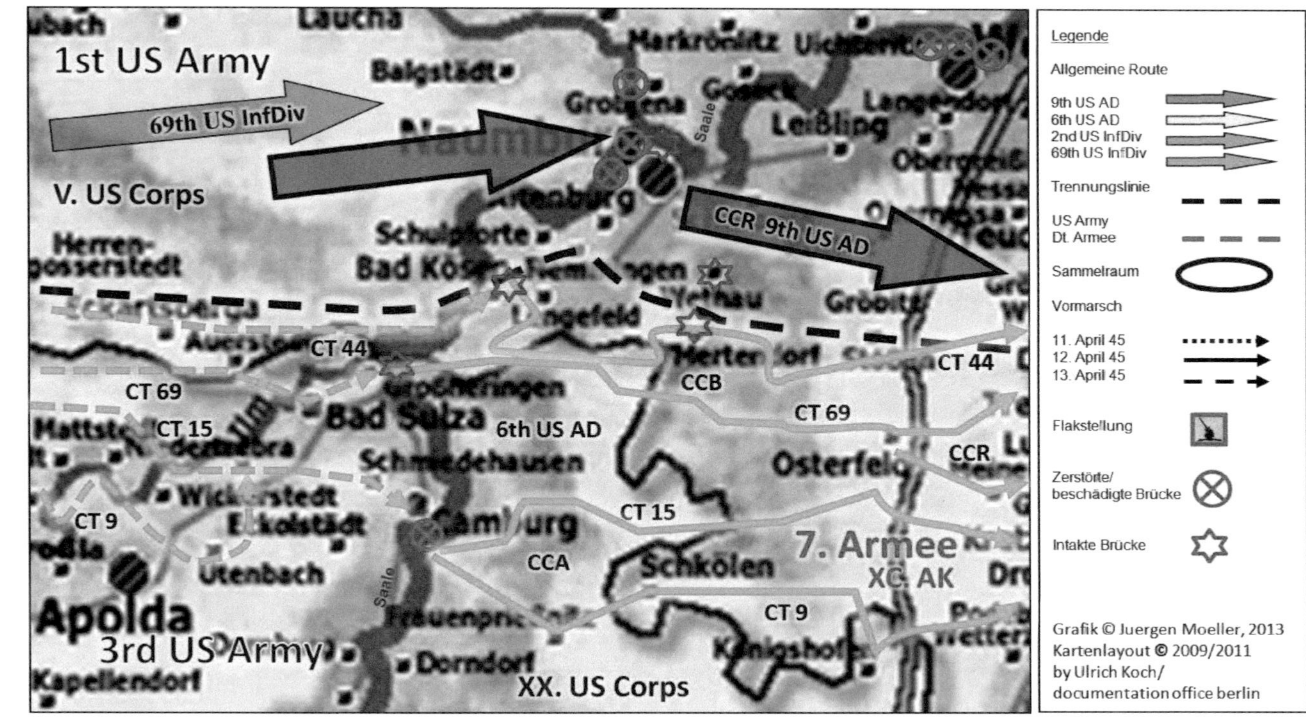

Der Vorstoß des V. US Corps zur Saale und Unstrut am 12. /13. April 1945

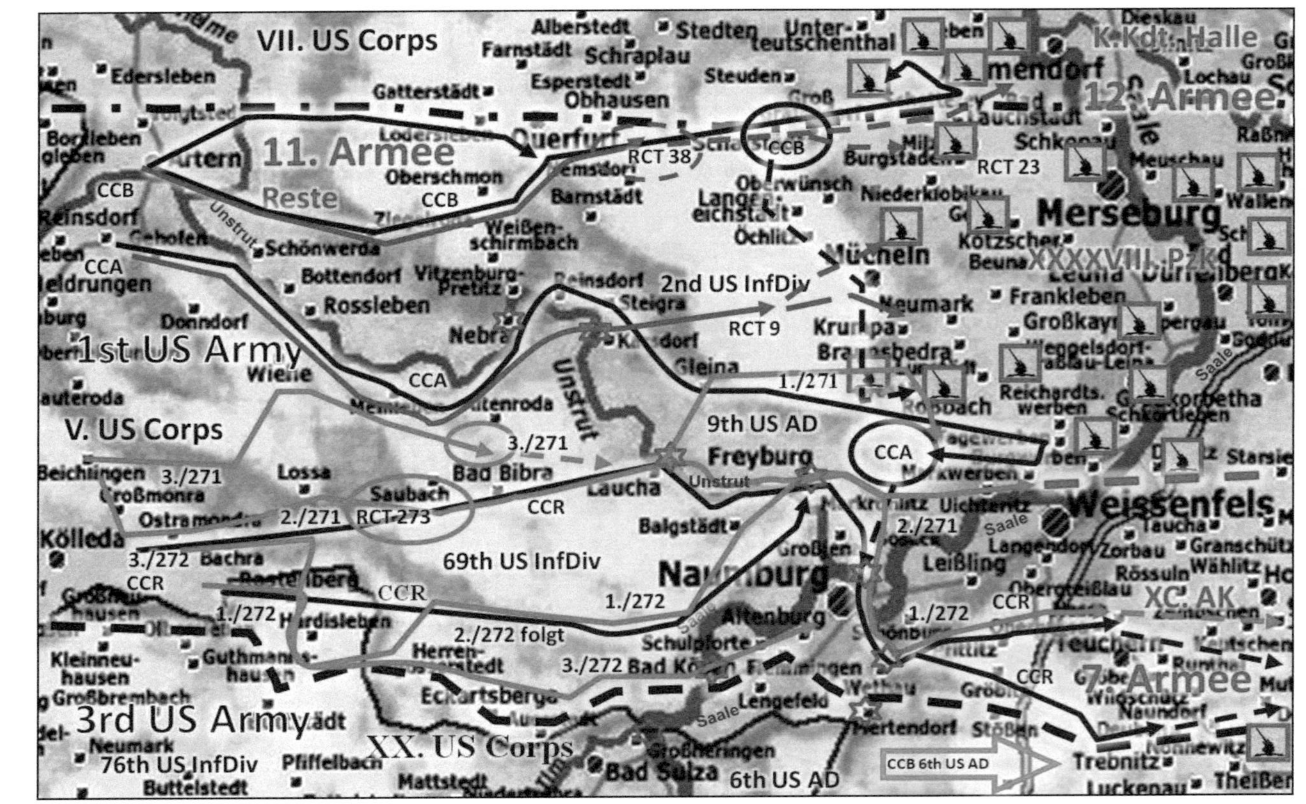

Grafik © Juergen Moeller, 2013 / Kartenlayout © 2009/2011 by Ulrich Koch / documentation office berlin

Die Stationierungsbereiche der US Army im Zeitraum 11. Mai bis 1. Juli 1945

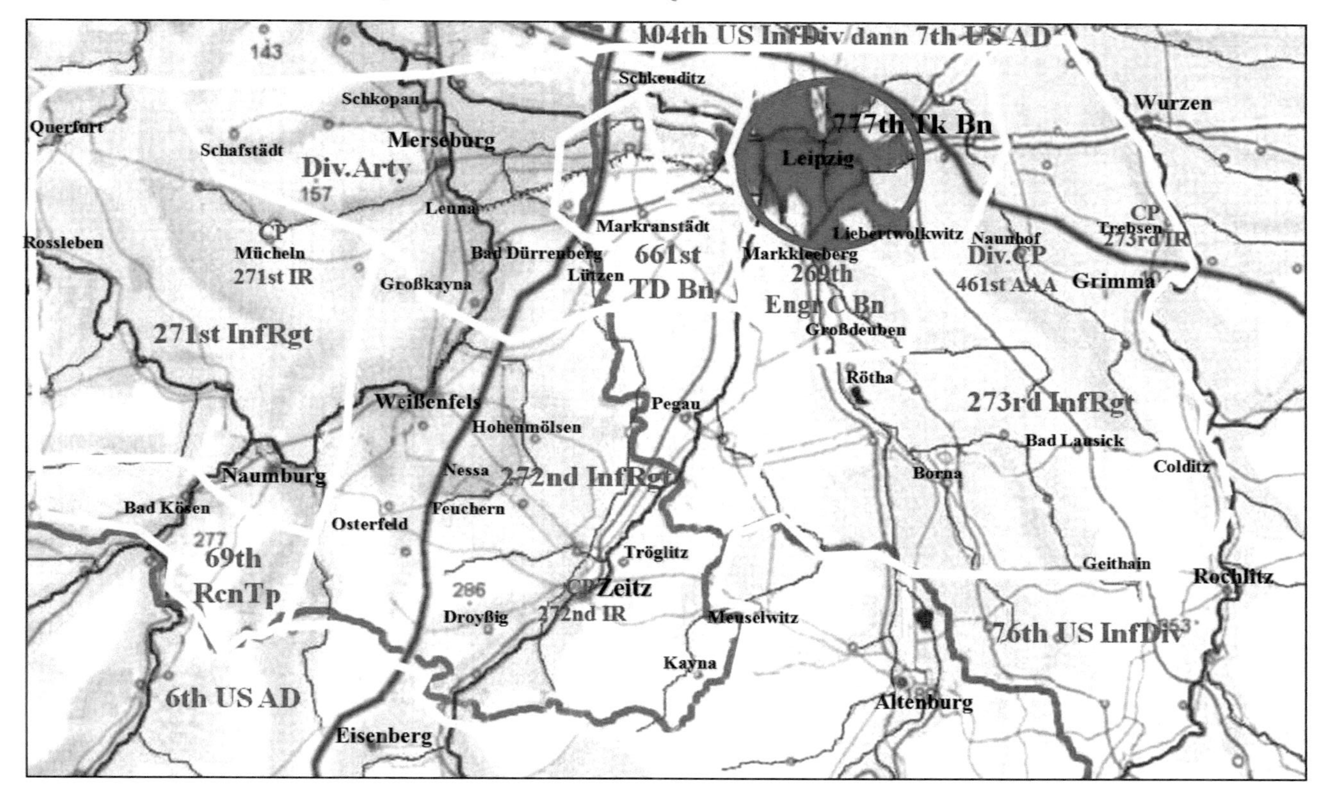

Hinweis: Die Grenzen des Div.Bereiches und der Regimentsabschnitte der 69th US InfDiv sind nur ein Anhalt. Zusätzlich zu den Einheiten und Verbänden der 69th US InfDiv waren in dem Besatzungsgebiet Verbände der Corps Arty stationiert, die aus Übersichtlichkeitsgründen hier nicht dargestellt sind.

Grafik © Juergen Moeller, 2013 /
Kartenlayout © by Ulrich Koch / documentation office berlin

Der Autor, Jürgen Möller, wurde 1959 in Gotha/Thüringen geboren und beschäftigt sich seit mehr als 15 Jahren mit der militärgeschichtlichen Erforschung des Kriegsendes 1945 in Mitteldeutschland.

Foto privat

Im Ergebnisse dieser Forschungen wurde 2010 beim Verlag Rockstuhl Bad Langensalza die Dokumentationsreihe *„Das Kriegsende in Mitteldeutschland 1945"* ins Leben gerufen, die seitdem in inhaltlich abgeschlossenen Einzeldokumentationen den Ablauf der amerikanischen Besetzung Mitteldeutschlands 1945 darstellt.

1. Band

Jürgen Möller

Der Kampf um Nordthüringen im April 1945

Die Kampfhandlungen im Raum nördlich Mühlhausen-Langensalza und der Vorstoß des V. US Corps von der Werra durch die Landkreise Heiligenstadt, Worbis und Sondershausen zur Unstrut und weiter zur Saale

Verlag Rockstuhl

Das erste Buch schildert einführend die militärische Lageentwicklung Ende März/ Anfang April 1945 und die Situation nach der Besetzung des Raumes Mühlhausen – Langensalza durch die 3rd US Army zwischen dem 4. und 8. April 1945. Daran anknüpfend wird der Vormarsch des V. US Corps der 1st US Army aus dem Raum Kassel – Göttingen durch Teile des Eichsfelds, der Hainleite und des Kyffhäusergebirges bis zur Unstrut und Finne sowie der weitere Vorstoß zur Saale für den Zeitraum 8.–12. April 1945 betrachtet. Dabei wird sich ausführlich mit der Besetzung der Städte Sondershausen und Bad Frankenhausen beschäftigt. Abschließend erfolgt eine kurze Betrachtung der amerikanischen Besatzungszeit bis zum Abzug der Amerikaner und der Eingliederung Thüringens in die Sowjetische Besatzungszone.

Festeinband, A5,
224 Seiten, 92 Abb.
978-3-86777-212-9
29,95 €

2. Band

Jürgen Möller

Kriegsschauplatz Leipziger Südraum 1945

Der Vorstoß des V. US Corps im April 1945 zur Weißen Elster, die Kampfhandlungen im Leipziger Südraum, die letzten Kriegstage an Mulde und Elbe und die amerikanische Besatzungszeit im Leipziger Südraum

Verlag Rockstuhl

Die hier vorliegende Dokumentation beschäftigt sich mit dem finalen Vorstoß des V. US Corps aus dem Raum Merseburg – Leuna – Weißenfels zur alliierten Haltelinie an der Mulde und der, damit verbundenen, Besetzung des Leipziger Südraumes. Detailliert werden die Phasen dieses Vormarsches dargestellt, analysiert und mit der Entwicklung des Gesamtkriegsverlaufs in Verbindung gesetzt. Umfassend wird die Rolle des mitteldeutschen Flakgürtels zum Schutz der mitteldeutschen Chemiezentren bei den Kämpfen im April 1945 behandelt, der, neben den fehlenden Flußübergängen, im Wesentlichem den Verlauf der amerikanischen Angriffsoperationen beeinflusst hat.
Eine umfangreiche Betrachtung des kurzen Zeitabschnittes der amerikanischen Besatzungszeit rundet die Dokumentation ab.

Festeinband, A5,
320 Seiten, 163 Abb.
978-3-86777-168-9
34,95 €

3. Band

Während der Schwerpunkt der Bücher der Grünen Reihe auf dem V. US Corps der 1st US Army lag, beschäftigt sich dieses Buch mit dem XX. US Corps der 3rd US Army. Dabei knüpft es im Hinblick auf die Einbindung von Zeitz in den mitteldeutschen Flakgürtel zum Schutz der Treibstoffindustrie und der Lage der Stadt an der rechten Flanke des Angriffstreifen des V. US Corps eng an die bisherigen Bücher an. Denn damit lag die Stadt Zeitz am 12. April 1945, an dem Tag, als die ersten amerikanischen Truppen die westlichen Stadtränder erreichten, genau auf der Trennungslinie zwischen der 1st US Army und der 3rd US Army. Und Zeitz liegt am Fluss Weiße Elster, dem letzten, großen Wasserhindernis vor der alliierten Haltelinie an der Zwickauer Mulde. Da die geografische Lage seit jeher ein wesentlicher Faktor für militärische Operationen ist, wurde Zeitz in den darauffolgenden Tagen ausschlaggebend für den Verlauf einer Vielzahl von Truppenbewegungen, denn die meisten Brücken über den Fluss waren zerstört oder beschädigt. Dadurch waren die alliierten Panzerspitzen gezwungen, ihre geplanten Vormarschrouten zu verlassen.

Festeinband, A5,
240 Seiten, 176 Abb.
978-3-86777-477-2
29,95 €

4. Band

Das Buch schließt sich inhaltlich an das Buch „Der Kampf um Nordthüringen im April 1945" an und beschäftigt sich mit dem Weg des VII. US Corps der 1st US Army durch Teile Niedersachsens, Thüringens und Sachsen-Anhalts.
Das Buch schildert neben der allgemeinen militärischen Lageentwicklung in Mitteldeutschland Ende März/Anfang April 1945 chronologisch den Vormarsch des VII. US Corps der 1st US Army nach dem Abschluss der Einkesselung des Ruhrgebietes über die Flüsse Weser und Leine, durch das nördliche Eichsfeld und den Westharz auf Nordhausen, die Befreiung des Konzentrationslagers „Mittelbau-Dora" und den weiteren Vorstoß durch den Süd- und Ostharz und die Goldene Aue bis in den Raum Sangerhausen. Ergänzt wird die Dokumentation durch eine ausführliche Darstellung der Kampfhandlungen im Harz bis zur Zerschlagung des Harzkessels unter Einbeziehung der Operationen der 9th US Army im Nordharz und eine Kurzbetrachtung des Vormarsches des V. US Corps an der Südflanke des VII. US Corps.

Festeinband, A5,
352 Seiten, 92 Abb.
978-3-86777-257-0
29,95 €

5. Band

Das Buch knüpft lückenlos an das Buch „Der Kampf um den Harz April 1945" an.
Das Buch schildert nach einem Kurzabriss der allgemeinen militärischen Lageentwicklung Anfang April 1945 in Mittel- deutschland und des bisherigen Weges des VII. US Corps von der Weser bis in den Raum Sangerhausen chronologisch den Vormarsch der Verbände des VII. US Corps, die nicht an den Kämpfen im Harz teilnahmen, aus dem Raum Sangerhausen bis zur alliierten Haltelinie an der Mulde zwischen Dessau und Eilenburg. Die Betrachtung beginnt am 13. April 1945 mit der Eroberung der Saale-Übergänge und der Aufnahme des Angriffs auf die Stadt Halle und die mitteldeutsche Industrieregion Dessau – Bitterfeld – Wolfen und endet mit der Einnahme der Sicherungsstellungen entlang der Mulde und dem Herstellen des Kontaktes mit den sowjetischen Truppen.

Festeinband, A5,
332 Seiten, 60 Abb.
978-3-86777-334-8
29,95 €

6. Band

Als die amerikanischen Verbände des V. US Corps der 1st US Army die Saale auf der Linie Schkopau – Merseburg – Leuna – Weißenfels erreichen, treffen sie nach Tagen des schnellen Vormarsches unerwartet auf massiven Widerstand. Niemand hatte sie vor dem Flakgürtel gewarnt, der zum Schutz der mitteldeutschen Industriezentren vor den alliierten Luftangriffen errichtet wurde. Dessen Flakgeschütze nehmen die anrollenden Panzer unter Beschuss und bremsen deren Vormarsch für einige Tage. Neben der Darstellung dieser Kampfhandlungen beschäftigt sich die Dokumentation mit dem verheerenden Zusammenhang zwischen der Existenz diesen Flakstellungen und dem Kriegsgeschehen der letzten Tage in Mitteldeutschland. Beim Vergleich zeigt sich, dass es hauptsächlich im Umfeld dieser Batterien zu Kampfhandlungen mit zum Teil hohen Opferzahlen auf beiden Seiten kam, während andere Regionen fast vollständig verschont blieben. Der Kampf und das Sterben der zumeist blutjungen deutschen Flaksoldaten konnte den amerikanischen Vormarsch zwar kurzzeitig verzögern, aufhalten konnte er ihn aber nicht.

Festeinband, A5,
224 Seiten, 170 Abb.
978-3-86777-457-4
29,95 €

7. Band

Das Buch knüpft thematisch an das Buch „Der Kampf um Nordthüringen im April 1945" an.
Es behandelt den Vorstoß des V. US Corps aus Nordthüringen zur Saale im Abschnitt Schkopau– Merseburg–Leuna–Weißen-fels–Naumburg, mit dem der letzte Angriff des V. US Corps zur alliierten Haltelinie an der Elbe und Mulde eingeleitet wurde. Hierbei liegt das Hauptaugenmerk neben der Besetzung des Giftgaslagers Lossa auf der Stadt Naumburg, die wenige Tage vor ihrer Besetzung auf Grund der in der Stadt vorhandenen militärischen Einrichtungen Ziel amerikanischer Bomberverbände geworden war und dabei eine große Anzahl an Opfern und Schäden erlitten hatte. Ergänzt wird die Dokumentation durch die Kurzdarstellung der Geschehnisse an den Flanken des V. US Corps. Abschließend wird die Rolle von Naumburg für die amerikanischen Truppen im mitteldeutschen Raum als Sitz einer Vielzahl von Stäben und logistische Drehscheibe für den Nachschub betrachtet.

Festeinband, A5,
256 Seiten, 184 Abb.
978-3-86777-456-7
29,95 €

8. Band

Die Dokumentation ergänzt die bisher erschienenen Bücher der Reihe „Das Kriegsende in Mitteldeutschland 1945" zum Vormarsch des V. US Corps im April 1945 mit einer detaillierten Darstellung der militärischen Besetzung des Stadtgebietes von Leipzig, auf die in den vorhergehenden Büchern nur ausschnittsweise eingegangen wurde. Sie versucht damit die vorhandenen Wissenslücken über die militärischen Operationen bei der Einnahme der Stadt zu schließen, die in den letzten Jahren im Zusammenhang mit Forschungen zu der Life-Magazine Fotoserie „Der letzte Tote des Krieges" vom 14. Mai 1945 des berühmten amerikanischen Kriegsreporters Frank Capa erkennbar wurden.

Damit ist das Buch auch ein Dank für die Bemühungen der Leipziger Bürgerinitiative zur Rettung des Gebäudes in der Leipziger Jahnallee, das am 18. April 1945 der Entstehungsort der Fotoserie „Der letzte Tote des Krieges" war und heute als „Capa-Haus" über die Stadtgrenzen von Leipzig hinaus bekannt ist.

Festeinband, A5,
312 Seiten, 296 Abb.
978-3-86777-687-5
29,95 €

9. Band

Jürgen Möller
Sturmlauf von der Werra zur Saale April 1945
Der Vorstoß des XX. US Corps über die Werra und durch das obere Eichsfeld und Thüringer Becken bis zur Saale
Verlag Rockstuhl

Dieses Buch ist der erste Teil einer dreiteiligen Darstellung des Vormarsches des XX. US Corps der 3rd US Army von der Überquerung der Werra bis zum Erreichen der alliierten Haltelinie zwischen Rochlitz an der Zwickauer Mulde und dem Raum Chemnitz im April 1945 und beschäftigt sich mit dem Vorstoß des Corps durch das obere Eichsfeld und der Einnahme der Städte Mühlhausen und Langensalza sowie der Fortsetzung des Vormarschs des nördlichen Angriffskeil des Corps durch das Thüringer Becken bis zur Saale-Linie zwischen Bad Kösen und Camburg. Dabei schließt das Buch lückenlos an die bisher erschienenen Bücher der Reihe an.
Ende März 1945 erreicht die 3rd US Army unter General Patton die Grenzen Thüringens und beginnt am 1. April 1945 mit dem Erreichen der Werra mit der Besetzung des mitteldeutschen Raumes. Mit der Einnahme von Mühlhausen und Langensalza stehen die Verbände ihres XX. US Corps am 6. April 1945 an der vorläufigen, befohlenen Haltelinie der 12th US Army Group.

Festeinband, A5,
336 Seiten, 140 Abb.
978-3-86777-647-9
34,95 €

10. Band

Am 10. April 1945 beginnt die Offensive nach Osten und am Abend des 11. April 1945 stehen die Panzer des XX. US Corps an der Saale. Während der nördliche Angriffskeil nach der Überwindung des Widerstandes im Raum nördlich von Erfurt fast ungehindert vorstoßen kann, liegen im Abschnitt des südlichen Angriffskeils die Städte Erfurt und Weimar, die nach dem Willen der Deutschen Führung verteidigt werden sollen, und das Zentrum der Rüstungsindustrie Jena. Aufgegliedert in zwei Angriffskolonnen erfolgt daher der Vorstoß der Panzer der 4th US AD entlang der Reichsautobahn und unter nördlicher Umfahrung der Städte und erreicht so die Saale. Nicht so einfach gestaltet sich die Besetzung der umgangenen Städte durch die nachfolgende 80th US InfDiv. Erfurt kapituliert erst nach heftigem Widerstand am 12. April 1945. Weimar, das von seiner Besatzung geräumt wird, ergibt am gleichen Tag und Jena wird am 13. April 1945 kampflos besetzt.

Festeinband, A5,
336 Seiten, 140 Abb.
978-3-86777-648-6
29,95 €

11. Band

Das Buch knüpft an die beiden vorhergehenden Bücher zum XX. US Corps an und ergänzt die bisher erschienenen Bücher zur Saale-Unstrut-Region, zur Besetzung von Zeitz und Weißenfels und zum Leipziger Südraum an. Mit der Eroberung der Saale-Brückenköpfe am 11./12. April 1945 steht dem XX. US Corps der Weg für den letzten Angriff nach Osten frei. Während die Infanteriedivisionen in ihrem Rücken noch mit der Beseitigung letzter Widerstandsnester beschäftigt sind, beginnen sie am 12. April 1945 mit dem Angriff. Lediglich aufgehalten durch zerstörte Brükken über die Weiße Elster und einzelne Widerstandsknoten stoßen sie in kürzester Zeit zur Zwickauer Mulde und am 14. April 1945 erobert die 4th US Armored Division die ersten Brückenköpfe. Einen Tag später steht sie am Stadtrand von Chemnitz und die 6th Armored Division sichert einen Brückenkopf über die Mulde in Rochlitz. Deren Kräfte fühlen weiter nach Osten vor, ziehen sich aber gemäß den alliierten Vereinbarungen wieder zurück.

Festeinband, A5,
358 Seiten, 171 Abb.
978-3-86777-649-3
29,95 €

12. Band

Das Buch betrachtet die erste Phase des Vorstoßes des VIII. US Corps von General Patton's 3rd US Army, das am 3. April 1945 aus dem Raum Frankfurt/Main kommend, zwischen dem XX. und XII. US Corps in die Front bei Eisenach eingeführt wird, bis zur Linie Gotha- Oberhof. Da dem Corps nach seinem Eintreffen im Raum Gotha am 4. April 1945 die, bereits am westlichen Stadtrand stehende, 4th US AD des XII. US Corps unterstellt wurde, macht das Buch einführend einen Zeitsprung und beschäftigt sich ausführlich mit den Ereignissen um die Einnahme von Gotha und um dessen Kampfkommandanten Oberstleutnant Josef von Gadolla. Anschließend widmet es sich der Besetzung von Eisenachs und den Kämpfen beiderseits des Kammes des nordwestlichen Thüringer Waldes von der Hohen Sonne bei Eisenach bis Oberhof. Eine weiteres Kapitel betrachtet den Raum südlich von Gotha mit dem Truppenübungsplatz Ohrdruf und der Nachrichtenzentrale Olga, dem, im Bau befindlichen, Führerhauptquartier im angrenzenden Jonastal und dem KZ-Außenlager Ohrdruf.

Festeinband, A5,
400 Seiten, 224 Abb.
978-3-95966-109-6
34,95 €

13. Band

Das Buch schildert die Einnahme der Stadt Weißenfels durch die 69th US Infantry Division des V. US Corps der 1st US Army. Am 12. April 1945 hatten Panzerverbände der 9th US Armored Division des V. US Corps bei ihrem Vorstoß auf Leipzig die Saale zwischen Merseburg und Weißenfels erreicht. Dabei waren sie auf der gesamten Breite auf gesprengte Brücken und den Widerstand der Feuerstellungen des mitteldeutschen Flakgürtels gestoßen. So auch in Weißenfels, wo es zwischen dem 12. und 16. April 1945 zu Kämpfen zwischen den deutschen Verteidigern und der nachfolgenden amerikanischer Infanterie kam.

Festeinband, A5,
200 Seiten, 170 Abb.
978-3-95966-401-1
29,95 €

14. Band

Das Buch setzt unmittelbar an den Band 12 an und setzt dabei die Betrachtung der Kämpfe des VIII. US Corps im Thüringer Wald bis zur Eroberung der Linie Friedrichroda – Gräfenroda – Oberhof zwischen dem 7. und 10. April 1945 fort.

Danach beschäftigt es sich mit dem weiteren Angriff des Corps im Rahmen der Wiederaufnahme der Offensive der 3rd US Army zur alliierten Haltelinie an der Mulde im Abschnitt zwischen der Reichsautobahn Gotha – Gera und dem Thüringer Schiefergebirge bis zum Saale-Übergang des Corps. Dabei betrachtet es die Einnahme der Städte Arnstadt, Stadtilm, Rudolstadt und Saalfeld, die Entdeckung des Lagers Espenfeld des KZ-Außenlagers Ohrdruf und der Baustelle des Sonderprojekts S III sowie des unterirdischen Rüstungswerks REIMAHG, Deckname „Lachs“, im Walpersberg bei Kahla.

Festeinband, A5,
308 Seiten, 210 Abb.
978-3-95966-110-2
29,95 €

15. Band

Der Band 15 schließt an die Bände 12 „Der Kampf um die Thüringer Pforte April 1945“ und 14 „Kriegsschauplatz Thüringer Wald April 1945“ an und befasst sich mit dem Vormarsch des XII. US Corps der 3rd US Army durch die Rhön über die Werra zwischen Breitungen und Obermaßfeld zum Rennsteig zwischen Oberhof und Neustadt am Rennsteig und der Eroberung der Thüringer Waffenschmiede Suhl – Zella-Mehlis.

Neben der Darstellung des Werra-Übergangs bei Wasungen und der Waldkämpfe beiderseits des Rennsteig bis zur Linie Ilmenau – Neustadt am Rennsteig – Schleusingen beschäftigt sich der Band mit der Einnahme des Festen Platzes Meiningen, der Kämpfe im nördlichen Grabfeld und der Einnahme des Ausgangsraumes Hildburghausen – Römhild für den Angriff auf Coburg.

Festeinband, A5,
328 Seiten, 262 Abb.
978-3-95966-111-9
34,95 €

16. Band

Der Band 16 der Buchreihe „Das Kriegsende in Mitteldeutschland 1945“ ist die Fortsetzung des Bandes 15 „Der Kampf um die Thüringer Waffenschmiede April 1945“ und behandelt den Vormarsch der 26th und 90th US Infantry Division des XII. US Corps der 3rd US Army von der Linie Ilmenau – Neustadt am Rennsteig – Schleusingen – Hildburghausen durch das Thüringer Schiefergebirge und das nördliche Oberfranken bis zur Saale-Linie von südlich Saalfeld bis zum oberfränkischen Hof. Dabei erfolgt eine ausführlich Betrachtung der Einnahme der thüringischen Städte Eisfeld und Sonneberg, der Befreiung des KZ-Außenlagers „Laura“ im Oertelsbruch bei Lehesten und der Sicherung der Saale-Talsperren.

Festeinband, A5,
316 Seiten, 202 Abb.
978-3-95966-112-6
34,95 €

17. Band – Ende 2024

Der Band 17 ist der vorletzte Band zur Darstellung der Besetzung der südlichen Teile Mitteldeutschlands durch die amerikanischen Streitkräfte im April/Mai 1945.

Nach dem Saaleübergang des VIII. und XII. US Corps der 3rd US Army zwischen Jena und Hof nähern sich Mitte April 1945 die Kämpfe in Südostthüringen und Westsachsen dem Ende. Lediglich entlang des westlichen Erzgebirgsrandes leisten sich Verbände der Deutschen Wehrmacht weiter vereinzelte Gefechte mit den überlegenen amerikanischen Panzerkräften. Dieser Band beschäftigt sich mit den Kampfhandlungen des VIII. US Corps bis zum Erreichen der Zwickauer Mulde und Weißen Elster von Zwickau bis zur deutsch-tschechischen Grenze bevor der Band 18 das Ende des 2. Weltkriegs im Erzgebirge und die Kapitulation der Deutschen Wehrmacht im deutsch-tschechischen Grenzgebiet thematisiert.

Festeinband, A5,
ca. 300 Seiten, 200 Abb.
978-3-95966-113-6
ca. 34,95 €

18. Band – Ende 2025

Mit Band 18 endet der Teil der Buchreihe „Das Kriegsende in Mitteldeutschland 1945“, der sich mit der Darstellung der Besetzung der südlichen Teile Mitteldeutschlands beschäftigt.

Nach dem Erreichen der Zwickauer Mulde endet im April 1945 der Vorstoß des VIII. und XII. US Corps zur alliierten Haltelinie, doch noch ist der Krieg nicht zu Ende. Erst mit dem Ende ihrer Berliner Operation beginnt die Rote Armee mit dem Aufschließen zur Haltelinie. Bis dahin gehen die Kampfhandlungen von Chemnitz bis ins deutsch-tschechische Grenzgebiet weiter. Erst die Kapitulation der Wehrmacht, welche versucht, sich unter allen Umständen der Kriegsgefangenschaft durch die Rote Armee zu entziehen, beendet das sinnlose Sterben im Erzgebirge und Böhmerwald.

Festeinband, A5,
ca. 300 Seiten, 200 Abb.
978-3-95966-475-2
ca. 34,95 €

1. Sonderband

Broschur, A4,
68 Seiten, 47 Abb.
978-3-95966-274-1
19,95 €

2. Sonderband

Broschur, A4,
68 Seiten, 76 Abb.
978-3-95966-390-8
19,95 €

Preisstand der Bücher auf den Seiten 251–257 vom Mai 2024 – Änderungen vorbehalten.

In Vorbereitung

19. Band [2026] –
Endziel Berlin – Der Stoß zur Elbe
978-3-95966-476-9

20. Band [2027] –
Amerikanische Besatzungszeit in Mitteldeutschland
978-3-95966-699-2

21. Band
Das Kriegende in Mitteldeutschland – Geheimnisse und Mythen
978-3-95966-701-2

22. Band
Das Kriegsende in Mitteldeutschland – Neues seit 2010
978-3-95966-702-9

In welchem Buch finde ich meine Region?
Eine Orientierungshilfe

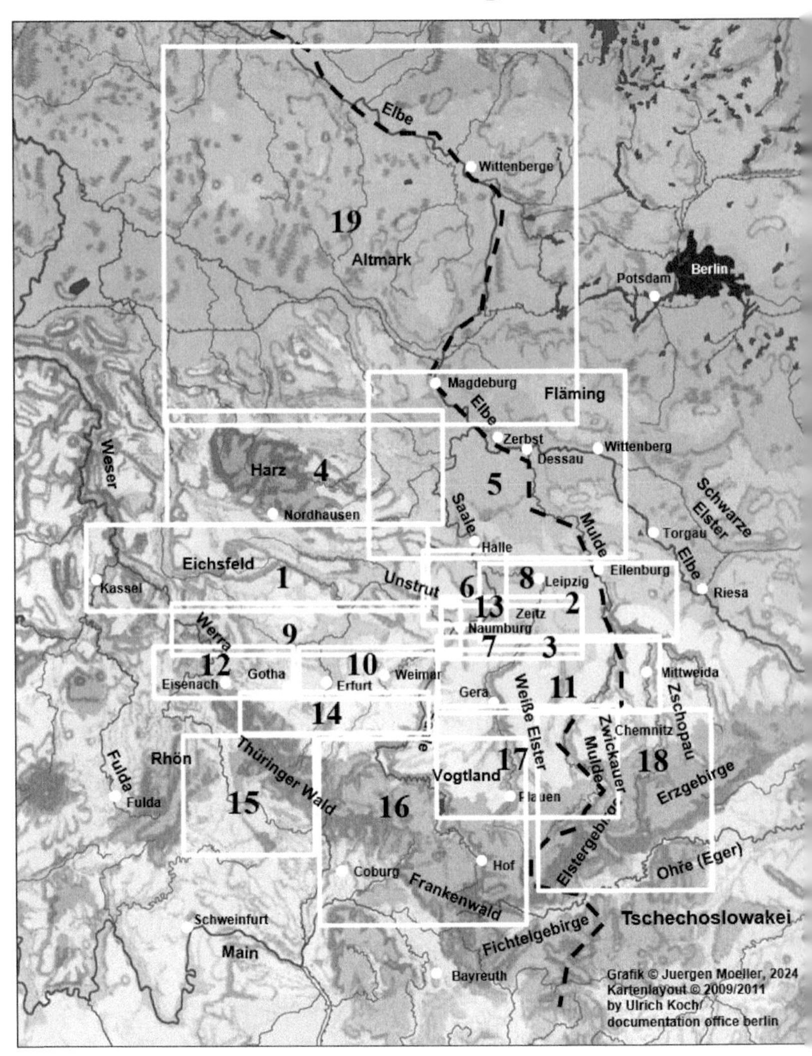